Capital Market

자본 시장의 이해

2010년 12월 06일 초판 1쇄 인쇄
2010년 12월 17일 초판 1쇄 발행

지은이 강인철 · 김재양
발행인 박재규

펴낸곳 경남대학교 출판부
주소 631-701 경남 창원시 마산합포구 월영동 449
전화 055 249 2074
팩스 0505 999 2115
이메일 ko10@kyungnam.ac.kr

ISBN 978-89-8421-329-6-03320

값 16,500원

Capital Market

자본시장의 이해

강인철 · 김재양 지음

머리말

자본시장의 이해

마침내 '자본시장과 금융투자업에 관한 법률(자본통합법)'이 2009년 2월에 시행이 되었다. 이로서 우리나라의 금융시장이 대변혁의 큰 물결에 휩싸여 있다. 이 속에서 우리나라의 자본시장의 환경도 많이 변화를 할 것이고, 국내의 자본시장 관련기관들도 많은 변화를 할 것으로 예상된다.

이러한 환경에서 많은 투자 상품들이 쏟아져 나오고 있고 많은 투자자들이 시장에 참여하여 이러한 투자 상품에 투자하여 미래의 경제적인 부를 축적하기 위해 노력하고 있다. 이러한 투자활동이 성공하기 위한 전제조건이 금융시장에 대한 산지식을 잘 갖추었느냐 하는 것일 것이다.

이 책은 자본시장에 관하여 처음 공부하는 학생들을 위하여 쓰여진 책이다. 내용 면에서는 자본시장에 대한 전반적인 내용을 이해할 수 있도록 기초개념, 자본시장제도에 대한 내용을 폭넓게 다루고 있다. 그리고 학생들이 전반적인 내용을 쉽게 이해하는데 도움이 되도록 기초개념과 기본원리를 중심으로 서술하였다.

그러나 학생들이 자본시장에 대한 내용을 보다 쉽게 공부하고 체계적으로 이해하는데 도움을 주겠다는 의도가 충분히 반영되었다고는 생각되지 않는다. 더욱 노력하여 수정과 보완을 통해 나아지도록 정성을 다할 것을 다짐할 뿐이다.

이 책은 8개의 장으로 구성되어 있다. 제1장에서는 금융시장과 자본시장의 관계를 중심으로 살펴보고, 제2장에서는 자본시장을 둘러싸고 있는 관련기관에 대하여 살펴본다. 그리고 제3장에서 제7장까지는 각각 주식시장, 채권시장, 선물시장, 옵션시장 및 펀드시장의 기본개념 및 거래제도에 대하여 살펴보고, 마지막으로 제8장은 증권분석 부분으로 기본적 분석과 기술적 분석에 대하여 살펴본다.

이 책의 구성에서부터 완성까지 국내외의 관련 교재 및 문헌을 많이 참고하였다. 끝으로 이 책을 출판하는데 있어 물심양면으로 도와주신 경남대학교 당국과 출판부 관계자 여러분께 깊이 감사드린다.

2010년 11월

저자 씀

차례

제1장 금융시장과 자본시장

제2장 자본시장의 체계

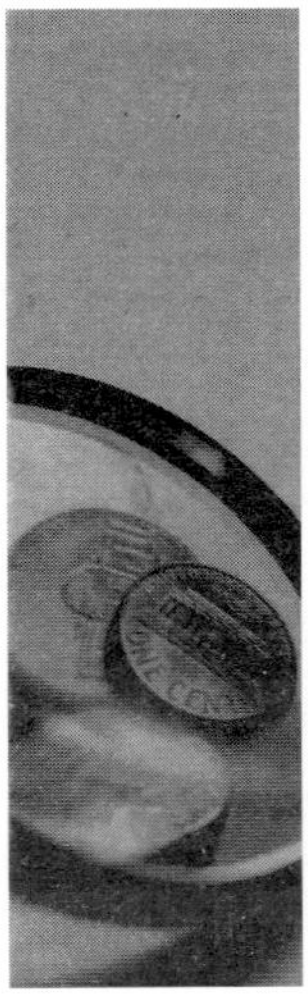

제1장

금융시장과 자본시장

금융시장이란 경제주체간의 거래행위 과정에서 흑자지출단위로부터 적자지출단위로 자금이 이전되는 시장을 의미한다. 현대의 경제는 상품과 서비스를 생산하기 위하여 막대한 양의 자본설비를 필요로 하고, 이러한 자본설비에 대한 투자는 일반적으로 거액의 자금을 필요로 한다.

1. 금융시장의 의의와 종류
2. 자본시장의 의의와 경제적 기능
3. 자본시장법의 제정

1. 금융시장의 의의와 종류

1.1 금융시장의 의의

경제적 자산은 실물자산과 이에 대한 청구권인 금융자산으로 나누어진다. 금융자산은 실물자산의 가치만큼 존재할 수 있다. 금융자산은 권리와 의무 관계를 나타내므로 크기에 관계없이 그 가치의 총합은 언제나 0(zero)이 되어야 한다. 경제주체간의 거래는 크게 실물거래와 금융거래로 나눌 수 있는데, 상품과 서비스를 대상으로 하는 거래를 실물거래(real transaction)라 하고 금융자산을 대상으로 하는 거래를 금융거래(financial transaction)라 한다. 이때, 실물거래에 따른 자금의 흐름을 산업적 순환(industrial circulation)이라 하고, 금융거래에 따른 자금의 흐름을 금융적 순환(financial circulation)이라고도 한다.

그런데 이 두 가지 흐름은 서로 무관한 것이 아니라, 산업적 순환의 활성화가 금융적 순환을 촉진하기도 하고, 반대로 금융적 순환의 활성화가 산업적 순환을 촉진시키기도 한다. 예컨대, 금융기관의 발달로 예금이 증가하면(금융적 순환), 이것이 실물투자(산업적 순환)를 증대시킴으로써 국민총생산과 고용을 증대시킨다. 또한 경제성장으로 인한 저축증가(금융적 순환)는 실물투자(산업적 순환)를 활성화할 수 있다.

금융거래의 매매쌍방은 소득이 지출보다 큰 흑자지출단위(surplus spending units: SSU)와 소득이 지출보다 작은 적자지출단위(deficit spending units: DSU)이다. 구체적으로, 자신의 저축을 초과하여 투자지출을 수행하는 기업은 적자지출단위가 되고, 반면에 가계처럼 자신의 저축이 투자를 초과하는 경제단위는 흑자지출단위가 된다. 한편, 재정적자기의 정부는 적자단위가 되고, 재정흑자기의 정부는 흑자단위가 된다.

금융시장이란 경제주체간의 거래행위 과정에서 흑자지출단위로부터 적자지출단위로 자금이 이전되는 시장을 의미한다. 현대의 경제는 상품과 서비스를 생산하기 위하여 막대한 양의 자본설비를 필요로 하고, 이러한 자본설비에 대한 투자는 일반적으로 거액의 자금을 필요로 한다. 기업과 정부는 주로 적자지출단위로서 금융시장에서 주식, 채권 등과 같은 금융청구권을 발행하여 거액의 자본을 신속히 조달할 수 있고, 이러한 조달자금은 미래의 소득으로 상환할 수 있다.

실제로 한 나라의 금융제도 내에서 운영되고 있는 금융시장은 현재소득과 미래소득간의 교환을 가능하게 한다. 금융시장은 이러한 과정에서 금융자산의 가격과 이자율, 그리고 신용도를 결정함으로써 금융제도의 핵심을 이룬다.

1.2. 금융시장의 기능

시장이란 한정된 양의 자원을 효율적으로 배분하기 위하여 만들어진 유·무형의 공간 또는 기구이다. 각각의 경제주체는 상품을 만들거나 서비스를 제공하는데 필요한 노동력, 원자재, 에너지 및 금융자원 등을 나눠 갖기 위하여 시장을 이용한다. 뿐만 아니라 시장은 만들어진 상품이나 서비스를 유통시키는 통로이기도 하다. 시장은 상품이나 서비스에 대한 수요와 공급이 모아지는 곳으로 상품의 가격과 양이 여기에서 결정된다. 예를 들어 공급되는 상품의 양에 비하여 상품에 대한 수요가 많아지면, 상품의 가격이 올라가게 되며 기업은 일시적으로 생산량을 늘리게 된다. 그러나 장기적으로는 신규기업이 진입하여 생산량을 늘리게 되며 많아진 수요를 충당하게 되고 가격은 다시 안정된다.

경제시스템을 구성하는 시장은 크게 실물시장과 금융시장의 2가지로 나누어진다. 이 중에서 금융시장은 실물시장이 효율적으로 움직이도록 도와주는 역할을 한다. 금융시장은 잉여자금이 손쉽게 이전될 수 있도록 물리적인 거래장소나 거래에 필요한 전산시스템 등을 제공한다. 그리고 자금을 필요로 하는 이들과 잉여자금을 가진 이들을 이어주는 일을 한다. 즉, 거래를 원하는 이들을 한 곳에 모음으로써 일시에 많은 양의 거래가 이루어지게 하며, 다수의 자금공급자와 수요자간의 상이한 기대가격을 조정하여 적정한 가격에 거래가 이루어지게 한다. 뿐만 아니라 금융시장은 거래에 필요한 정보를 끊임없이 만들어내고 이를 제공함으로써 시장참여자들이 적정한 가격을 결정할 수 있도록 도와준다.

금융시장은 이 같은 기능 외에도 다음과 같은 경제적으로 중요한 역할을 수행한다.

첫째, 저축의 형태로 축적된 잉여자금을 투자로 변화시키는 역할이다. 이를 통하여 기업부문이나 정부부문의 재투자와 신규투자활동이 가능해지며, 이는 경제성장의 원동력으로 작용한다.

둘째, 금융거래와 관련된 위험을 감소시켜 주는 역할이다. 직접금융의 경우, 증권이라는 형태로 여러 곳에 분산 투자함으로써 위험을 줄일 수 있는 길을 열어주며, 간접금융의 경우에는 자금공급자를 대신하여 금융기관이 투자에 따른 위험을 관리해준다. 즉, 금융기관은 여러 기업이나 개인에 대출하거나 투자함으로써 포트폴리오를 형성하여 투자의 위험을 감소시킨다.

셋째, 금융시장은 금융거래와 관련된 정보를 제공함으로써 금융거래의 비용을 절감시키는 역할을 한다. 금융시장은 시장에 관한 정보와 거래상대방에 대한 정보를 생산하고 제공하는 기능을 통하여, 개별 잉여자금주체가 이를 필요로 하는 상대방을 찾고, 이들의 신용도를 분석해야 하는 비용과 위험을 감소시켜 준다.

넷째, 금융시장은 소비활동과 투자활동을 분리시켜 경제적 효용을 증대시키는 역할을 한다. 각각의 경제주체들은 금융시장을 이용하여 현재의 소득을 미래에의 소비를 위하여 이연시키거나, 혹은 미래의 소득을 담보로 현 소득보다 더 많은 소비를 할 수도 있게 한다. 그러므로 금융시장을 이용하면 소비자들의 상이한 시차선호(time preference)를 만족시켜서 효용(utility)을 극대화시킬 뿐만 아니라, 생산자는 소비자들의 시차선호와 무관하게 항상 기업가치가 극대화되도록 투자할 수가 있다. 이러한 역할을 잘 수행하기 위해서는 금융시장이 우선 효율적이어야 한다는 전제조건이 필요하다.

1.3. 금융시장의 분류

기업의 자금조달방법에는 금융이 이루어지는 유통경로에 따라 간접금융시장과 직접금융시장인 자본시장으로 나눌 수 있다.

직접금융시장(direct financial markets)이란 자금의 수요자가 발행한 주식과 채권 등의 금융자산을 자금의 공급자인 투자자가 매입함으로써 자금이 투자자로부터 수요자에게 직접 흘러가는 시장을 말한다. 간접금융시장(indirect financial markets)이란 금융기관이 투자자의 자금을 예치 받아서 이를 자금의 수요자에게 공급해 줌으로써 자금의 수요자와 공급자가 간접적으로 연결되는 시장을 말한다.

금융시장을 거래대상인 금융자산의 기간에 의하여 분류하면, 장기금융시장과 단기금융시장으로 분류할 수 있다.

장기금융시장에서는 기업의 설비자금 등 자본형성을 위하여 자금이 조달되기 때문에 자본시장(capital markets)이라고 한다. 단기금융시장에서는 결제수단으로서 화폐가 대차되기 때문에 화폐시장(money market)이라고 한다.

넓은 의미의 자본시장에는 은행, 보험회사 등의 장기대부시장도 포함되지만, 일반적으로 주식과 채권이 거래되는 증권시장을 자본시장이라고 한다. 장기금융시장의 핵심인 자본시장에 대해서는 차후에 상세히 살펴보도록 하고 이하에서는 단기금융시장에 대하여 살펴보도록 한다.

단기금융시장은 통화의 대체성이 높은 만기 1년 이내의 단기금융자산이 거래되는 시장으로서 기업, 금융기관, 정부 등의 경제주체들이 일시적인 현금과부족을 조절하는 시장이다. 다시 말해 단기금융시장은 개별 경제주체들이 단기금융자산의 매매를 통하여 일시적인 현금과부족을 조절하는 수단을 제공함으로써 전체 금융시장의 효율성을 증대시킨다. 단기금융시장의 종류는 다음과 같다.

1.3.1 콜시장

콜시장은 금융기관간에 하루 내지 수일간의 초단기 자금이 유통되는 시장으로, 거래가 주로 전화 등의 통신망을 통해 이루어지기 때문에 콜(call)시장이라 불린다.

콜시장에서 차입측 콜자금을 콜머니(call money), 대여측 콜자금을 콜론(call loan)이라고 한다. 콜시장의 주된 기능은 금융기관의 지불준비금부족과 단기 유동성자금의 부족을 조정하는 것이다.

일반적으로 금융기관의 활동은 금융기관의 자산 및 부채보유량의 변화를 초래한다. 따라서 어느 일정한 날에 일부의 금융기관들은 원하는 수준 이상의 지불준비금을 보유하고, 다른 금융기관들은 원하는 수준 이하의 지불준비금 보유로 지불준비금 부족 현상을 나타낼 수 있다. 이때 초과지불준비금을 보유하고 있는 금융기관은 지불준비금이 부족한 다른 금융기관들에게 자금을 대여함으로써 그 자금에 대한 이자수익을 얻을 수 있다. 이와 같이 콜시장을 통한 자금거래는 금융기관들의 유동성수준을 조절하는 중요한 수단이 된다.

또한 콜시장이 금융제도 내에서 중요한 이유는 콜금리가 중앙은행의 금융정책과 밀접한 관련을 맺고 있기 때문이다. 중앙은행이 지준율(지불준비금비율)을 올리거나, 내림으로써 은행제도 내의 초과지준금의 이용가능성에 직접적으로 영향을 미치며, 이는 은행의 대출금액의 크기를 결정하는데 영향을 미친다.

콜거래 만기는 최장 90일 이내에서 일별로 정할 수 있으나, 실제 거래에서는 1일물이 대부분을 차지하고 있다. 콜거래 금액은 최저 1억원이며 억원 단위로 거래된다. 거래이율의 변동단위는 0.01%이나 관행상 대부분의 거래가 0.05%단위로 이루어지고 있다.

현재 콜거래는 한국은행 전산망(BOK-Wire)을 통해 은행간에 거래되는 직거래방식과 자금중개회사를 통한 중개거래방식으로 구분되나 대부분의 거래는 중개거래방식으로 이루어진다. 콜거래 중개방식으로는 중개기관이 참가기관 쌍방으로부터 수수료를 받고 참가기관 간의 콜거래를 체결시켜 주는 단순중개(broker)방식과 중개기관이 자기계산으로 콜거래를 하는 매매중개(dealer)방식이 있다.

콜중개 업무는 2009년 6월말 현재 한국자금중개(주), 서울외국환중개(주), KIDB자금중개(주) 등 3개의 자금중개회사가 영위하고 있다.

1.3.2 환매조건부채권시장

환매조건부채권매매(repurchase agreement)는 채권매매 당사자간에 일정기간 후 채권매매 당시의 가격에다 소정의 이자를 더한 가격으로 되사거나 되팔 것을 약정하고 채권을 매도 또는 매입하는 거래를 말하며 전자를 RP, 후자를 전매약정(역RP, reverse RP)이라고 한다. 환매조건부채권매매는 Repo 또는 buy-back 등으로 표기되기도 하는데 RP로 일반화되어 있다.

RP는 채권의 매매라는 형식을 가지고 있으나 실제로는 채권을 담보로 한 단기자금의 융통이라 할 수 있으며 환매를 조건으로 하기 때문에 현물과 선물거래가 동시에 발생하는 거래라는 특징을 갖고 있다. 이런 의미에서 일본에서는 이를 현선거래라고 부른다.

RP거래는 만기가 짧기 때문에 화폐자산에 속하지만 거래대상이 장기금융자산인 채권이라는 점에서 CP, CD 등 다른 단기금융자산과는 성격이 다르다. 또한 RP거래는 거래소 밖에서 매도자와 매수자가 브로커를 경유하지 않고 직접 만나 거래하는 장외거래가 보통이다.

채권은 장기금융자산이므로 단기금융자산에 비하여 유동성이 상대적으로 낮다. 채권도 유통시장에서 매매를 통하여 현금화할 수 있으나 자본시장이 충분히 발달되지 못한 경우에는 매매기회가 제한될 뿐만 아니라 채권가격이 유통시장에서의 이자율과 수급동향에 따라 항상 변하므로 원하는 시점에서 채권을 현금화시키기 위해서는 경우에 따라 상당한 자본손실을 감수하여야만 한다.

그러나 RP거래를 이용할 경우 자금의 수요자는 채권매각에 따른 자본손실 없이 단기간 필요한 자금을 보다 쉽게 조달할 수 있으며, 반면에 일시적으로 여유자금을 보유하고 있는 투자자도 자본손실위험 없이 자금을 운용할 수 있는 이점을 누릴 수 있다.

이와 같이 자금의 수요자와 공급자 모두에게 주는 이점으로 인하여 RP거래는 자금의 원활한 수급조절은 물론 금융자산간의 금리재정(interest rate arbitrage)을 촉진함으로써 단기금융시장의 발전에 크게 기여하였을 뿐만 아니라 채권의 유동성을 제고시킴으로써 채권의 발행을 용이하게 하여 자본시장의 발전에도 기여하였다.

현재 RP는 은행의 대고객거래에 대한 최단만기(15일) 제한이 2002년 1월부터 폐지되면서 만기에 대한 제한이 없는데 대체로 1개월물 및 3개월물 위주로 거래되고 있으며 만기이전에 중도환매가 가능하다. 거래금액에 대해서도 제한은 없으나 기관 및 법인과의 거래의 경우 10억원 이상이, 그리고 개인인 경우에는 1,000만 원 이상이 일반적이다. 다만, 체신관서에서는 개인 위주의 소액거래가 대부분이기 때문에 최저거래금액을 5만원으로 설정하고 있다.

거래대상 채권으로는 국채, 지방채, 특별법에 의해 설립된 법인이 발행한 특수채, 상장법인이 발행한 회사채와 보증채(전환청구권, 교환청구권 및 신주인수권을 행사할 수 있는 기간중에 있는 전환사채, 교환사채 및 신주인수권부사채 제외) 등이나 실제 거래에 있어서는 국고채 등 안전자산 위주로 거래가 이루어지고 있다.

이자는 만기일에 지급되는데 거래금리는 시장금리, 거래금액, 만기 등을 감안하여 결정하고 있다. 한편 RP거래에서는 대부분이 국채 등 안전자산을 대상으로 거래가 이루어지기 때문에 RP금리를 결정할 때 대상채권의 신용도는 별도로 반영하지 않는다.

대고객 RP는 은행, 금융투자업자, 한국증권금융 및 체신관서에서 취급하고 있는데 한국증권금융과 금융투자업자가 매입 및 매도업무를 모두 취급하고 있는 것과 달리 은행, 체신관서는 매도업무만을 취급하고 있다. 대고객 RP거래에 있어서의 매수주체는 금융투자업자의 경우에는 일반법인이, 체신관서의 경우에는 개인이 대부분이며 은행의 경우에는 일반법인과 함께 개인의 비중도 높은 편이다.

금융기관간 RP거래에는 단기자금과부족 조절을 목적으로 은행, 금융투자업자, 보험회사, 상호저축은행 등 콜시장 참가기관이 참여하고 있다. 금융기관간 RP거래의 경우 자금중개회사 및 개별 금융투자업자가 중개업무를 담당하고 있다.

1.3.3 양도성예금증서시장

양도성예금증서(CD: negotiable certificate of deposits)는 금융기관이 정기예금에 대하여 발행하는 예금증서로서 제3자에게 양도가 가능한 것을 말한다.

우리나라는 1974년 5월에서 1977년 6월까지, 그리고 1978년 3월부터 1981년 말까지 두 차례에 걸쳐서 은행에서 CD를 발행한 적이 있다. 그러나 과거의 CD제도는 일반정기예금에 단지 양도성만을 부여한 데 지나지 않았기 때문에 발행금리가 실세금리를 반영하지 못하여 비은행금융기관의 상품보다 불리한데다가 유통시장도 발달하지 못함으로써 취급실적이 매우 저조하였다. 이에 따라 1984년 6월 CD제도가 전면 개편되어 새로이 등장하였지만 새로 도입된 CD도 종래에 비해 금리가 실세금리수준을 어느 정도 반영하였으나 발행금리가 실세금리수준을 하회하고 전문적인 중개기관의 부족 등으로 유통시장은 활발하지 못하였다. 그러나 최근 금리자유화와 함께 CD의 금리가 완전자유화되고 금융투자업자 등을 통한 중개기능이 제고되어 유통시장이 활성화되고 있다.

CD는 최장만기 제한은 없고 최단만기만 30일 이상으로 제한하고 있으나 실제 거래에 있어서는 4개월물 이상이 주종을 이루고 있다. 만기이전의 중도환매는 엄격히 금지되어 있으나 양도가 가능하므로 매수기관이 보유 CD를 현금화하고자 하는 경우 중개기관을 통하여 매각할 수 있다. 최저액면금액에 대한 제한은 없으나 고객이 기관·법인인 경우 10억 원 이상이 대부분이며 개인인 경우 1,000만 원 이상이 일반적이다. 실제로 은행들은 내규 등을 통해 CD의 최저액면금액을 500만 원 또는 1,000만 원으로 설정하고 있다.

현재 CD는 할인방식으로 발행되고 있는데, 중도해지를 허용하지 않는 대신 양도가 가능토록 하여 투자자로 하여금 필요시 언제든지 금융투자업자의 중개를 받아 현금화가 가능토록 하였다. 2006년 6월말 현재 한국수출입은행을 제외한 모든 은행, 즉 한국은행에 지급준비금을 예치할 의무가 있는 시중은행, 지방은행, 특수은행, 외국은행 국내지점 등이 CD를 발행할 수 있다.

1.3.4 기업어음시장

기업어음(CP: Commercial Paper)은 상업어음과는 달리 상거래와 관계없이 신용상태가 양호한 기업이 단기자금을 조달할 목적으로 발행하는 만기 1년 미만의 융통어음이다.

우리나라의 기업어음은 소정의 신용등급 이상의 적격업체가 발행한 어음으로 담보없이 신용으로 발행되는 것이 대부분이며 일부는 금융기관의 지급보증을 첨부한 보증어음도 있다. CP의 할인 및 중개시장에는 금융투자업자, 기업 및 개인 등이 참여하고 있다. 은행은 CP할인업무가 허용되지 않았으나, 1997년 외환위기시 금융투자업자의 영업정지 등으로 CP할인이 위축되자 정부는 은행에 대해서도 CP업무취급을 허용하였다.

CP의 발행방법에는 직접발행(direct paper)과 간접발행(indirect paper)이 있는데,

직접발행은 발행회사가 투자자에게 직접 매각하는 방식으로 우리나라의 경우 기업어음중개시장으로 통칭한다.

간접발행은 발행된 CP를 일단 인수자인 중개금융기관이 인수(underwrite)하였다가 투자자에게 판매하는 방식이다. 이러한 중개어음의 경우 중개금융기관이 정한 소정의 신용등급 이상의 적격업체가 발행한 무담보어음으로 중개금융기관의 중개를 통해 거래된다. 중개어음의 투자자는 법인과 개인이다. 현재 중개어음은 중도환매가 불가능하나 중개금융기관이 인수하여 매출한 CP는 투자자가 요구하면 즉시 환매가 가능하다.

기업어음의 발행조건은 할인기관에 따라 다소 차이가 있다. 금융투자업자가 할인하는 경우 기업어음의 최장만기는 1년 이내이고 최소액면금액은 1억 원 이상으로 제한되어 있다.

1.3.5 표지어음

표지어음(cover bill)이란 금융기관이 할인하여 보유하고 있는 상업어음, 무역어음, 팩토링어음 등을 분할 또는 통합하여 새로이 발행한 약속어음을 말한다. 금융기관은 표지어음을 발행하게 되면 표지어음의 기초가 되는 원어음의 부도여부와 상관없이 지급의무를 부담하게 된다. 표지어음은 일반적으로 만기 1년 이내인 원어음의 남은 만기를 기초로 하여 발행됨에 따라 단기금융상품으로 분류된다.

표지어음시장은 표지어음이 발행·유통되는 단기금융시장으로서 원어음의 할인을 의뢰하는 기업과 표지어음을 발행하는 금융기관 및 표지어음의 매수자로 구성된다. 기업은 원어음의 할인을 통해 영업활동에 필요한 운전자금을 조달하게 되며 금융기관은 표지어음을 발행하여 원어음 할인에 따른 자금부담을 줄이고 원어음 할인금리와 표지어음 발행금리간의 금리차익을 얻게 된다. 표지어음의 매수자는 단기자금 운용수단으로 표지어음을 매입하게 된다.

표지어음은 원어음의 남은 만기 이내에서 발행되며(은행 표지어음은 30일 이상) 여러 개의 원어음을 통합하여 발행하는 경우에는 개별 어음의 남은 만기 중에서 최장만기 이내로 제한하고 있다. 종합금융회사 및 상호저축은행 표지어음은 만기 이전의 중도환매가 가능하나 은행 표지어음은 중도환매가 허용되지 않는다. 최저액면금액에 대한 제한은 없지만 은행 표지어음의 경우에는 대체로 500만원을 최저액면금액으로 하여 발행되고 있다.

발행금리는 시장금리와 할인기간 등을 감안하여 결정되는데 은행 표지어음의 경우는 지준부과대상에서 제외됨에 따라 대고객CD(지준율 2%)보다 다소 높은 것이 일반적이다. 발행기관은 이자를 할인방식에 의해 미리 지급하고 만기시에는 액면금액을 지급하게 된다.

1.3.6 통화안정자본시장

통화안정증권은 통화관리를 위해 한국은행이 일반이나 기관투자가를 대상으로 발행하는 단기증권이다. 통화안정증권발행은 1986년 이전까지는 미미하였으나 국제수지흑자 증가로 해외부문의 통화가 크게 늘어나 이를 흡수하기 위한 수단으로 발행이 크게 확대되었다.

통화안정증권의 만기는 2년 이내에서 11종류로 정형화(구체적으로 14일, 28일, 63일, 91일, 140일, 182일, 364일, 371일, 392일, 546일 및 2년)되어 있으나 실제로는 63일물, 91일물, 182일물, 364일물, 546일물 및 2년물 위주로 발행되고 있다. 만기 이전의 중도환매는 한국은행이 필요하다고 인정하는 경우에만 가능하다.

한국은행이 통화안정증권을 발행하여 매각하는 방식으로는 한국은행창구를 통한 직접매출, 인수단 구성을 통한 인수매출, 그리고 경쟁입찰방식의 세 가지가 있다.

거래금액은 경쟁입찰의 경우 최소 100억 원 이상 100억 원 단위이며 일반매출의 경우 100만 원 이상 100만 원 단위이다. 액면금액은 100만원, 500만원, 1천만원, 5천만 원 및 1억 원의 5종류로 정형화되어 있다.

이자지급방식은 만기에 따라 다른데 만기 14일~546일물의 경우 할인방식으로 발행되어 만기일에 액면금액이 지급되며, 만기 2년물은 이표지급방식으로 발행되어 3개월마다 이자가 지급된다.

지금까지 통화안정증권은 대부분 인수매출에 의해 소화되었으나 발행금리가 실세금리보다 낮아 인수규모를 은행, 증권, 보험, 종합금융회사 등 인수기관을 대상으로 할당하는 형식을 취해 왔으나, 금리자유화가 본격적으로 시행됨에 따라 최근에 들어 실세금리에 의한 공개입찰방식이 증가하고 있다.

통화안정증권을 할당방식으로 인수한 인수기관들은 이를 금전신탁이나 펀드형 상품 등에 의무적으로 편입하고 일부는 RP대상채권 등으로 활용하여 왔으나 1997년 통화안정증권의 강제할당제도가 폐지되었다.

통화안정증권의 유통시장에서의 거래는 집합투자업자, 종합금융회사 등을 통한 중개거래, 혹은 개별 접촉 등 정형화되지 않은 방식으로 거래되는 경우가 많다. 통화안정증권은 거래소에 상장되어 있기 때문에 유가자본시장에서 거래되기도 하지만 그 규모는 크지 않다.

2. 자본시장의 의의와 경제적 기능

2.1 자본시장의 의의

산업혁명과 더불어 주식회사가 급속하게 발전하게 된 것은 주식회사가 다수인으로부터 소규모의 영세자금을 모아 대규모 산업자금화하는 데 효율적인 제도라는 점에서 산업혁명의 전제조건 중의 하나인 자본축적의 조건을 다른 어떤 형태의 회사보다 잘 충족시킬 수 있었기 때문이다.

주식회사가 다른 회사형태보다도 산업자금 조달에 유리한 점은 첫째, 주주는 자기가 납부한 출자지분 한도 내에서 회사의 채권자에 대하여 책임을 지는 유한책임제도와 둘째, 주주는 출자에 의해서 주권을 취득(자본의 증권화)하고 취득한 주권을 자유로이 양도하여 현금화함으로써 투자자본을 회수(증권의 자본화)할 수 있는 증권제도 셋째, 기업의 소유주와 경영인이 서로 다른 소유와 경영의 분리가 바로 그것이다.

이러한 주식회사 제도의 특징으로 인하여 대규모 산업자금을 불특정 다수인으로부터 효율적으로 조달할 수 있게 되는 바, 이러한 장기자본의 수급을 원활히 달성하기 위해서는 자금을 제공하는 일반인보다 손쉽게 참여할 수 있는 조직적이고 전문적이며 상설적인 자본 거래가 이루어지는 시장을 필요로 하게 된다. 이러한 기능을 원활히 하기 위해 조직된 것이 자본시장이다.

자본시장이란 금융투자상품(주로 주식과 채권)이 매매 거래되는 경제·사회관계를 총칭하는 것으로 일반적으로 다음의 두 가지 의미로 쓰이고 있다.

첫째, 넓은 의미로는 기업을 비롯한 자금의 수요자가 금융투자상품을 발행하거나 매출하여 필요한 자금을 조달하고, 투자자가 금융투자상품의 매입이나 매각을 통하여 자신의 금융자산을 운용하는 일련의 과정, 즉 금융투자상품을 매개로 하여 발행주체와 집합투자업자 및 투자자 사이에서 금융투자상품과 자금의 수급관계가 이루어지는 곳을 말하며 이는 포괄적이며 추상적인 개념의 시장이다.

둘째, 좁은 의미로는 다수의 매매 쌍방이 일정한 시간, 일정한 장소에 집결하여 일정한 조직과 거래질서하에서 증권을 매매 거래하는 조직적이고 구체적인 시장으로서 유가증권시장, 코스닥시장 등을 말한다.

2.2. 자본시장의 구조

기업이 주식이나 채권 등을 통하여 조달된 자금은 기업의 설비투자 등에 투입되므로 회수하는 데 많은 기간이 걸리는 반면, 일반투자자가 기업에 제공한 자금은 그 투자자가 필요로 할 때에는 언제든지 회수되어 이용될 수 있어야 한다는 서로 상반된 조건을 가지고 있다.

이러한 상호 상반된 조건에 따라 자본시장은 일반적으로 기업이 금융투자상품을 발행하여 자금을 조달하고 일반인이 자금을 제공하여 당해 금융투자상품을 취득하는 발행시장과 투자자가 취득한 금융투자상품을 현금화 할 수 있는 유통시장으로 구성되어 있다.

발행시장에서 발행된 금융투자상품이 유통시장에서 유가증권시장 상장이나 코스닥시장 상장을 통하여 거래될 수 있어야 금융투자상품을 취득한 최초의 투자자는 원하는 때에 투자한 자금을 회수할 수 있고 발행주체도 계속 금융투자상품을 원활히 발행할 수 있다. 유통시장은 유가증권시장, 코스닥시장, 프리보드와 장외시장 등으로 구분된다.

2.3. 자본시장의 경제적 기능

자본주의 경제에 있어서 생산활동의 주역인 기업은 증권발행을 통하여 자본을 조달하고 있으며, 이와 같은 기업의 금융활동은 주로 자본시장을 통하여 이루어진다. 자본시장은 국민경제적 측면에서 다음과 같은 기능을 수행한다.

2.3.1 산업자본의 조달기능

기업의 측면에서 자본시장은 증권발행이란 수단을 통하여 대중의 영세 유휴자금을 널리 모집 흡수하여 이것을 장기의 안정적인 산업자금으로 조달하게 된다. 따라서 자본시장은 기업에 대하여는 자금조달원이 됨과 동시에 유동성 자금을 산업자본화함으로써 시설투자확대 및 기술혁신 그리고 대량생산을 통하여 기업의 체질강화 및 국제경쟁력을 증진시키는 기능을 지니고 있다.

2.3.2 투자수단의 제공

일반대중에 대하여 자본시장은 저축 내지 자산의 운용을 위한 투자수단을 제공한다. 저축이나 자산을 운용하는 방법에는 여러 가지가 있지만 크게 나누어 부동산이나 귀금속 등과 같은 실물자산에 대한 투자와 은행예금이나 증권투자 같은 금융자산에 대한 투자로 분류할 수 있다.

그런데 일반적으로 개인의 투자성향은 경제·사회가 안정되고 소득이 점차 증대됨에 따라 실물자산보다는 금융자산을 선호하게 되고 금융자산에 대한 투자 중에서도 은행예금과 같은 간접투자보다는 증권과 같은 직접투자를 선호하는 경향이 강하게 된다.

2.3.3 소득의 재분배

사회적 측면에서 자본시장은 주식의 분산에 의하여 소득의 재분배를 구현하는 정책수단이 되고 있다. 현대 자본주의 국가는 주식의 분산을 통한 대중자본주의를 지향하고 있으며 이에 따라 자본시장은 기업공개 및 주식지분의 분산을 촉진함으로써 대중의 자본소득 증대를 통한 국민복지향상과 사회안정 그리고 중산층

육성이라는 사회적 기능을 가지고 있다.

2.3.4 자금의 효율적 배분기능

자본시장은 장기적으로 기업의 수익성을 비롯한 모든 정보를 반영하여 진정한 주가와 기업가치를 발견하는 데 기여한다. 주가는 자본시장에 새로 유입되는 정보에 따라 지속적으로 변동하는데, 이에 따라 투자자금이 수익성이 낮은 기업에서 수익성이 높은 기업으로 이동하게 되므로 수익성이 낮은 기업의 구조조정과 퇴출이 촉진되고 수익성이 높은 기업의 활동이 더욱 활성화되어 평균적으로 사회적 수익성을 증대시키는 방식으로 자금의 효율적 배분이 촉진된다.

2.3.5 재정금융정책의 수단 제공

정부는 자본시장에서 재정증권을 발행하거나 상환함으로써 적자 또는 흑자 재정을 운용하는 방식으로 자본시장을 재정정책의 보완적인 수단으로 활용한다. 또한 중앙은행은 자본시장에서 공개시장조작을 함으로써 통화량의 조절 및 경기안정 등을 도모하는 금융정책을 수행한다.

3. 자본시장법의 제정

자본시장법 제정 이전까지 우리 자본시장은 기업의 자금조달실적이 주식의 경우 2000년 14조원에서 2006년 6.5조원으로 그리고 2001년 87조원이던 회사채를 통한 자본조달실적이 2006년에는 41조원으로 축소되는 등 자금 중개기능이 상당부분 위축되어 있었다. 또한 은행으로 대표되는 간접금융시장이 IMF 이후 구조조정, 대형화·겸업화를 통해 경쟁력을 높여 온 것과는 달리 증권업을 포함한 자본시장 관련 산업들은 진입규제의 폐지, 수수료 자율화 등으로 경쟁이 심화되면서 오히려 수익성이 악화되어 가고 있는 상황이었다.

자본시장 및 관련 산업이 이러한 어려움을 겪고 있는 데에는 여러 가지 원인이 있을 수 있지만 자본시장 관련 법률이 자본시장 및 관련 산업의 획기적인 발전을 뒷받침하지 못하고 있다는 것도 그 원인의 하나로 지적되었다. 21세기 국가경쟁력 제고를 위해서는 IT, BT 등 새로운 성장동력 산업의 육성 및 발전을 위한 금융시스템의 마련이 시급하고 이를 위해서는 위험의 분산이 가능한 자본시장을 통한 자금조달의 필요성이 대두하게 되었다.

이와 같은 시대적 요구에 부응하여 2008년 비로소 자본시장법이 제정되어 2009년 2월부터 시행하게 되었는데, 자본시장법은 그 동안 자본시장을 규율하던 "증권거래법", "간접투자자산운용업법", "선물거래법", "신탁업법", "종합금융회사", "한국증권선물거래법" 등 6개의 법률을 폐지하고 마련한 단일의 통합 법률이다. 이 법은 과거 열거주의식의 법률로 인해 칸막이 쳐진 자본시장을 포괄주의의 적용으로 하나의 자본시장으로 통합하고자 하고 있다. 모든 금융투자상품을 허용하되 예외적으로 제한하는 네거티브(negative)규제를 하여 새롭게 등장할 어떠한 상품도 금융투자상품의 범주에서 벗어나지 못하게 하였다. 이리하여 금융투자상품을 취급하는 금융투자회사의 업무범위가 대폭 확대되고, 세계적 투자은행으로 발전할 수 있는 계기가 마련되었다.

[그림 1-1] 자본시장통합법의 기본 방향

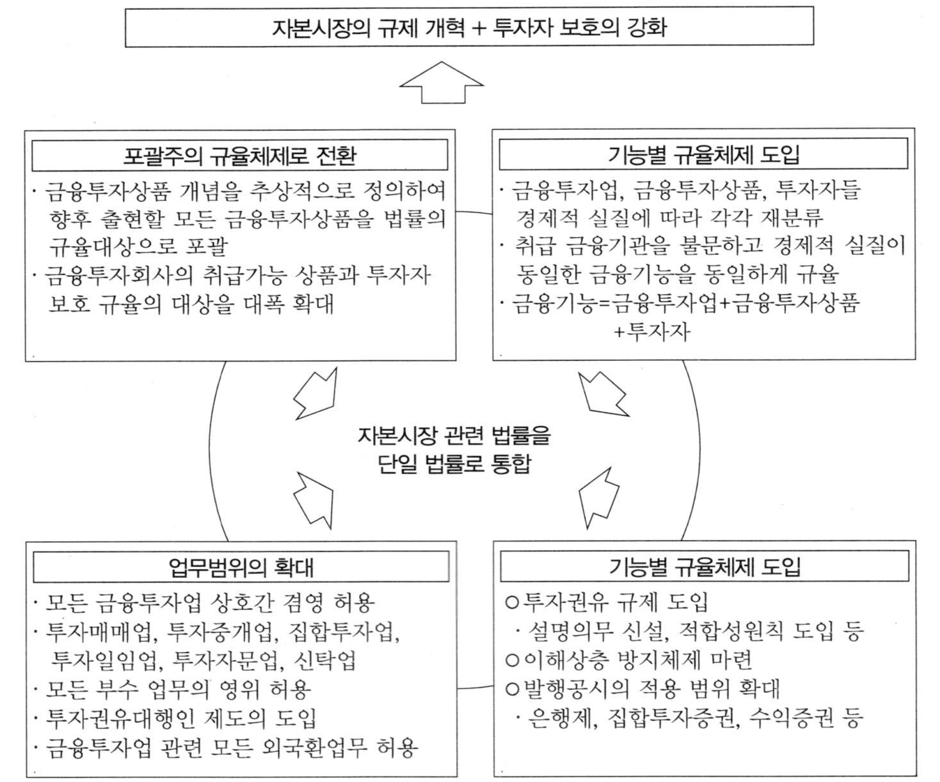

자료 : 기획재정부, 자본시장과 금융투자업에 관한 법률안 설명자료

자본시장법의 주요 특징은 크게 4가지로 분류된다. 첫째, 금융투자상품 개념의 포괄적 규정이다. 금융투자상품은 '이익을 얻거나 손실을 회피할 목적으로 현재 또는 장래 특정 시점에 금전 등을 지급하기로 약정함으로써 취득하게 되는 권리로서 원본손실 가능성(투자성)을 부담하는 것'으로 정의된다. 따라서 원본손실 가능성이 있는 금융상품이라면 원칙적으로 금융투자상품에 해당하게 되어 자본시장법이 포괄하는 금융투자상품의 범위가 대폭 확대되었다. 자본시장법의 시행으로 이제 자본시장의 금융상품은 은행의 예금과 같은 저축상품, 재해나 각종자사고발생시 경제적 손실을 보상하는 보험상품 그리고 금융투자상품으로 구분되게 되었다.

[그림 1-2] 자본시장 통합법의 금융상품 정의

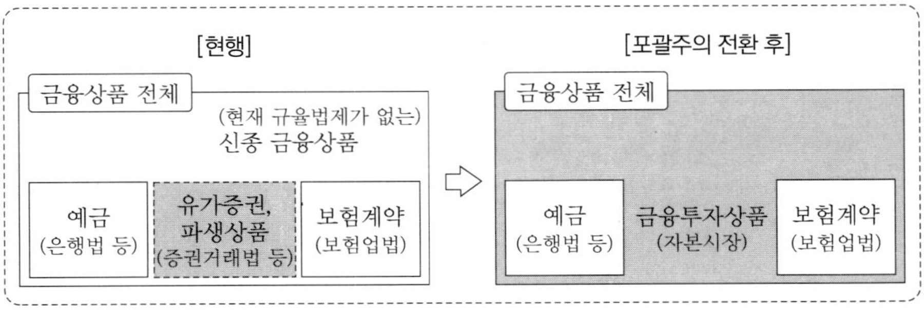

자료 : 기획재정부, 자본시장과 금융투자업에 관한 법률안 설명자료

둘째, 경제적 실질에 따른 금융투자업의 기능별 규율로의 전환이다. 금융투자업은 금융투자상품을 직접 매매하거나 제3자를 위해 매매를 중개하는 등 투자자의 금융투자상품 거래를 지원하는 금융업이다. 자본시장법은 증권업, 자산운용업, 선물업, 신탁업 등 그 동안 개별법률에 의해 규제된 자본시장 관련 금융업을 '금융투자업'으로 통합하고 금융투자업을 그 경제적 기능에 따라 '투자매매업' , '투자중개업', '집합투자업', '신탁업', '투자자문업', '투자일임업' 등 6개로 재분류

하였다. 또한 금융투자상품(증권 및 파생상품), 투자자(일반투자자 및 전문투자자)와 금융투자업을 조합하는 형태로 정의한 후 영위주체 즉 금융기관의 종류에 상관없이 동일한 금융기능을 영위하면 동일한 금융규제가 적용되도록 하였다. 이제 금융투자업의 통합과 기능별 재분류로 그 동안 개별 법령을 통해 영업이 규제됨에 따라 발생할 수밖에 없었던 규제차이가 해소되는 등 합리적인 규제 체계를 갖추게 되었다.

셋째, 금융투자회사의 업무범위의 확대이다. 그 동안 증권사, 자산운용회사는 개별 법령에서 구체적으로 정해진 증권업 또는 자산운용업만을 영위할 수 있었으나 이제 금융투자회사는 기능별로 재분류된 6개 금융투자업 전부를 겸영할 수 있고 금융투자업 영위와 관련이 있다면 새로운 업무도 개발하여 자유롭게 영위할 수 있다. 이는 금융투자상품의 범위 확대에 따라 금융투자회사가 다양한 종류의 금융투자상품을 개발하여 투자자의 수용에 적극 부응할 수 있도록 하기 위한 것이다.

그리고 금융투자업자가 영위할 수 있는 부수업무도 종전 법률에서 제한적으로 열거하고 있어 새로운 부수업무를 영위하기 위해서는 법령을 개정하여야 하였지만 자본시장법은 금융투자회사가 영위할 수 있는 부수업무의 범위를 법률에서 사전적으로 열거하지 않고, 원칙적으로 금융투자업에 부수되는 모든 업무를 부수업무로 영위할 수 있도록 하면서 부수업무 개시 7일전까지 감독당국에 신고하도록 하는 방법으로 부수업무 영위방법을 개선하고 금융투자업자가 영위하는 모든 업무를 외국환으로 영위할 수 있도록 하였다.

이와 함께 소액자금이체 등 부가서비스를 제공할 수 있는 근거의 마련, 투자권유대행인 제도의 도입을 통한 판매망의 확충, 집합투자기구의 확대 및 집합투자기구가 운용할 수 있는 대상자산의 확대 등 금융투자업자의 업무범위를 대폭 확대하였다

마지막으로, 강화된 투자권유 규제의 도입 등 투자자 보호제도의 선진화이다.

자본시장법은 투자자보호를 위해 이해상충 규제, 투자권유 규제, 불공정거래규제의 개선 등 다양한 내용의 제도개선내용을 포함하고 있다.

[표 1-1] 자본시장통합법의 구성(10편 449개의 조문으로 구성)

편	장	내용	세부 내용
제1편 총칙	–	총칙	·목적, 정의규정
제2편 금융투자업	제1장	인가 및 등록	·인가·등록 요건 및 절차
	제2장	지배구조	·대주주변경 승인 ·사외이사, 감사 ·내부통제장치, 준법감시인 ·소수주주권
	제3장	건전성 규제	·자기자본 규제 ·대주주와의 거래제한 ·회계처리 ·경영공시
	제4장	영업행위 규제	·공통영업행위 규제 - 투자권유규제 - 손실보전 금지, 손해배상책임 등 ·업자별 영업행위규제
제3편 증권의 발행 및 유통	제1장	발행공시	·증권신고서
	제2장	M&A 관련제도	·공개매수, 5% Rule 등
	제3장	유통공시	·사업보고서 등, 주요사항보고서
	제4장	장외거래 등	·장외거래, 외국인의 장외매매 제한
제4편 불공정 거래의 규제	제1장	내부자 거래	·단기매매차익 반환, 내부자거래 등
	제2장	시세조종	·시세조종 금지
	제3장	공매도등 부정거래	·포괄적 사기금지, 공매도 제한
제5편 집합투자기구	제1~11장	집합투자기구	·정의, 집합투자기구의 구성 ·집합투자증권, 집합투자기구 기관 등
제6편 금융투자업 관계기관	제1~8장	금융투자업 관계기관	·한국금융투자협회, 한국예탁결제원, 증권금융회사, 종합금융회사 등
제7편 한국거래소	제1~6장	한국거래소	·조직, 시장개설 ·시장감시, 분쟁조정 등
제8편 감독 및 처분	제1~4장	금감위의 집행	·명령 및 승인, 검사 및 처분 ·조사, 과징금
제9편 보칙	–	–	·위법행위 신고, 전자문서 신고 등
제10편 벌칙	–	형벌 규정	·형벌, 과태료, 양벌규정

자료 : 기획재정부, 자본시장과 금융투자업에 관한 법률안 설명자료

업무겸영에 따른 이해상충으로부터 투자자를 보호하기 위해 금융투자업자에게 신의성실 및 충실의무를 부과하고 있으며, 증권관련업무의 사내겸영으로 인한 이해상충으로부터 투자자를 보호하기 위해 사내겸영시 발생할 수 있는 대표적인 이해상충 행위를 유형화하여 규제하고 있다. 또한 투자자를 일반투자자와 전문투자자로 구분하고 전문투자자에 비해 위험관리능력이 떨어지는 일반투자자에 대해서는 보다 강화된 투자권유규제를 적용하고 있다. 즉 투자자의 특성을 파악해야 하는 Know-your-customer Rule의 도입, 파악된 투자자의 특성에 적합한 금융투자상품의 권유를 의미하는 적합성 원칙을 도입하고, 일반투자자를 대상으로 하는 금융투자상품 권유시 권유대상이 되는 금융투자상품의 내용, 투자에 따르는 위험 등 투자자의 투자판단에 영향을 미칠 수 있는 사항을 일반투자자가 이해할 수 있도록 설명해야 하는 설명의무의 도입 및 설명의무 미이행시 손해액 추정규정의 도입, 투자자의 일상생활의 안정성을 보호하기 위한 불초청권유금지 등 부당권유의 금지 등의 내용이 포함되어 있다.

제2장

자본시장의 체계

자본시장의 감독기관으로 금융위원회, 증권선물위원회, 금융감독원 등이 있고, 금융투자업자와 이와 관련된 유관기관으로 한국거래소, 금융투자협회, 증권금융회사, 한국예탁결제원, 명의개서 대행회사, 코스콤 등이 있다.

1. 금융투자감독기관
2. 금융투자업자
3. 증권관계기관

자본시장의 감독기관으로 금융위원회, 증권선물위원회, 금융감독원 등이 있고, 금융투자업자와 이와 관련된 유관기관으로 한국거래소, 금융투자협회, 증권금융회사, 한국예탁결제원, 명의개서 대행회사, 코스콤 등이 있다.

1. 금융투자감독기관

현재 국내 금융시장 및 금융투자업에 관한 감독과 규제는 금융위원회가 수행하고 있다. 2008년 2월29일 정부는 '금융위원회 설치 등에 관한 법률'에 근거하여 종전 재정경제부의 금융정책기능과 금융위원회의 감독정책기능을 통합하는 금융위원회를 설립했다. 새로이 설립된 금융위원회는 금융감독정책기능과 집행기능을 분리함으로써 금융행정의 권한과 책임을 명확히 구분하고 있다.

1.1. 금융위원회

금융위원회는 건전한 신용질서와 공정한 금융거래 관행을 확립하고 예금자 및 투자자 등 금융수요자를 보호함으로써 국민경제의 발전에 기여함을 목적으로 하고 있다. 금융위원회는 업무를 수행하기 위해 금융감독원의 업무·운영·관리에 대한 지시와 감독을 한다. 「금융감독기구의 설치 등에 관한 법률」에 정한 금융위원회의 권한은 다음과 같다.

1.1.1 금융위원회의 구성

금융위원회는 9인의 위원으로 구성하되, 위원장·부위원장 각 1인과 기획재정부 차관, 한국은행 부총재, 예금보험공사 사장, 금융감독원장, 금융위원장이 추천하는 금융전문가 2인, 대한상공회의소 회장이 추천하는 경제계 대표 1인 등으로 구성한다. 금융위원회 위원장은 국무회의 심의를 거쳐 대통령이 임명하며 금융위원회를 대표하여 회의를 주재하고 사무를 총괄한다. 금융위원회 부위원장은 위원장의 제청으로 대통령이 임명한다.

1.1.2 금융위원회의 소관사무

금융위원회는 ①금융기관에 대한 감독과 관련된 규정의 제정 및 개정, ② 융기관의 설립 및 경영과 관련된 인·허가, ③금융기관에 대한 검사·제재와 관련된 주요사항, ④자본시장의 관리·감독 및 감시 등과 관련된 주요사항, ⑤ 기타 다른 법령에서 금융위원회에 부여된 업무에 관한 사항을 심의·의결한다. 또한, 금융위원회는 금융감독원의 업무·운영·관리에 대한 지시·감독을 하며, ①금융감독원의 정관변경에 대한 승인, ②금융감독원의 조직 및 기구에 관한 사항, ③금융감독원의 예산 및 결산 승인, ④금융감독원 직원의 보수기준 결정, ⑤기타 금융감독원을 지시·감독하기 위하여 필요한 사항을 심의·의결한다.

1.1.3 금융감독원에 대한 감독

금융위원회 위원장은 금융감독원장을 겸임하고, 부원장 및 부원장보의 임명제청권, 금융감독원 예산 및 결산 승인권 등 조직 및 운영에 관한 감독권을 보유하고 있다.

1.1.4 증권관계기관에 대한 감독

한국거래소에 대해서는 유가증권상장 승인 및 제규정을 심의한다. 또한 금융위원회는 공익 또는 투자자보호를 위하여 한국거래소의 업무 등에 대해 검사를 할 수 있다. 한국예탁결제원과 증권금융회사에 대해서는 업무관계규정 승인, 임원해임, 영업정지 명령 등을 할 수 있으며, 금융투자협회에 대해서는 정관 및 규정 등의 변경명령, 임원해임, 업무정지명령 등을 할 수 있다.

1.1.5 금융투자업자 등에 대한 지도 · 감독

자본시장법 제415조와 제416조에 의해 금융위원회는 금융투자업자에 대해 포괄적인 명령권을 가진다. 첫째, 금융투자업자의 건전한 경영지도를 목적으로 금융투자업등록의 취소, 영업정지명령, 임원해임요구 조치, 상호변경 및 지점신설·변경의 승인, 공개·증자 승인, 임원겸직승인 등의 권한을 보유한다. 둘째, 공익 또는 투자자보호와 과도한 투기거래방지를 위해 고객예탁금과 위탁증거금 및 신용거래보증금의 보관·관리에 관한 사항, 금융투자업자의 광고에 대한 사항을 명령할 수 있다. 셋째, 자산운용의 안정성 및 업무운용의 건전성에 대한 지도·감독을 하기 위해 자산운용준칙, 신용공여규정, 증권저축규정, 환매채업무규정 등을 제정·운용한다.

또한 금융위원회는 자본시장법과 이 법에 의한 명령에 위반된 사실이 있거나 공익 또는 투자자보호를 위해 필요하다고 인정하는 때에는 관계자를 조사할 수 있다. 이를 위하여 조사사항에 관한 사실과 상황에 대한 진술서의 제출, 증언을 위한 출석, 그리고 필요하다고 인정되는 장부·서류 기타 물건의 제출 등을 요구할 수 있다.

1.1.6 자본시장에 대한 감독

금융위원회는 금융투자업자에 대한 명령권에 근거한 한정적인 준입법적 권한 및 자본시장 질서를 유지하기 위한 한정적인 준입법적 권한을 가진다. 이와 함께 자본시장법의 각 조항에서 구체적으로 위임받은 준입법적 권한을 보유하고 있다.

이와 같은 금융위원회의 자본시장과 관련된 주요 권한을 살펴보면 다음과 같다.

① 증권의 발행·관리

등록법인관리업무, 증권모집 및 매출신고서의 심사·수리, 증권신고서의 검사 등 증권발행 관련사항

② 공정거래질서유지

기업내용공시, 내부자거래·시세조종행위 등 불공정거래 조사

③ 상장법인의 관리

재무구조개선 유도, 합병신고서 수리, 상장법인의 회계처리원칙 및 재무제표 규칙의 제정 등에 대한 심의, 공개매수신고서 수리, 위임장 권유신고서 수리, 증권관계법령위반 상장법인에 대한 조치권(증권발행 제한, 임원해임권유 등).

1.2. 증권선물위원회

1.2.1 주요업무

"금융위원회의 설치 등에 관한 법률"에 의하면 증권선물위원회를 금융위원회에 두도록 되어 있다. 증권선물위원회는 ①자본시장의 불공정거래 조사 ②기업회계의 기준 및 회계감리에 관한 업무 ③금융위원회가 심의·의결하는 자본시장의 관리·감독 및 감시 등과 관련된 주요사항에 대한 사전심의 ④자본시장의 관리·감독 및 감시 등을 위하여 금융위원회로부터 위임받은 업무, 그리고 ⑤타 다른 법령에서 증권선물위원회에 부여한 업무를 관장한다.

1.2.2 증권선물위원회의 구성

증권선물위원회는 위원장 1인을 포함한 5인의 위원으로 구성하며, 위원장을 제외한 위원 중 1인은 상임으로 한다. 증권선물위원회 위원장은 금융위원회 부위

원장이 겸임하며, 증권선물위원회 위원은 ①금융·증권·파생상품 또는 회계분야에 관한 경험이 있는 2급 이상의 공무원 또는 고위공무원단에 속하는 일반직공무원의 직에 있었던 자 ②대학에서 법률학·경제학·경영학 또는 회계학을 전공한 자로서 대학이나 공인된 연구기관에서 부교수 이상 또는 이에 상당하는 직에 15년 이상 있었던 자 ③기타 금융·증권·파생상품 또는 회계분야에 관한 학식과 경험이 풍부한 자 중에서 금융위원회 위원장의 추천으로 대통령이 임명한다. 위원장이 아닌 증권선물위원회 위원의 임기는 3년으로 하며, 1차에 한하여 연임할 수 있다.

1.2.3 증권선물위원회의 조직 및 규칙

증권선물위원회의 조직 및 운영에 관하여 필요한 사항은 금융위원회의 규칙으로 정한다. 이러한 규칙을 제정하거나 변경하고자 하는 경우에는 금융위원회의 승인을 얻어야 한다. 증권선물위원회는 업무를 수행하기 위해 금융감독원을 지도·감독한다.

1.3. 금융감독원

1.3.1 금융감독원의 성격 및 감독범위

금융감독원은 금융위원회 또는 증권선물위원회의 지도·감독을 받아 금융기관에 대한 검사·감독업무 등을 수행하는 무자본 특수법인으로서 1999년 1월 1일부터 업무를 시작하였다. 금융감독원은 독립된 별도의 공법인으로서의 성격을 지니며, 금융감독업무와 관련하여 중립적이고 전문적인 금융감독기능을 수행하는 것을 목적으로 하고 있다. 특히 자본시장감독과 관련하여, 금융위원회와 증권선물위원회의 지도 및 감독 하에 실질적으로 동 위원회의 업무를 집행하는 기관이다.

금융위원회가 설립되기 이전인 1998년 4월 이전에는 증권감독원에서 증권거래법에 의해 설립된 증권회사, 증권금융회사, 투자자문회사를 감독하고, 투자신탁회사와 종합금융회사는 재정경제부에서 직접 감독을 하였지만 금융감독원이 설립된 이후 통합되었다.

1.3.2 금융감독원의 조직

금융감독원에는 원장 1인, 부원장 4인 이내, 부원장보 9인 이내와 감사 1인을 두도록 되어 있다. 금융감독원의 원장은 금융위원회의 의결을 거쳐 금융위원회 위원장의 제청으로 대통령이 임명한다. 금융감독원의 부원장은 원장의 제청으로 금융위원회가 임명하고 부원장보는 원장이 임명한다. 감사는 금융위원회의 의결을 거쳐, 금융위원휘 위원장의 제청으로 대통령이 임명한다. 원장·부원장·부원장보 및 감사의 임기는 3년으로 하며, 1차에 한하여 연임할 수 있다. 부원장·부원장보와 감사에 결원이 있는 때에는 새로 임명하되, 그 임기는 임명된 날부터 기산한다.

1.3.3 금융감독원의 주요업무

금융감독원은 "금융감독기구의 설치 등에 관한 법률"과 다른 법령이 규정하는 바에 따라 금융기관의 업무 및 재산상황에 대한 검사, 법령의 규정에 의한 제재, 금융위원회 및 증권선물위원회의 업무보좌, 기타 법령에서 금융감독원이 수행하도록 하는 업무 등을 담당한다.

금융감독원장은 금융감독원의 업무수행과 관련하여 필요한 경우에는 금융위원회의 승인을 얻어 규칙을 제정할 수 있다. 그리고 금융감독원은 검사가 위탁된 대상기관에 대하여 업무수행상 필요하다고 인정하는 때에는 그 기관에 대하여 업무 또는 재산에 관한 보고, 자료의 제출, 관계자의 출석 및 진술을 요구할 수 있다.

금융감독원장은 금융기관의 임직원이 규정·명령 또는 지시를 위반한 경우, 요구하는 보고서 또는 자료를 허위로 작성하거나 그 제출을 태만히 한 경우, 금융감독원의 감독과 검사업무의 수행을 거부·방해 또는 기피한 경우, 시정명령이나 징계요구에 대한 이행을 태만히 한 경우 당해 기관의 장에게 이의 시정을 요구하거나 당해 직원의 징계를 요구할 수 있다.

금융감독원장은 또한, 금융기관이 규정·명령 또는 지시를 계속 위반하여 위법 또는 불건전한 방법으로 영업을 하는 경우에는 금융위원회에 당해 기관의 위법행위 또는 비행의 중지 혹은 6개월의 범위 내에서의 업무의 전부 또는 일부 정지를 명할 것을 건의할 수 있다.

2. 금융투자업자

자본시장법으로 인해 기존의 증권회사, 선물회사, 자산운용회사 등 자본시장 관련업에 대한 겸영이 허용되어 등장한 금융투자업자는 투자자들에게 다양한 금융투자상품과 서비스를 제공하게 되었다. 또한 금융투자상품에 포괄주의가 적용되어 그 종류가 무한대에 가까울 정도로 늘어나게 되었고, 금융투자업자들은 서로 경쟁적으로 신상품을 개발해 판매함에 따라 투자자 선택 폭이 훨씬 넓어지게 되었다.

자본시장법에서는 금융투자업자를 이익을 얻을 목적으로 계속적이거나 반복적인 방법으로 아래 6가지 업무(투자매매업, 투자중개업, 집합투자업, 투자자문업, 투자일임업, 신탁업) 중 어느 하나에 해당하는 업무를 수행하는 회사로 정의하였다. 자본시장법에서는 금융투자업 간 겸영을 법률에서 허용하므로 금융투자업자가 원할 경우 6개 금융투자업을 모두 겸영할 수 있다. 또한 6개의 금융투자업이 추상적으로 정의되어 포괄화가 되었다. 이는 금융투자업의 범위가 광역화되고 금융투자업자의 업무범위가 확대되는 효과가 있다. 자본시장법이 제정되기 전에는 금융투자관련업 분야의 겸영이 원칙적으로 금지되어 있었다. 이 때문에 다양한 금융투자업을 영위하는 대형 투자은행이 성장하기 어려운 풍토였다. 21세기 경제 분야의 국가경쟁력을 강화시키기 위해서는 고위험·고부가가치의 산업에 자본을 공급할 수 있는 자본시장의 발전이 뒷받침되어야 하며, 이를 위해서는 자금중개 기능을 수행하는 투자은행의 육성이 간절하다. 기능별로 분류된 금융투자업자의 기본업무는 다음과 같다.

2.1. 투자매매업

투자매매업은 자기 계산으로 금융투자상품을 매수·매도·발행·청약 등을 하는 업이다. 즉, 과거 증권거래법상 증권회사의 매매업·인수업·매출업, 종금사의 매매업과 인수업, 그리고 간접투자자산운용업법상 간접투자증권의 판매업을 의미하는 것으로서 누구의 명의로 하든 '자기계산 으로 매매가 이루어진다는 점에서 투자중개업과 다르다. 여기서 주의할 점은 '발행'을 금융투자업의 하나로 열거하였다는 것이다. 그 이유는 ELS와 같은 신종증권이나 수익증권 등을 발행하는 업무를 투자매매업으로 보아 투자자 보호 규율을 적용하기 위한 것이다. 그러나 일반기업이 증권을 발행하는 경우는 자금조달 목적이고 영리목적으로 보기 어려우므로 투자매매업에서 제외된다.

전문성은 있으나 자금이 부족해 금융투자업을 하지 못하는 경우에 대비하여 금융투자업자의 자기자본금은 2008년 9월에 6개의 금융투자업별로 최저자기자본금 규모를 차등화함으로써 금융투자업자 설립요건이 대폭 완화되었다. 또한, 시스템리스크와 투자자 보호에 미치는 영향이 적은 업무의 경우에는 경쟁촉진을 위해 자기자본금 기준이 낮지만, 6개 금융투자업 전부를 영위하는 경우에는 2,000억원을 자기자본으로 확보해야 금융투자업자 설립이 가능하다. 이는 금융투자상품의 특성상 항상 위험에 노출되어 있으므로 투자자 보호의 필요성이 증대된 까닭이다.

[표 2-1] 투자매매업의 인가 · 등록 및 자기자본

금융투자업의 종류		금융파생상품의 범위	자기자본(억원)
투자매매업	인수포함	증권	500
	인수제외	증권	200
	인수만	증권	60
		장내파생	100
		장외파생	900

그리고 특화·전문 금융투자업자 진입이 원활히 이루어지도록 인가·등록 업무 단위를 세분화하였다. 자본시장법의 진입요건은 금융기관의 상대방이 되는 투자자가 노출되는 위험의 크기에 따라 차등화 되었다. 즉, 위험에 상응하는 자기자본을 설정을 하도록 규정된 것이다. 투자매매업은 금융투자업자의 6가지 업무 중 가장 위험의 크기가 크므로 900억원(장외파생상푸취급시)의 자기자본을 충족시켜야 금융투자업자 설립이 가능하다

2.2. 투자중개업

투자중개업은 타인의 계산으로 금융투자상품을 매수·매도·청약 등을 하는 업으로 정의한다. '타인의 계산'으로 매매한다는 점에서 투자매매업과 다르다. 과거 증권거래법상 증권회사의 위탁매매업, 중개업, 대리업, 매매위탁의 중개·주선·대리업, 모집·매출의 주선업, 선물거래법상 선물회사의 선물거래법, 종금사의 중개업 등이 투자중개업에 해당한다.

금융투자업자는 기업과 투자자 사이에서 효율적으로 자금을 연결함으로써 국민경제에 이바지하는 자본시장의 중추적인 기관으로서, 그 업무의 특성상 고도의 공공성과 윤리성이 요구된다. 이에 따라 자본시장법에서는 금융투자업자의 공신력 제고와 공정한 경쟁을 도모하는 한편, 공정거래질서와 투자자보호를 위한 규제를 가하고 있다.

[표 2-2] 투자중개업의 인가·등록 및 자기자본

금융투자업의 종류	금융파생상품의 범위	자기자본(억원)
투자중개업	증권	30
	장내파생	20
	장외파생	100

금융투자업 인가·등록을 받기 위해서는 시행령에서 정하는 자기자본을 갖추어야 한다. 대형화·겸업화, 전문화·진입활성화를 유도할 수 있도록 인가·등록단위별 자기자본 요건은 위험도와 투자자보호의 필요성에 따라 차등화 되어있다. 즉, 투자매매업은 투자중개업보다 더욱 위험이 수반되므로 더 많은 자기자본이 요구된다. 또한, 상품별로는 장외파생상품에 가장 많은 자기자본을 요구하고 새로운 상품이 많이 등장할 수 있는 증권에 대해서는 장내파생에 비해 많은 자기자본을 요구한다.

2.3. 집합투자업

집합투자업이란 2인 이상에게 투자권유를 하여 모은 금전 등 또는 "국가재정법" 제81조에 따른 여유자금을 투자자 또는 각 기금관리주체로부터 일상적인 운용지시를 받지 않으면서 자산을 취득·처분 그 밖의 방법으로 운용하고 그 결과를 투자자 또는 각 기금관리주체에게 배분하여 귀속시키는 업을 말한다. 즉 소위 펀드의 경우처럼 복수의 투자자로부터 모집된 저금을 독립된 제3자가 운영하고 그 결과를 자금을 출연한 자에게 분배하는 것을 말한다.

집합투자업(자산운용업)자는 투자신탁의 위탁자가 되거나 투자회사의 법인이사가 되어 집합투자재산을 운용하는 자로 금융위원회의 허가를 받아야 한다. 상법상의 주식회사 또는 금융회사로 자산운용업을 영위하기 위해 허가를 받기 위해서는 최저자기자본 요건을 충족시켜야 한다. 과거에는 금융업에 대한 인가요건을 자본금기준으로 했으나 자기재산을 운용하는 정확한 위험 흡수 능력을 나타내는 자기자본으로 변경하면서 특정금융투자상품만을 대상으로 영업하는 경우에는 최저자기자본 요건을 대폭 완화하였다.

집합투자업자와 관련된 최저자기자본 요건을 보면, 모든 자산을 운용할 수 있는 집합투자업은 80억원, 집합투자기구 종류별로는 부동산·특별자산펀드 각 20

억원, 증권펀드 40억원으로 세분되었다. 집합투자업자가 자신이 운용하는 집합투자기구(투자신탁, 투자회사 등)의 집합투자증권(투자신탁의 수익증권, 투자회사의 주식)을 매매하는 경우에는 해당 증권에의 전문성 등을 감안하여 필요 자기자본이 1/2 수준 경감된다. 또한 집합투자업자의 운용자산규모가 1조원을 초과하는 경우 상근감사를 두어야 한다.

2.4. 투자자문업 및 투자일임업

투자자문업이란 금융투자상품의 가치 또는 금융투자상품에 대한 종류, 종목, 취득, 처분 및 그 방법, 수량, 가격, 시기 등에 대한 투자판단에 관한 자문에 응하는 것을 영업으로 하는 것으로서, 투자자문업자는 대통령령이 정한 등록요건을 충족하는 금융위원회에 등록한 주식회사이다.

투자일임업이란 투자자로부터 금융투자상품에 대한 투자판단의 전부 또는 일부를 일임받아 투자자별로 구분하여 금융투자상품을 취득, 처분, 그 밖의 방법으로 운용하는 것을 영업으로 하는 것으로서 투자일임업자는 대통령령이 정한 등록요건을 충족하는 금융위원회에 등록한 주식회사이다.

자본시장법상 투자자문업 및 투자일임업자의 등록업무 단위별 기본요건인 최저 자기자본액은 아래 표와 같이 업자의 담당업무와 투자자 구분에 따라 달리 규정된다.

[표 2-3] 투자자문업 및 투자일임업자의 최저 자기자본

등록업무단위	금융투자상품의 범위	투자자 유형	최저 자기자본
투자자문업	증권, 장내파생상품, 장외파생상품	일반투자자,전문투자자	5억원
투자자문업	증권, 장내파생상품, 장외파생상품	일반투자자,전문투자자	2.5억원
투자일임업	증권, 장내파생상품, 장외파생상품	일반투자자,전문투자자	15억원
투자일임업	증권, 장내파생상품, 장외파생상품	전문투자자	7.5억원

2.5. 신탁업

자본시장법에서의 신탁업을 영위하는 신탁업자는 과거 “신탁업법”에 의한 은행 신탁계정 중 금전신탁, 재산신탁(증권, 동산, 부동산, 지적재산권 등), 종합재산신탁 등의 업무를 영위하는 단독운영자와 투자신탁과 투자회사의 수탁자로서 투자신탁재산의 보관·관리업무를 수행하는 수탁업자를 의미한다. 자본시장법에 의해 신탁업법이 폐지되어 은행과 보험회사의 경우 신탁업을 영위하기 위해서는 자본시장법에 의한 겸영금융투자업의 인가를 받아야 한다. 신탁업자는 신탁업을 영위함에 있어 선관의무와 충실의무가 요구되어, 신탁업자는 수익자에 대하여 선량한 관리자의 주의로써 신탁재산을 운용하여야 하고, 수익자의 이익을 보호하기 위하여 해당 업무를 충실하게 수행하여야 한다. 또한 신탁재산과 자신의 고유재산을 구분해야 한다.

3. 증권관계기관

3.1 한국거래소

한국거래소는 증권 및 장내파생상품의 공정한 가격형성과 가격안정 및 그 유통의 원활화를 기하기 위하여 자본시장법에 의해 설립된 기구이다. 이러한 한국거래소는 첫째, 계속적이고 상설적으로 개설되는 시장이라는 시간적 특성을 가지고 있다. 둘째, 시장집중이라는 공간적 특성을 가지고 있으며, 셋째, 회원인 금융투자업자와 투자자들이 자유로이 매도측도 되고 매수측도 된다는 거래주체상의 특징이 있다. 넷째, 거의 완전한 대체성이 보장된 증권 및 파생상품을 거래한다는 거래대상의 특징이 있으며, 마지막으로 공개적인 경쟁매매가 이루어지고, 거래방법이 정형화되어 있으며 기술적으로 전문화되어 있다는 거래행위상의 특징을 가지고 있다.

한국거래소는 1956년 2월에 설립되었는데, 처음의 영단제에서 1962년 제정된 증권거래법에 의해 주식회사제로 개편되었고, 같은 해 5월의 증권파동을 계기로 정부가 거래소에 출자하는 공영제로 다시 개편되었다. 1988년 3월 증권시장의 비약적인 규모확대와 자본시장의 국제화 등 급격한 환경변화에 대응하여 거래소의 내부운영에 관한 자율성을 확보하고 증권시장의 효율적 관리를 위하여 거래소의 조직형태를 공영제에서 회원제로 바꾸었다. 그리고 2004년 1월 한국증권선물거래소 설립에 관한 법률인 "한국증권선물거래소법"이 제정되어 흔히 증권시장으로 알려진 종전의 증권거래소, 코스닥거래소 및 선물거래소를 통합하였다.

통합된 한국증권선물거래소에서 각 거래소 별로 기본적인 조직과 특색을 그대로 유지하였으므로 통합 이후의 거래소별 역할과 기능은 변화가 거의 없었다.

자본시장법이 본격적으로 시행된 2009년 2월부터 한국증권선물거래소라는 명칭이 간단히 "한국거래소"로 개칭되었다.

3.2. 한국금융투자협회

한국금융투자협회는 금융투자업자 상호간의 건전한 영업질서유지 및 투자자보호업무, 투자상담사의 등록 및 관리업무, 증권관련제도의 조사·연구, 증권연수, 증권홍보 등을 주된 업무로 하고 있다. 법적 성격은 단순한 동업자 단체가 아니고 자본시장법에 의해 공인된 자본시장의 자율규제기관으로서 1997년 4월 1일부터 비영리 사단법인에서 특수법인으로 그 성격이 전환되었다.

한국금융투자협회는 금융투자업자 상호간의 업무질서를 유지하기 위한 자율규제 기능을 갖고 있다. 그리고 유가증권시장 및 코스닥시장에 상장된 주권이 아닌 주권의 장외매매거래에 관한 업무를 하고 있으며, 증권업에 대한 조사연구는 물론 자본시장연수원을 통하여 금융투자업 종사자의 자질 향상과 자본시장전문인력 양성에 주력하고 있다.

그리고 채권시장이 활성화되기 위한 제도적 검토는 물론 금융거래의 지표가 되는 채권수익률 등을 공시하고 있으며, 활발한 국제교류와 선진금융기법 등의 연구를 통하여 증권산업이 선진화될 수 있도록 하고 있다.

한편 건전한 투자문화가 정착되고 불공정행위가 없도록 투자자보호센터를 설치 운영함으로써 투자자보호를 위해서도 힘을 쏟고 있다.

3.3. 증권금융회사

증권금융회사란 자본시장에 필요한 자금을 공급하여 금융투자상품의 발행 및 유통을 원활하게 하고 공정한 가격형성을 도모하고 자본시장의 건전한 발전에 기여하는 증권금융을 전문으로 하는 회사를 말하는데 우리 나라에는 한국증권금융(주)이 설립되어 있다.

한국증권금융(주)은 자본시장법에 의거하여 허가받은 주식회사로서 주요 취급업무는 금융투자상품의 인수자금대출, 증권유통금융(신용공여), 금융투자업자 등에 대한 운영자금 대출, 주식매입자금 지원 등의 유가증권 담보대출 업무 및 유가증권 대여업무, 환매조건부채권 매수업무, 공모주청약금 예치업무, 고객예탁금 반환준비금 예수업무, 환매도준비금 예수업무 및 우리사주 조합에 대한 지원·지도 등의 업무를 수행하고 있다.

3.4. 한국예탁결제원

한국예탁결제원은 증권 집중예탁업무, 증권의 계좌간 대체업무, 예탁원과 유사한 업무를 영위하는 외국법인과의 상호계좌 설정을 통한 유가증권예탁 및 계좌간 대체업무, 유가증권의 명의개서 대행업무, 유가증권의 보호예수 업무, 증권관리업무, 기타 법령에서 정한 업무(증권거래세 원천징수, 실질주주 의결권 대리행사)를 수행하고 있다. 현재 우리 나라에서는 증권의 집중예탁과 계좌간 대체 및 유통의 원활을 기하기 위하여 한국예탁결제원이 설립되어 운영되고 있다. 한국예탁결제원은 자본시장법에 의해 설립된 특수 공법인으로서 타인의 유사업무 영위가 금지되고 있다.

대체결제제도란 증권의 매매 또는 기타의 거래를 함에 있어서 투자자, 금융투자업자, 금융기관 등이 소유하고 있는 증권을 일정한 수탁기관에 집중적으로 예탁하여 놓고 매매거래 등에 따른 증권의 수수를 현물에 의하지 아니하고 계좌간의 대체로 결제하는 제도를 말한다.

3.5. 명의개서 대행회사

명의개서 대행회사는 증권 발행회사와 계약에 의하여 발행회사를 대신하여 주주명부 관리와 증권 관리업무의 대행, 배당, 이자 및 상환원금의 지급을 대행하는 업무 및 증권의 발행을 대행하는 업무를 영위할 수 있다. 현재 명의개서 대행회사로는 한국예탁결제원, 하나은행과 국민은행이 있다.

3.6. KOSCOM

KOSCOM은 우리나라 증권시장이 급성장하여 각종 증권업무처리 및 정보전달체계의 전산화가 시급한 과제로 대두됨에 따라 이러한 기능을 수행할 목적으로 1977년 9월 20일 한국거래소의 단독출자에 의해 설립되었으나, 현재는 금융투자업자들도 출자하고 있다.

KOSCOM의 주요업무로는 ①금융투자 관계기관, 금융투자업자, 그리고 기타 기업의 전산업무의 수탁, ②컴퓨터에 관한 연구, 개발, 훈련 및 이들 업무에 관련이 있는 사항의 지도 또는 용역제공, ③한국거래소와 대체결제회사의 계산업무의 전산처리, ④금융투자업자의 매매주문과 기타 업무의 전산개발 및 처리 등이 있다.

3.7. 한국상장회사협의회

상장회사협의회는 투자자를 보호하고 상장회사의 권익 옹호 및 친목을 도모하기 위하여 1973년 12월에 설립된 사단법인으로서 한국거래소에 주식을 상장한 회사는 모두 동 협의회의 회원이 된다.

상장회사협의회의 주요업무는 상장회사 기업내용 공시, 상장회사 증자협의 및 지도, 배당정책에 관한 협의 및 지도, 상장회사 관련업무지원을 위한 교육 및 연수, 상장회사 관련 제도와 업무의 개선 및 통일, 상장회사 우리사주 조합업무 연구 및 지원, 상장회사 자료 전산화, 등록법인과 외부감사대상법인에 대한 업무지도, 관련기관에 대한 건의, 기타 협의회의 목적 달성에 필요한 사업 등이다.

3.8. 전국투자자교육협의회

전국투자자교육협의회는 2005년 6월 9일 합리적 투자문화 및 투자자보호를 위해 설립된 비영리단체이다. 협의회는 자본시장 분야에 대한 체계적이고 효율적인 교육프로그램 제공과 투자자보호를 위한 각종 정보제공을 통해 일반인의 투자판단능력 향상과 평생자산설계 등에 도움을 주는 것을 목적으로 한다. 협의회는 투자자교육의 인프라 확충을 위하여 통합 홈페이지 및 국내·외 투자자교육 네트워크를 구축하고 강사풀을 통한 효율적 교육시스템 마련, 투자자교육 저변확대, 교육의 선진화를 위한 조사연구 등의 업무를 수행하고 있다.

제3장

주식시장

주식은 주식회사가 발행한 출자증권으로서 기업이 경제주체로서 성립하기 위한 납입자본을 조달하기 위하여 발행된다. 주식은 자본의 구성단위이다. 주식발행에 의하여 조달된 자본은 회사의 자기자본으로 전환되어 기업경영의 물적 기초가 되며, 주식의 소유자는 주주로서 회사에 대하여 법률상 규정된 지위를 갖게 된다.

1. 주식
2. 주식발행시장
3. 발행시장의 형태
4. 주식의 발행
5. 주식유통시장
6. 거래소시장의 매매거래제도
7. 프리보드의 매매거래제도

1. 주식

1.1 주식의 의의

주식은 주식회사가 발행한 출자증권으로서 기업이 경제주체로서 성립하기 위한 납입자본을 조달하기 위하여 발행된다. 주식은 자본의 구성단위이다. 주식발행에 의하여 조달된 자본은 회사의 자기자본으로 전환되어 기업경영의 물적 기초가 되며, 주식의 소유자는 주주로서 회사에 대하여 법률상 규정된 지위를 갖게 된다.

[그림 3-1] 주식의 예

즉 주주란 주식을 원시적으로 취득(회사설립 또는 신주발행의 경우)하거나 승계적으로 취득(상속 또는 양수 등)함으로써 권리·의무의 주체가 되는 자를 말한다. 또한 주주의 자격에는 제한이 없으므로 자연인은 물론 법인이나 외국인 또는 무능력자도 주주가 될 수 있다. 주주가 가지는 주요한 권리에는 이익배당청구권, 의결권, 잔여재산분배청구권 및 신주인수권 등이 있다.

1.2. 주식의 종류

1.2.1 권리의 우선 순위에 따른 분류

① 보통주

보통주는 주주가 가지는 각종의 권리를 평등하게 가진 주식으로서 이익배당이나 잔여재산의 청구 등에 있어서 우선적 지위 또는 열위적 지위를 결정하는 기준이 되는 주식을 말한다.

② 우선주

우선주는 이익배당 또는 잔여재산의 청구 등과 같은 재산상 이익을 받는데 있어서 우선적 지위가 인정된 주식이다.

ⓐ 누적적 우선주와 비누적적 우선주

누적적 우선주란 회사의 경영사정에 의하여 어떤 연도에 우선배당률 이하의 배당을 하거나 전혀 배당을 하지 못하는 경우 미지급된 배당분을 다음 결산기에 보상하는 누적적 조건을 붙인 우선주이다. 따라서 다음 결산기에는 전기에 미지급된 배당 이월분과 당기의 우선 배당분과의 합계액이 보통주에 우선하여 배당된다. 비누적적 우선주는 이러한 부족 배당이 보전되지 않고 당해 결산기가 경과하면 소멸되는 주식이다.

ⓑ 참가적 우선주와 비참가적 우선주

참가적 우선주와 비참가적 우선주의 구분은 우선주가 일정률의 우선 배당을 받은 다음에 남은 이익에 대해서도 보통주와 같이 참가하느냐(참가적 우선주)의 여부에 따른 분류이다.

ⓒ 신형우선주

신형우선주는 최저배당률과 존속기간이 정해져 있다는 점에서 기존의 우선주와는 구별된다. 존속기간 경과 후에는 보통주로 전환되며 최저배당률이 있다는 점에서 회사채형 우선주라고도 한다.

③ 후배주

후배주는 재산상 청구권에 관하여 열위적 지위가 부여된 주식을 말하는 것으로 보통주와의 상대적 관계에서 파악되는 개념이다. 후배주는 회사의 발기인에 대하여 주로 발행되기 때문에 발기인주(founders' share) 또는 경영자주(management share)라고 부르기도 한다. 후배주는 우리나라에서는 거의 발행되지 않는다.

④ 혼합주

혼합주는 배당 및 잔여재산청구권 등에 있어 각각 어떤 권리에 있어서는 우선권을 가지나, 다른 권리에 있어서는 불리한 주식을 말한다. 후배주와 같이 우리나라에서는 거의 사용되지 않고 있다.

1.2.2 의결권의 유무에 따른 분류

① 의결권주

의결권이라 함은 주주총회에 상정되는 여러 의결사항에 대한 투표권을 뜻하는데 보통주에 의결권이 부여되는 것이 일반적이다. 우리나라는 1주에 하나의 의결권만을 부여하고 있다.

② 무의결권주

무의결권주는 통상 경영권 지배가 아닌 배당에만 관심이 있는 투자자를 대상으로 발행된다. 무의결권주는 우선적 배당을 전제로 의결권을 부여하지 않는 것이므로 소정의 배당 우선권이 실현되지 아니할 때에는 의결권이 부활된다. 또한 상법은 무의결권 주식이 너무 많이 발행될 경우 소수의 주주에 의하여 회사가 지배될 우려가 있으므로 무의결권 주식의 총수는 발행주식 총수의 1/4을 넘지 못하도록 하고 있다. 다만 상장법인인 경우는 발행주식 총수의 1/2까지 무의결권 주식을 발행할 수 있다. 무의결권주는 주주총회 시 정족수 계산에서 발행주식 총수에 산입하지 않는다.

1.2.3 주식액면기재 유무에 따른 분류

① 액면주

액면주란 주권에 그 주식의 액면가액이 기재되어 있는 주식을 말한다. 액면가액의 의미는 첫째, 회사 자본금의 구성단위이고 둘째, 회사에 최초로 자본을 출자한 주주의 출자자본액의 기초인 동시에 주주의 유한책임 한도를 표시한다. 우리나라 상법에서는 액면주식의 금액은 균일하여야 하며 100원 이상이어야 한다고 규정하고 있다. 이에 따라 상장주식들의 액면분할도 가능하게 되었다.

② 무액면주

무액면주란 주권에 주금액이 기재되어 있지 않고 주식 수만이 기재되어 있는 주식이다. 현재 미국과 같은 선진국에서는 무액면주식의 발행이 보편화되고 있으나, 우리나라 상법에서는 인정되지 않고 있다.

1.2.4 기명 유무에 따른 분류

① 기명주

기명주는 주주의 성명이 주권이나 주주명부에 기재되어 있는 것을 말하며 상법은 기명주식을 원칙으로 하고 있다. 회사가 기명주식을 발행하는 경우에는 그때 그때의 자본적 배경을 알 수 있기 때문에 경영상 편리하며, 각종의 통지나 최고를 하는 데 편리하고 주주명부에 기재한 사실만으로 권리행사의 자격이 인정된다.

② 무기명주

무기명주식은 주주의 성명이 주권이나 주주명부에 기재되지 않고 주권을 소유함으로써 주주의 자격을 인정받게 된다. 이 주식은 주권의 유통을 신속, 원활히 하는 장점이 있으나 권리행사자를 확정짓기가 곤란하다. 따라서 상법은 무기명주권을 보유한 자가 권리를 행사함에 있어서는 주권을 회사에 공탁하도록 하고 있다.

1.2.5 기타의 분류

① 보증주

회사가 발행하는 보통주 및 우선주 등에 대하여 그 이익배당의 지급을 정부, 금융기관 등이 보증하는 주식으로 기업의 이윤에 관계없이 배당이 확정되어 있는 주식이다.

② 상환주

주주권의 존속기간이 한정되어 있는 주식이다. 주식의 발행에 의하여 조달된 자본은 회사의 자기자본을 구성하고 회사가 존재할 때까지 영구적으로 회사에 귀속되는 것이 원칙이나, 상환주는 그 발행 시부터 일정기간 후에 회사의 이익으로써 재매입하여 소각하도록 예정되어 있는 주식을 말한다. 따라서 원금이 상환된다는 점에서 회사채적 성격을 가지고 있다. 우리나라 상법에서는 우선주에 한하여 상환주식을 발행할 수 있도록 하고 있다.

③ 전환주

회사가 여러 종류의 주식을 발행한 경우, 일정한 요건 하에서 정하여진 전환율에 따라 다른 종류의 주식으로 전환할 수 있는 권리가 부여된 주식이다. 전환권은 우선주에 대하여 주어지는 경우가 많으며, 보통주로 전환되는 것이 일반적이다.

④ 유상주와 무상주

이는 기존의 회사가 신주를 발행하는 경우에 주금의 납입이 있느냐 없느냐에 따른 구분으로 주금의 납입에 의하여 발행되는 주식을 유상주라 하고, 주금의 납입 없이 발행회사가 무상으로 할당하는 것을 무상주라 한다.

2. 주식발행시장

2.1. 발행시장 의의

증권의 발행시장은 기업, 정부, 공공기관 등 자본을 필요로 하는 증권발행자가 증권을 신규로 발행·매각하여 장기자본을 조달하는 시장이다. 증권발행시장은 증권이 신규 발행되어 투자자에게 매각되는 일련의 과정에 대한 법규, 제도, 관행 등을 포함한 일체의 시스템을 말한다. 증권발행시장은 증권발행자와 투자자 사이에서 증권과 대금이 최초로 교환되고, 발행자에게 자금이 직접 공급된다는 점에서 1차 시장(primary market) 또는 신규증권시장(new issue market)이라고 한다.

2.2. 발행시장의 기능

발행시장은 다음과 같은 여러 가지 기능을 수행하고 있다. 첫째는 자금조달기능이다. 자금의 수요자인 발행주체의 입장에서 발행시장은 광범위한 소액의 단기자금을 운영하는 투자자 층으로부터 거액의 장기자금을 일시에 조달할 수 있게 하여 기업자본의 대규모화를 가능하게 한다. 또한 발행시장은 이러한 자금 공급에 따라 창출되는 부가가치를 배당, 이자 등의 형태로 투자자들에게 적절히 배분되게 하는 창구의 기능을 하게 된다. 둘째는 자본의 집중기능이다. 널리 흩어져 있는 자금의 공급자(투자자)로부터 증권을 매개로 하여 자금의 수요자에게 자본을 집중시켜 주는 역할을 한다. 셋째는 최초 소유분산기능이다. 신규로 발행되는 증권의 최초 분산이 가능하게 하여 기업의 소유구조를 분산시켜주게 된다. 넷째는 경제조정기능이다. 정부는 자본시장에서 공개시장조작 등을 통하여 통화를 조정하여 물가안정, 금리안정 등을 꾀하여 경기를 조절하는 등 경제안정기능을 수행한다. 다섯째는 투자수단의 제공기능이다. 투자자는 자금을 제공하고 배당과 이자를 받아 부wealth의 증식이 이루어진다.

2.3. 발행시장의 구조

발행시장은 자금의 수요자인 발행주체, 증권발행의 사무절차를 주도하고 발행위험을 부담하는 발행기관, 즉 인수기관 그리고 자금의 공급자인 투자자로 구성된다.

2.3.1. 발행주체(issuer)

발행시장에서 증권을 발행하여 자금을 조달하는 주체로서 주식이나 회사채를 발행하는 주식회사, 국공채를 발행하는 국가 및 지방자치단체, 특별법에 의하여 설립된 법인(특수법인, 특수은행), 국내에서 증권을 발행하는 외국법인 등이 있다.

2.3.2 인수기관(underwriter)

인수기관은 증권의 발행주체와 투자자 사이에서 증권과 자금이 적절하게 배분될 수 있도록 증권발행에 따른 사무처리를 하고 증권을 모집 또는 매출할 때 인수기능을 수행하는 기관으로서 증권발행에 관한 지식과 경험 및 자금이 풍부하고 금융·자본시장의 사정에 정통하여야 효율적인 업무수행이 가능하다.

이러한 인수에 따르는 책임과 위험을 분산하고 발행증권의 매출을 원활히 하기 위해 여러 발행기관이 공동으로 하나의 증권 발행에 참여하는 것이 보통인데 이러한 발행기관의 집단을 인수단(syndicate) 이라고 한다. 발행기관은 상황에 따라 간사단, 인수단, 청약단으로 그 역할을 달리하고 있다.

① 간사단

간사단은 증권의 발행자와 투자자 사이에서 증권이 원활하게 이동·배분될 수 있도록 인수단을 구성하고 증권발행에 따른 사무처리, 발행자에 대한 조언 및 사무절차대행을 행하는 기관이다. 여기에는 역할에 따라 주간사와 공동간사가 있으며 증권업의 고유업무 중 하나인 인수업무가 간사단의 업무에 해당된다.

따라서 간사단의 자격을 가지는 회사는 금융투자업자만이 해당된다. 단, 채권의 경우에는 산업은행 등 일부 은행도 간사가 될 수 있다.

② 인수단

인수단은 발행기관의 기능 중 가장 중요하고 큰 기능을 하는 발행기관의 집단으로서 증권을 발행자로부터 직접 매입하는 인수기능을 하는 기관이다.

이 기능 때문에 발행주체는 일시에 거액의 자금을 조달할 수 있게 된다. 인수단의 자격을 가지는 회사는 위의 간사단의 자격을 가지는 금융투자업자 및 은행의 신탁계정이 해당된다.

③ 청약단

청약단은 널리 흩어져 있는 불특정 다수인을 대상으로 청약을 대행해주는 기관으로서 자기의 책임과 계산없이 단순히 청약만 대행하며 모집내역을 집계하여 인수단에 직접 청약을 하게 된다. 그러므로 여기에는 특별한 자격요건이 없으며 불특정 다수인을 모집할 수 있는 기관이면 모두 다 가능하다.

2.3.3 투자자 (investor)

발행시장에서 모집 또는 매출에 응하여 최종적으로 증권을 취득하여 발행주체에 자금을 공급하고 이것을 다시 유통시장에서 매각하는 과정을 통해 부의 증식을 꾀하는 자를 말한다. 투자자는 개인들로 구성된 일반투자자와 법인의 형태를 취하고 있는 기관투자가(은행, 금융투자업자, 보험회사, 연금기관, 각종 재단 등)로 나눌 수 있다.

3. 발행시장의 형태

증권의 발행형태는 일반적으로 발행될 증권의 수요자를 구하는 방법에 따라 공모발행과 사모발행으로 나누어지며, 발행에 따른 위험부담과 발행모집 사무절차를 누가 부담하느냐에 따라 직접발행과 간접발행으로 나누어진다. 이중 공모발행의 경우 주로 간접발행의 형태로 이루어지게 된다.

3.1. 공모발행과 사모발행

3.1.1 공모발행

주식의 공모발행은 회사를 신설하거나 주식회사 설립 후에 자금조달을 목적으로 신주를 발행할 때 발행주식을 회사와는 관련이 없는 일반투자자로부터 동일한 가격과 조건으로 모집하는 것을 말한다. 채권의 공모발행은 발행가격과 이자율, 상환기간 등 일정한 조건을 제시하고 널리 투자자를 모집하여 자금을 납입하게 하고 채권을 교부하는 것을 말한다. 공모발행의 경우 대부분의 발행주체가 모집능력이 부족하므로 간접발행의 형태를 취하게 된다.

3.1.2 사모발행

발행주체가 특정의 증권 수요자만을 상대로 하여 증권을 발행하는 방법으로 증권 발행총액의 전액 소화가 가능하여야만 취할 수 있는 발행형태이다. 사모발행은 대부분 직접발행의 형태를 취한다.

3.2. 직접발행과 간접발행

3.2.1 직접발행

직접발행이란 발행주체가 스스로 발행위험을 부담하고 발행모집사무를 직접 행하여 증권을 발행하는 방법으로 모집 부족액이 발생하면 주식의 경우 그 부분이 미발행되거나 다시 매출해야 하며 채권의 경우에는 발행자체가 성립되지 않는다.

직접발행을 공모로 하는 경우 별도로 직접공모라 하는데 비상장 금융기관이 주식을 모집할 경우 가끔 사용하는 발행형태로서 모집설립시나 유상증자시 발행주체가 자기점포망이나 신문공고를 통하여 직접모집을 행하고 그 인수위험부담과 발행사무부담을 직접부담하여 증권을 발행하는 것을 말한다.

3.2.2 간접발행

간접발행은 직접발행에 따른 사무처리의 번잡을 피하고 직접모집능력의 부족과 인수위험부담의 해소를 위하여 발행주체가 인수기관 또는 발행사무대행기관 등 중개인(전문적인 지식과 조직을 갖춘 금융투자업자 등)의 도움을 받아 간접적으로 발행하는 방법이다. 간접발행은 발행위험 부담방법에 따라 위탁모집, 잔액인수, 총액인수 방법으로 나누어진다.

① 위탁모집(모집주선)

위탁모집은 증권 모집에 관한 사무절차와 모집자체를 제3자인 발행기관에 위탁하는 방법으로 발행주체가 스스로 인수위험을 부담하고 발행 및 모집사무는 발행기관에 위탁하여 발행하는 방법으로서 소화되지 않은 증권은 발행주체에게 되돌려 주게 된다. 그러면 발행자가 잔량을 처리하게 된다.

② 잔액인수

잔액인수는 발행 및 모집사무와 인수위험을 분리하여 발행기관에 위임하는 방법으로서 일단 전문기관에 발행 및 모집사무를 위탁하고 일정매출시간동안 모집을 한 다음 그 기간이 경과한 후에 모집부족액이 발생한 잔량에 대해서만 이미 맺은 인수계약에 따라 인수기관에 인수시키는 방법이다.

또한, 잔액인수에서는 모집수탁기관과 인수기관은 다를 수 있다. 이 경우 발행증권을 일반투자자들로부터 모집하고 만약 응모총액이 모집총액에 미달할 경우 잔액은 인수기관이 자기의 책임과 계산으로 당초 정해진 발행가액으로 인수하여야 한다.

③ 총액인수

총액인수는 주간사회사가 구성한 인수기관들의 집단인 인수단이 공모증권 발행총액의 전액을 자기의 책임과 계산하에 인수하고 이에 따른 발행위험과 발행 및 모집사무 모두를 담당하는 방법으로서 인수매출이라고도 한다.

따라서 불리한 가격변동에 따르는 손해 등 모든 위험이 발행기업으로부터 인수단으로 이전되며 인수단은 인수를 위하여 많은 자금을 필요로 할 뿐만 아니라 매출하기까지의 기간동안 매출잔량을 보유하여야 하므로 발행증권의 가격변동에 따른 모든 위험을 부담하게 된다. 간접발행의 대부분은 이 방식으로 공모발행되고 있다.

4. 주식의 발행

4.1 기업공개

4.1.1 기업공개의 의미

넓은 의미에서의 기업공개(going public 또는 public offering)는 자본시장법과 기타 법규에 의거하여 주식회사가 발행한 주식을 일반투자자에게 균일한 조건으로 공모하거나, 이미 발행되어 대주주가 소유하고 있는 주식의 일부를 매출하여 주식을 분산시키고 재무내용을 공시함으로써 명실상부한 주식회사의 체제를 갖추는 것을 말한다. 즉, 기업공개는 소유를 분산시키기 위해 자본시장법 등이 규정하는 바에 따라 주식회사가 구주주의 신주인수권을 전액 배제한 공모증자나 대주주 소유주식의 일부 매출을 통해 주식을 분산시키는 것이다.

좁은 의미에서의 기업공개는 당해 법인의 주식을 자본시장에서 거래되기 위한 요건을 갖추기 위하여 상장 또는 등록 예정 기업의 주식을 일반인에게 발행하거나 매도하는 일련의 절차를 말한다.

기업공개는 과거에는 상장과 동일개념으로 인식되었으나, 지금은 상장과는 별도로 증권신고서만 금융감독위원회에 제출하면 기업공개(주식 공모)는 가능하다. 따라서 상장을 위해서는 한국거래소의 심사를 받아야 하며 일정한 심사요건을 별도로 두고 있다.

[표 3-1] 기업공개와 상장의 개념 비교

구분	기업공개	상장
시 장	발행시장	유통시장
목 적	기업의 자금조달	증권의 원활한 유통, 공정한 가격형성
성 격	주식분산의 한 형태	거래적격 증권의 선별
규제취지	공시주의 (발행당사자)	규제주의 (상장 적격성여부 심사)
특 성	발행기업과 청약자의 이해조화 발행물량의 소화를 중시	공익과 투자자보호 기업의 계속성, 시장성 중시

4.1.2 기업공개의 필요성

① 사회적 측면

현대사회의 기업은 단순히 이윤만을 추구하는 특정 개인의 전유물이 아니라 전국민이 참여하고 이익을 함께 향유하여야 하는 사회적 공기업으로서의 성격을 가지고 있으며 주식분산을 통해 일반대중으로부터 조달한 자금을 효율적으로 운용하고 그 과실을 사회에 환원함으로써 기업의 사회적 책임을 구현하고 증권자본주의를 실현하여야 할 책임이 있다.

② 자금조달의 측면

기업의 초기단계에 있어서는 기업주 개인의 재력이나 간접금융에 의존하여 사업을 영위할 수 있다. 그러나 기업이 대형화되고 국제경쟁이 격화되면서 기업이 소요로 하는 막대한 자금을 그러한 수단에 의존하는 것은 한계가 있을 수 밖에 없다. 이에 따라 증권을 분산하여 공개함으로써 주식의 환금성이 높아지며, 정기·수시공시 등의 공시의무를 이행함에 따라 기업에 대한 신뢰도가 증가되므로 유상증자, 채권발행 등 직접금융시장을 통한 추가적인 자금조달이 용이해진다.

③ 기업의 경영합리화 및 공신력 측면

기업공개를 통해 기업의 주식분산을 통한 소유와 경영의 분리를 촉진하여 경영의 합리화를 도모할 수 있는 동시에 경영활동에 대한 공시의무가 부여되어 경영의 투명성이 제고되고, 다수의 투자자가 기업경영을 감시하게 되므로 기업의 공신력이 제고된다.

④ 투자자에 대한 다양한 투자수단 제공 측면

기업이 공개되면, 공개기업의 주식은 환금성이 높은 재산운용수단이 되어 투자자에게 새로운 투자수단을 제공한다.

⑤ 공적기업으로서의 책임성 제고 측면

기업공개를 통해 주식분산에 의한 대중의 기업경영에의 참여와 정보의 공시를 통하여 특정인의 전유물이 아닌 공적 기업으로서의 책임성을 제고할 수 있다.

4.1.3 기업공개 법인에 대한 혜택

공개기업은 필요한 자금을 자본시장을 통하여 유상증자와 사채발행 등의 방법으로 일반 대중으로부터 적시에 자금을 조달할 수 있으며 신문, TV 등 대중매체를 통하여 국내외에 전달됨으로써 기업의 PR효과를 얻고 공신력을 높일 수 있다. 또한 종업원에게 자사주식을 분산시킴으로서 생산성 향상, 경영권의 안정, 종업원 이직방지와 저축촉진을 통한 재산증식의 효과를 얻을 수 있으며 나아가서 시장에서의 감시와 경쟁을 통해 경영합리화를 도모할 수 있다.

특히, 대주주는 기업이 공개되면 자본시장의 공정가격 형성기능을 통해 보유주식에 대한 환금성이 높아지고 보유주식을 담보로 금융기관의 대출을 받을 수 있으며 보증금이나 공탁금으로 사용할 수 있으므로 재산운용의 수단이 될 수 있다. 이외에도 상장 및 등록기업에 대해서는 세제상의 혜택이나 각종 법률상의 혜택을 주고 있다.

4.1.4 기업공개 방법

① 공모방법에 의한 분류

ⓐ 신주의 모집

신주의 모집은 당해법인의 구주주가 신주인수권을 포기하게 하고 일반대중으로부터 신규로 발행하여 주식을 공모하는 방법으로 신규자금이 필요할 경우에 이용된다.

ⓑ 구주의 매출

구주의 매출은 기존의 대주주 등이 소유하고 있는 기발행주식의 일부를 일반대중에게 공개 매출하여 기업을 공개하는 방법이다.

ⓒ 모집과 매출의 병행

이는 신주모집과 구주매출을 병행하는 방법으로 신규자금 조달의 필요성이 있으나 그에 따른 신주공모만으로는 주식상장에 필요한 주식분산 요건(총발행주식수의 30/100이상 공모)을 충족시킬 수 없는 경우에 이용된다.

ⓓ 모집설립

모집설립은 회사의 설립 후 즉시 상장법인이 되는 경우로 설립시 발기인이 발행주식의 일부만을 인수하고 총발행 주식의 30% 이상은 일반 대중으로부터 공모하는 방법이다.

ⓔ 직상장방법

직상장방법은 증권상장규정상 요건을 갖춘 코스닥 등록법인 등이 기업공개 절차를 거치지 않고 곧바로 자본시장에 상장하는 방법이다.

② 공모가액에 의한 분류

ⓐ 액면발행

액면발행이란 기업의 재무상태나 수익예상 등이 공개 후 자본금 규모와 합치하는 경우에 모집 및 매출을 액면가액으로 하는 방법이다.

ⓑ 할증발행

기업의 재무상태가 건실하여 내부유보가 많고 수익예상이 양호한 회사는 기업자금 조달이나 창업자 이익을 보호하기 위하여 액면가액보다 높은 가액으로 모집 또는 매출을 할 수 있는데 이를 할증발행이라고 한다. 모집의 경우 액면초과부분은 자본잉여금에 계상하고 공개 후 무상증자의 재원이 되며 매출의 경우에는 매출한 구주주가 그 만큼 많은 금액을 회수하게 된다.

ⓒ 할인발행

할인발행은 자본금에 비하여 재무상태나 예상수익이 미흡한 경우에 액면가액보다 낮은 가액으로 발행하는 방법으로 현재 상법상 엄격한 제한을 하고 있는 공개방법이다.

4.2. 증자

4.2.1 증자의 의의

증자라 함은 회사가 자본을 증가시키는 것을 말하며 자본을 증가시키는 데에는 신주의 발행이 따르므로 증자를 신주발행이라고도 한다.

수권자본제도를 채택하고 있는 현행 상법은 회사가 발행할 주식의 총수를 정관에 기재하도록 되어 있으며 신주의 발행은 정관에 기재된 수권자본금의 범위내에서만 할 수 있도록 되어 있다.

증자에는 회사 주식자본의 증가와 함께 실질적인 자본의 증가를 가져오는 유상증자와 주식자본은 증가하지만 실질자본은 증가하지 아니하는 무상증자의 두 가지 형태가 있다. 즉, 전자의 경우는 주주의 주금납입으로써 신주를 발행하여 회사의 주식자본을 증가시키는 방법이고 후자의 경우는 주금의 납입 없이 준비금의 자본전입에 의하여 주식자본을 증가시키고 같은 금액만큼의 신주를 발행하여 이를 주주에게 무상으로 할당하는 방법이다.

4.2.2 증자의 목적

회사가 증자를 하는 목적은 자금조달의 목적과 주주에 대한 이익전환 및 기업의 환경적응을 위한 재무정책적 목적으로 크게 나누어 볼 수 있다.

일반적으로 증자를 하는 목적은 설비자금의 조달, 운전자금의 조달, 부채의 상환, 자본금 대형화에 의한 공신력 제고, 주주에 대한 이익배당, 재무구조의 개선, 주식분산과 유통주식수의 증가에 의한 원활한 주식거래의 유도, 경영권안정 등을 위해서이다.

4.2.3 증자의 형태

① 유상증자

신주를 발행함으로써 주식의 증가와 동시에 회사의 재산이 증가하는 유상증자는 신주를 발행할 때 그 인수가액을 현금이나 현물로 납입시켜 신규로 자금 또는 재산이 기업으로 들어오는 경우를 말한다. 이러한 유상증자는 발행가액과 배정방식에 따라 다음과 같은 형태로 분류할 수 있다.

ⓐ 발행가액에 따른 분류

- 액면가액에 의한 유상증자

이는 유상증자시 액면가로 신주를 발행하고 해당주금을 납입하는방법으로서 우리나라에서는 1983년까지 관행적으로 행해지던 증자방식이지만 현재 상장법인의 경우 거의 사용하지 않는다.

- 시가발행에 의한 유상증자

상장법인의 경우 재무구조의 건실화를 도모하기 위해 상장법인 재무관리규정에 의거 시가발행에 의한 유상증자를 할 수 있도록 되어 있어 대부분 이 형태로 증자가 이루어지고 있다.

ⓑ 배정, 인수방법에 따른 분류

• 구주주 배정

구주주 배정방식은 현재 우리 나라에서 시행하고 있는 가장 일반적인 형태로서 기존 주주에게 신주인수권을 부여하는 방법이다. 정관에 다른 정함이 없으면 주주가 가진 주식의 수에 비례하여 신주의 배정을 받을 권리를 인정하는 것이다. 정관으로 례하여 신주인수권을 배제하거나 제한하지 않는 한 모든 주주에게 신주인수권이 부여되나 전환사채의 전환 또는 흡수합병으로 인한 신주발행의 경우에는 구주주의 신주인수권이 미치지 아니한다.

구주주 배정은 신주가 주주 이외의 자에게 할당되지 않음에 따라 주주의 지위, 특히 의결권의 비례적 지위에 변동을 가져오는 것을 막을 수 있고, 신주의 발행가액이 시가와 차이가 있는 경우에 주주의 재산상의 피해를 막을 수 있으며 일반공모에 비해 발행비용이 적게 들고 절차가 비교적 간단하다는 장점이 있는 반면에 발행금액이 대규모인 경우에는 적합하지 못하다는 단점이 있다. 이 경우 인수기관은 발행사무를 대행하는 역할만 하며 모집부족의 위험은 발행기관이 부담하게 된다.

• 제3자 배정(연고자 배정)

연고자 배정은 회사의 특정 연고자(회사의 임원, 거래처, 거래은행 등)에게 신주인수권을 부여하는 것으로서 이는 회사의 경영권 및 기존주주의 이해관계에 중대한 영향을 주기 때문에 정관에 특별히 정하거나 주주총회의 특별결의 절차를 거쳐야 하는 등 엄격한 통제를 가하고 있다. 우리사주제도가 제3자 배정의 대표적인 예에 속하며 우리나라에서는 그리 흔한 형태의 증자는 아니다. 우리사주조합의 우선배정, 실권주 처리 등도 넓게는 제3자 배정에 해당한다.

• 공모방식의 유상증자

- 주주우선공모; 이는 상장법인이 신주를 모집하는 경우에 인수단(주간사회사 등)이 유상증자분을 총액인수한 후 구주주와 우리사주조합에게 우선 청약권을 부여하여 청약을 받고 청약미달분은 일반투자자를 대상으로 청약을 받으며

청약 후 잔여주식이 있을 경우 인수단이 인수하는 방식의 유상증자로서 우리사주조합, 구주주, 공모를 3개의 배정그룹으로 본다.

- 일반공모; 일반공모는 주주의 신주인수권을 완전히 배제하고 인수단(주간사회사 등)이 유상증자분을 총액인수하여 일반투자자에게 청약을 받는 방식으로 완전공모라고도 하며 청약미달분이 발생하면 인수단이 자기의 책임과 계산하에 인수비율만큼 인수하게 된다. 이는 구주주의 신주인수권을 인정하지 않는 형태로 미국에서는 일반화되어 있으며 우리나라에서는 정관에 구주주의 신주인수권에 대한 제한 규정이 있어야 가능한데 그러한 규정이 없으면 주주총회의 특별결의에 의해 정관을 변경하여야 한다. 이는 유상증자 시가발행제도의 정착을 위해 꼭 필요한 증자방식이라고 할 수 있다.

- 직접공모; 이는 「증권의 신고 등에 관한 규정」에 따라 인수인을 통하지 않고 발행회사가 직접 자기의 책임과 계산하에 신주를 공모하는 방식으로 비상장법인의 경우 발행가액의 적정성에 대하여 증권분석전문기관(금융투자업자, 신용평가회사, 회계법인)의 평가를 받아야 한다.

② 무상증자

무상증자는 기업이 준비금을 자본금으로 전입하는 등의 방식으로 주주들에게 무상으로 신주를 발행하는 것을 말한다. 무상증자는 자금조달을 목적으로 하지 않고 자본구성을 시정하거나 사내유보의 적정화 또는 기타의 목적을 위해 실시되는 것으로서 회사의 총자본에는 변화를 가져오지 않고 재무제표상 항목간의 변동을 통하여 신주식을 발행하는 형식적 증자라고 할 수 있다. 즉, 무상증자는 회사에 실질적인 자본금의 증가가 이루어지지 않는 증자이다. 무상증자에 의한 신주발행의 형태는 다음과 같이 분류할 수 있다.

ⓐ 준비금의 자본전입

주식회사는 기업의 영업활동에서 생기는 이익 중에서 일정한 금액을 이익준비금으로 적립하도록 되어 있으며 이와 함께 자본거래에서 생기는 잉여금은 자본준비금으로 적립하도록 의무화되어 있다. 이와 같이 법률의 규정에 의하여 적립된 법정준비금이나 별도로 회사가 적립한 임의준비금은 이사회의 결의에 의하여 그 전부 또는 일부를 자본에 전입하여 각 주주에게 그가 가진 주식수에 비례하여 무상으로 신주를 배정할 수 있다.

ⓑ 재평가적립금의 자본전입

인플레이션 상황하에서의 통화의 가치하락에 따른 자산가치의 향상 및 기타의 이유로 인하여 회사에 현존하는 재산의 실질가치가 장부가치를 상회하는 경우가 있다. 이런 경우에 자산재평가를 실시하게 되며 재평가에서 얻어진 실질가치와 장부가치의 차액을 자본으로 전입함으로써 그 전입액 만큼을 각 주주에게 보유 주식수에 비례하여 신주를 발행하는 것이 재평가적립금의 자본전입이다.

③ 기타의 증자

ⓐ 전환사채의 전환에 의한 증자

이는 전환사채의 소유자가 전환권을 행사하여 사채를 주식으로 전환시켜 신주를 발행하는 경우이다. 이 때 전환액에 상당하는 부채가 감소하고 자본이 증가하여 타인자본의 자기자본화가 이루어지게 된다. 따라서 부채는 감소하고 자본은 증가하나 총자본의 변화는 없이 증자가 이루어지게 된다.

ⓑ 주식배당에 의한 증자

회사의 이익을 주주에게 배당함에 있어서 현금배당 대신 신주식을 발행하여 교부하는 것을 주식배당이라 한다. 주식배당의 경우에는 사외 유출될 자금을 자본화시켜 주식으로써 지급하는 것이기 때문에 자본이 그만큼 유보되는 셈이 되며 회계학상 이것을 「이익의 자본화」라고 한다.

주식배당은 1984년 개정 상법에서 처음으로 주식배당제도를 도입하여 주주총회의 결의에 의하여 이익배당 총액의 2분의 1의 범위 내에서 새로이 발행하는 주식으로 배당할 수 있도록 규정하고 있고 상장법인 및 코스닥등록법인의 경우에는 이익배당 총액에 해당하는 금액까지 주식배당이 가능하다.

ⓒ 신주인수권부사채에 의한 증자

신주인수권부사채(Bond with Warrant)는 일정한 가격(행사가격)으로 일정수의 주식을 배당 받을 수 있는 권리가 부여된 조건부사채이므로 사채권자가 신주인수권을 행사하면 유상증자가 자동적으로 이루어진다.

ⓓ 기타

회사가 전환주식을 발행한 후 이를 전환시키는 경우와 기업의 흡수합병에 의하여 증자 신주를 발행하게 되는 경우가 있다. 그러나 이와 같은 증자의 형태는 매우 드물고 특수한 것이기 때문에 통상 증자의 형태에서는 논외로 취급하는 것이 일반적이다.

4.3. 시가발행제도

4.3.1 시가발행의 의의

시가발행이란 상장법인이 신주의 발행가액을 액면가와는 무관하게 주식시장에서 형성되는 구주의 시세를 기준으로 하여 산정 가액으로 신주를 발행하는 것을 말한다. 이는 발행회사에 증자프리미엄의 사내유보에 따라 발행회사의 자금조달 비용을 줄이고 재무구조를 개선하며, 신주발행이 시가와 연결되어 발행됨으로써 액면발행 제도하에서와 같은 주가와의 괴리현상이 나타나지 않게 되어 주가의 급격한 변동을 방지하는 효과가 있다.

우리 나라의 시가발행제도는 1983년 12월 도입 이후 여러 차례의 개선을 거쳐 1987년 8월 이후 원칙적으로 모든 상장법인에 대하여 시가발행 증자를 의무화하고 있다. 그러나 실제로는 시가발행이라 하더라도 발행에 따르는 인수업자의 수수료와 투자자들에 대한 투자유인의 제공 등을 위해 시가에서 일정한 할인율을 감한 가격으로 신주발행이 이루어지는 경우가 일반적이며, 1991년 6월 14일부터는 종전 30%이내로 시가할인을 규제해 오던 것을 완전히 자율화 하였다.

4.3.2 시가발행제도의 장점

시가발행제도는 과거의 액면발행제도와 비교해 볼 때 다음과 같은 장점을 가지고 있다.

① 자기자본의 충실화

기업이 자금을 시가발행에 의하여 조달하게 될 경우 액면발행의 경우보다 주식발행초과금 부분만큼 자금을 더 많이 조달할 수 있고 주식발행초과금이 자본준비금으로 계상되어 자기자본의 충실화를 기할 수 있다.

② 자금조달 비용의 절감

시가발행의 경우 동일한 발행비용으로 액면발행의 경우보다 주식발행초과금만큼 더 많은 자금을 조달할 수 있어 적은 신주 수의 발행만으로도 필요자금의 조달이 가능하므로 상대적인 발행비용이 절감될 뿐만 아니라 향후 배당압박도 경감되어 자금조달 비용이 절감된다.

③ 자본시장의 안정화 도모

액면발행은 증자 전후에 주가의 급등락을 초래하여 증자자체가 주가변동 요인이 됨에 따라 투기성이 조장되어 유통시장의 안정성을 해치는 경우가 있었으나 시가발행은 주가상승기에는 증자의 증가로 주식의 공급이 증가하여 주가의 과열에 제동기능을 하게 되고 주가하락기에는 증자가 감소됨에 따라 주식 공급의 감소로 하락했던 주가의 회복력을 증진시키는 등 시장의 자동수급 조절기능이 수행될 수 있다.

④ 자본이득의 해외유출 방지 등

우리나라의 주가수준은 선진국에 비해 상대적으로 낮은 상태로서 자본시장의 개방과 더불어 자본이득이 해외로 유출될 소지가 크므로 시가발행을 통해 이를 방지함과 동시에 자본시장의 국제화에 부응하여 주식발행 제도도 국제적 증자관행에 맞추어 나감으로써 발행시장의 선진화를 도모할 수 있다.

4.3.3 시가발행 방식

① 일부 액면 주주배정 및 일부 시가모집 방식

증자주식수의 일부를 액면금액으로 주주에게 배정하고 증자주식수의 20% 이상은 시가로 모집하는 방법으로 주주배정과 공모병행하는 것이 특색이며 일본에서는 시가발행 실시 초기에 성행했던 방식이다.

② 일부 시가 주주배정 및 일부 시가모집 방식

이 방식은 증자주식 중 일부는 시가로 주주에게 배정하고 증자주식 중 20% 이상은 동일가격으로 모집하는 방식이다. 발행가액은 시가로 하고 발행방법은 주주배정과 모집을 병행하고 있는 것이 특색으로 시가발행제도의 발전된 형태이다.

③ 전액 시가 주주배정 방식

이 방법은 증자주식수 전부를 시가로 주주에게 배정하는 방식으로 전액 시가발행방식이라는 특색이 있다.

④ 전액 시가 모집 방식

이 방식은 증자주식수 전부를 시가로 모집하는 방식이며 가장 이상적인 시가발행 방식으로 미국, 일본 등 선진국에서 성행하는 형태이다.

5. 주식유통시장

5.1 유통시장의 의의와 기능

증권의 유통시장은 발행시장을 통하여 발행된 증권들이 투자자들 사이에서 거래되는 시장으로 2차 시장(secondary market)이라고도 한다. 발행시장을 통하여 투자자들이 소유하고 있는 증권을 매도하여 투자자금을 회수하거나 투자목적으로 이미 발행된 증권을 매수한다. 유통시장은 증권의 양도성과 환금성을 보장하여 투자자본의 회수와 수익실현을 가능하게 한다. 유통시장은 발행시장에서 발행된 증권의 시장성을 높여 언제든지 증권을 적정가격으로 처분하여 현금화할 수 있는 기회를 제공한다. 이로 인해 일반투자자들의 자본시장참여가 촉진되고 시장의 활성화를 통하여 장기자본의 조달창구인 발행시장의 기능이 확충된다. 유통시장에서의 거래가 활발해지면 발행시장에서도 시장수요가 촉진되어 많은 증권이 발행되므로 유통시장에서도 투자기회가 확대된다.

발행시장과 보완관계에 있는 유통시장은 다음과 같은 여러 기능을 수행하고 있다.

첫째, 발행된 증권의 시장성과 유동성을 높여 일반투자자의 투자를 촉진시킴으로써 발행시장에서의 장기자본조달을 원활하게 해준다. 둘째, 유통시장에 의한 증권의 시장성과 유동성의 유지는 증권의 담보력을 높여준다. 증권을 수시로 적정가격에 처분하여 현금화할 수 있기 때문에 이를 담보로 한 차입이 용이하다. 셋째, 유통시장에서는 증권의 공정한 가격이 형성된다. 즉, 유통시장은 불특정 다수의 투자자가 참여하는 자유경쟁시장이므로 여기에서 형성되는 가격은 모든 정보가 반영된 공정한 가격이라 할 수 있다. 넷째, 유통시장에서 형성되는 가격은 앞으로 발행될 새로운 증권의 가격을 결정하는 역할을 한다.

유통시장이 이와 같은 기능을 수행하기 위해서는, 거래대상이 되는 증권의 발행물량이 많아야 하고, 발행된 증권이 다수의 투자자에게 분산·소유되어야 하며, 증권의 매매에 아무런 제약이 없어야 하고, 증권가격이 공정하게 형성되고 유동성이 있어야 하는 등의 요건을 구비해야 한다.

5.2. 유통시장의 구조

우리나라의 유통시장은 거래소시장(유가증권시장과 코스닥시장)과 장외시장(프리보드 포함)으로 대별된다.

5.2.1 거래소시장의 의의와 기능

① 유가증권시장의 의의와 기능

증권의 매매거래가 이루어지는 시장을 널리 유가증권시장이라고 할 수 있다. 전통적인 의미에서 유가증권시장은 구체적이고 조직적이며 상설적이고 경쟁적인 시장이라 할 수 있다. 여기에서 구체적이라 함은 일정한 장소에 구체적인 시장시설을 가지고 있다는 것이며 상설적이라 함은 증권의 매매를 매일 계속적으로 성립시킨다는 뜻이고 경쟁적이라 함은 불특정 다수인이 경쟁적으로 자유로이 거래에 참여하는 것을 의미한다.

증권의 유통시장은 증권발행시장을 통하여 공급된 증권이 원활히 매매될 수 있는 장소를 제공하여 증권에 부여된 양도성, 유통성, 시장성을 제고시킴을 목적으로 하는 바 증권유통시장의 중추적 시장인 한국거래소도 이를 기본적 기능으로 하고 있다. 즉 한국거래소는 시장기능으로 첫째, 자본전환 기능(증권과 대금과의 수수관계, 즉 증권과 화폐와의 교환이 다른 어느 시장보다도 신속, 정확하게 대량으로 이루어질 수 있다), 둘째, 가격형성 기능(증권의 가격은 거래소의 매매과정을 통해서 모든 정보가 반영된 상태에서 적정한 경합을 통하여 형성되는 경쟁가격이므로, 그 가치에 대한 사회적 평가가 가장 공정하며 신뢰성있게 형성되어 있다), 셋째, 가격평준화 기능(일시적 수급불균형으로 인한 주가의 급변이 투기적 거래 등 수급의 자연조절에 의해 억제되는 것을 말한다), 넷째, 보험적 기능(융자나 대주를 이용하여 일정금액 이상의 손실은 보지 않으면서 높은 레버리지효과를 기대할 수 있는 신용거래와 옵션거래, 선물거래를 이용하여 선물거래의 리스크를 회피하는 헤지거래 등을 통하여 증권거래의 위험을 최소화 한다) 등을 가지고 있다.

② 코스닥시장의 의의와 기능

코스닥시장이란 한국거래소가 운영하는 자본시장이다. 코스닥시장에서 매매를 하고자 하는 기업은 먼저 당해 회사를 코스닥시장에 상장하여야 한다. 코스닥상장은 코스닥시장에서 거래를 위한 자격을 부여하는 것으로서 발행회사는 금융투자업자를 통하여 상장하여야 한다. 코스닥시장은 수없이 많은 투자자들이 참여하여 상장된 주식을 매매하기 때문에 일정한 요건을 갖춘 기업에 한하여 코스닥상장을 허용한다. 한국자본시장 운영의 효율성 및 거래비용 절감, 현·선물 거래에 대한 일원화된 서비스 제공, 현·선물 연계감시로 인한 공정성 증대, 거래소 위상 및 국제경쟁력 제고 등을 위한 자본시장 선진화를 위하여 한국거래소가 출범하게 되었다. 한국거래소의 출범은 통합의 시너지효과 극대화와 경쟁을 통한 효율성 제고가 이루어질 수 있도록 각 시장간 균형발전을 추구하고 있다. 통합이후 각 시장은 고유의 특성과 역할 유지를 통해 차별화된 금융서비스를 제공하게 될 것으로 기대된다. 유가증권시장은 대형·우량기업 중심으로 상대적으로 안정적 투자기회를 제공하는 시장으로, 코스닥시장은 중소·벤처기업 중심의 고위험 고수익을 추구하는 역동적인 자본시장으로 성장이 기대된다.

코스닥시장의 경제적 기능으로서는 첫째, 유가증권시장에서 상장하기 어려운 벤처기업, 유망중소기업 등이 발행한 주식에 대하여 환금성을 부여함으로써 이들 비상장 중소·벤처기업이 신주공모 등을 통해 장기안정적인 자금을 조달할 수 있도록 기회를 부여하고 있다. 또한 중소·벤처기업이 대량의 장기 안정적인 자금 조달을 통해 재무구조를 개선하여 기업의 경쟁력을 제고시킨다.

둘째, 투자자에게 기존의 유가증권시장 상장주식 이외에 성장가능성이 높은 비상장 유망기업 주식을 투자할 수 있는 수단을 제공한다. 투자자의 투자위험 선호도 및 위험부담능력에 맞는 "고위험-고수익" 상품을 제공한다.

셋째, 신생 벤처기업에 투자를 전문으로 하는 벤처금융(Venture Capital)회사들이 협회중개시장을 통하여 투자한 자금을 회수하는 한편, 새로운 유망벤처기업을 발굴하여 지원할 자금조성의 장으로써 시장을 활용할 수 있다. 벤처기업의 발굴과 지원이 협회중개시장이라는 시장기구를 통하여 선순환 될 때 자금의 효율적인 배분이 가능하며 이러한 기능은 경쟁력을 상실한 기업의 퇴출을 원활하게 하고 새로운 산업(정보화사회를 선도하는 기업)의 성장을 촉진하게 한다.

5.5.2 장외시장의 의의와 기능

장외시장은 한국거래소 밖에서 이루어지는 증권거래 관계를 총칭한다. 장외시장은 일정한 체계를 갖춘 조직적 시장과 고객과 금융투자업자, 금융투자업자 상호간, 또는 고객상호간에 상대매매에 의해 거래가 이루어지는 비조직적이고 추상적인 시장으로 구분할 수 있다.

장외시장은 자본시장에서 다음과 같은 기능을 수행한다.

첫째, 장외시장은 거래소시장의 전 단계 역할을 한다. 거래소 시장에 상장되지 않은 증권에 어느 정도의 시장성을 부여함으로써 거래소시장의 전 단계 역할을 수행한다. 투자자에게는 아이디어와 기술력이 있는 유망기업이 발행한 주식에 상장이전 단계에서 투자할 수 있는 기회를 제공한다.

둘째, 장외시장은 거래소시장을 보완하여 유통시장기능을 확대시킨다. 거래소시장에서는 상장증권만이 거래되고 시간적·장소적으로 제한이 있으나, 장외시장에서는 상장증권 뿐만 아니라 비상장증권이 거래되므로 증권의 유통성을 향상시킨다.

셋째, 장외시장의 가격형성은 거래소시장의 가격형성에 대해 가격견제력을 갖는다. 거래소시장에서의 시세는 장외시장의 시세를 무시할 수 없고, 장외시장에서의 시세는 거래소시장의 시세를 기준으로 하지 않을 수 없으므로 경쟁적 입장에서 시세평준화에 기여한다.

우리나라의 경우 한국금융투자협회가 자본시장 및 코스닥시장에 상장되지 않은 기업에 자금조달 기회를 제공하고 이들 기업의 발행주식에 유동성을 부여하며 아울러 기존 시장에서 퇴출된 기업의 주주에게 환금성을 부여할 목적으로 2000년 3월 장외주식호가중개시스템(프리보드)을 개설하여 운영하고 있다.

6. 거래소시장의 매매거래제도

6.1 상장제도

6.1.1 상장의 의의

상장(listing)이란 일정한 요건을 구비한 특정 증권을 대상으로 한국거래소 시장에서 거래될 수 있는 자격을 부여하는 것을 말하며, 상장이 증권가격을 보장하는 것을 의미하지는 않는다. 매매거래의 대상물로 인정된 증권을 상장증권이라고 하며, 상장증권을 발행한 회사를 상장회사라고 한다. 과거에 공개요건과 상장요건을 동일하게 운영함으로써 공개와 상장을 동일한 개념으로 이해하는 경우가 있었으나, 공개는 상장을 위한 전단계로 주식분산에 중점이 있는 것으로서 상장과는 다른 별개의 개념이다.

6.1.2 상장의 효과

증권의 상장은 투자의 안전성과 건전성을 확보하고 기업의 자금조달을 용이하게 하는 효과가 있다. 뿐만 아니라 유동성이 증대되고, 공정한 가격이 형성되기 때문에 증권의 상장은 상장회사나 투자자의 입장에서 많은 장점을 가지고 있다.

상장회사의 측면에서 보면 첫째, 상장의 심사에는 그 회사의 수익성과 안전성 등이 고려되기 때문에 상장되는 회사는 우량회사라는 것이 입증된 것이므로 기업 및 생산제품의 홍보를 기대할 수 있다. 둘째, 증권의 분산, 시장성의 증대 및 투자자의 증대 등이 촉진되어 증권에 의한 자본조달이 보다 쉬워진다. 셋째, 상장회사는 매스컴의 보도를 통해서 회사 자체, 또는 회사의 매출 내지는 서비스에 대해 큰 광고효과를 기대할 수 있다.

투자자의 측면에서 보면 첫째, 상장은 높은 시장성을 부여하여 환금을 용이하게 한다. 둘째, 상장증권은 높은 담보가치를 가진다. 셋째, 신속하고 공정한 거래형성을 통해 투자자를 보호할 수 있다. 넷째, 신뢰성 있는 투자정보를 입수할 수 있다.

6.1.3 상장의 종류

상장은 증권의 종류에 따라서는 주권, 채권, 신주인수권, 수익증권 상장으로 구분되기도 하는데 일반적으로 주권의 상장은 다음과 같이 분류된다.

① 신규상장

신규상장은 한국거래소에 주권이 상장되어 있지 아니한 주권의 발행인이 기업을 공개하여 일반인에게 주식을 매각한 후 처음으로 주권을 상장하는 것을 말한다.

② 신주상장

신주상장이란 기상장된 주권의 발행인이 유상 또는 무상증자, 기업합병, 전환사채권 등의 권리행사, 주식배당, 예탁증서 발행 등의 경우에 새로이 주권을 발행하여 상장하는 것을 말한다. 이때 신주인수권, 신주인수권부 사채권, 전환사채권의 권리행사로 인한 발행예정 총주식에 대하여 최초로 권리행사가 있는 경우에는 신주일괄상장의 신청이 가능하다.

③ 변경상장

변경상장은 당해 주권의 종목(상호), 종류(우선주, 보통주), 액면금액, 수량(자본감소, 병합 등으로 주식수 감소) 등을 변경한 후 새로이 발행한 주권을 상장하는 것을 말한다.

④ 재상장

재상장은 상장폐지된 법인이 상장폐지 후 일정기간동안 자구노력을 기울여 회사가 정상적으로 갱생하였을 경우에 이 회사에 대하여 신규상장요건보다는 완화된 요건을 적용하여 보다 용이하게 다시 상장하는 것을 말한다. 재상장 신청시기는 상장폐지된 날로부터 5년 이내로 제한하고 있다.

6.1.4 상장요건

거래소시장의 상장요건은 기업공개 대상기업의 주식이 자본시장에서 원활히 유통될 수 있기 위한 최소한의 요소를 제시한 것이라고 할 수 있다. 상장요건은

[표 3-2] 유가증권시장 신규상장 요건

<table>
<tr><th>요 건</th><th>세 부 내 용</th></tr>
<tr><td>자기자본</td><td>100억원 이상</td></tr>
<tr><td>상장주식수</td><td>100만주 이상</td></tr>
<tr><td>매 출 액</td><td>최근사업연도 300억원 이상
최근 3사업연도 평균 200억원 이상</td></tr>
<tr><td>주 식 분 산
(택1)</td><td>◦ 소액주주 30% 이상
◦ 공모주식수가 30% 이상
◦ 공모할 주식수가 10% 이상으로서 자기자본 기준으로
• 500억원~1,000억원 : 100만주 이상
• 1,000억원 이상~2,500억원 : 200만주 이상
• 2,500억원 이상 : 500만주 이상
◦ 국내외 동시공모 10% 이상으로서 국내공모 100만주 이상</td></tr>
<tr><td>의 무 공 모</td><td>◦ 10% 의무공모, 단 코스닥상장법인으로서 공모상장한 법인 및 직상장후 1년 이상 경과시 예외</td></tr>
<tr><td>소 액 주 주</td><td>◦ 의결권 있는 소액주주 1,000명 이상</td></tr>
<tr><td rowspan="2">이 익</td><td>최근 사업연도에 영업, 경상, 당기순이익이 있을 것</td></tr>
<tr><td>◦ 선택적용
• ROE* : 최근사업연도말 현재 5% 이상, 3년합계 10% 이상
* 영업이익, 경상이익, 순이익중 적은 금액과 자기자본에 대한 비율
• 이익* : 최근사업연도 25억 이상, 3년합계 50억 이상
* 영업이익, 경상이익, 순이익중 적은 금액
• 대형법인(자기자본 1,000억원 이상) : 최근사업연도말 ROE 3% 또는 이익액 50억
: 최근사업연도 영업현금흐름 (+) 시현</td></tr>
</table>

<table>
<tr><td colspan="2">유 보 율</td><td>50% 이상 (대형법인 25%)</td></tr>
<tr><td colspan="2">업 력</td><td>3년 이상</td></tr>
<tr><td rowspan="2">최대
주주</td><td>지분
변동</td><td>예비심사청구 1년 전부터 지분변동 제한 없을 것</td></tr>
<tr><td>매각
제한</td><td>상장 후 6개월 매각제한</td></tr>
<tr><td colspan="2">감사의견</td><td>최근연도 적정, 직전 2년 적정 또는 한정(감사 범위 한정 제외)</td></tr>
<tr><td colspan="2">소 송</td><td>중요한 소송 등의 분쟁사건이 없을 것</td></tr>
<tr><td colspan="2">부도발생</td><td>부도발생시 예비심사 청구일 1년 전에 사유가 해소되었을 것</td></tr>
<tr><td colspan="2">무상증자</td><td>◦ 재평가적립금 : 1년간 총액이 2년전 자본금의 50% 이하
(전입 후 자본금에 대한 자기자본비율 300% 이상시 100% 이하) 등
◦ 기타잉여금 : 1년간 총액이 2년전 사업연도말 현재 자본금의 50% 이하
(전입후 자본금에 대한 자기자본비율 300% 이상시 100%이하)
• 전입 후 자본금에 대한 자기자본비율 150% 이상 등</td></tr>
<tr><td colspan="2">유상증자</td><td>◦ 1년간 총액이 2년전 자본금의 50% 이하</td></tr>
<tr><td colspan="2">합병 등</td><td>◦ 합병, 분할, 분할합병, 영업전부 또는 중요한 일부의 양수도 및 감자의 경우 당해연도 결산이 확정될 것
◦ 결산이 3월 미만인 경우 다음 연도 결산이 확정될 것</td></tr>
<tr><td colspan="2" rowspan="3">기 타</td><td>◦ 주식양도에 대한 제한이 없을 것</td></tr>
<tr><td>◦ 명의개서대행계약이 체결되어 있을 것</td></tr>
<tr><td>◦ 주권이 통일규격증권일 것</td></tr>
</table>

※ 세부사항은 거래소「자본시장상장규정」(www.krx.co.kr) 참조

다양한 사항이 포함되어 있지만 크게 나누어 기업의 규모, 재무내용, 유통성, 건전성 및 공익과 투자자보호에 관한 요건을 충족할 것을 요구하고 있다. 우리나라 자본시장의 중대형 우량법인에 대한 주요 상장요건은 [표 3-2]와 같다.

[표 3-3] 코스닥시장 상장요건

상장요건	일반기업	벤처기업	성장형 벤처
설립연도	3년 이상	-	-
자본금	30억원 이상	15억원 이상	15억원 이상
자본잠식	최근 사업연도 말 현재 자본잠식이 없을 것	자본잠식 없을 것	자본잠식 없을 것
경영성과	최근 사업연도의 경상이익이 있을 것	경상이익 시현	-
자기자본 이익률 (ROE)	최근 사업연도 말 현재 10% 이상이거나 최근 사업연도의 당기순이익이 20억원 이상	최근 사업연도 말 현재 5% 이상이거나 최근 사업연도의 당기순이익이 10억원 이상	-
감사의견	최근 사업연도 재무제표에 대한 감사의견이 적정할 것	-	-

6.2. 상장주식의 관리

상장주식의 관리란 상장 후 영업활동을 하는 가운데 상장시 충족되었던 요건에 미달하여 계속상장이 부적합한 경우가 발생하거나 또는 기업내용의 변동으로 증권의 가치나 권리내용이 변화하였을 때, 자본시장 관리기관이 상장 증권의 상장요건 충족여부와 기업 내용의 적시 공시 실시여부를 계속 파악하여 부실 증권의 유통을 방지하고 투자자에게 정확한 투자정보를 제공함으로써 자본시장의 건전한 발전을 도모하고자 하는 일련의 과정을 말한다.

6.2.1 매매거래정지제도

매매거래정지제도는 당해 상장법인의 주권에 중대한 영향을 미칠 사유가 발생할 경우 이 사실을 투자자들에게 충분히 주지시킴으로써 선의의 투자자를 보호하기 위한 제도이다.

① 유가증권시장의 매매거래정지 및 해제사유

[표 3-4] 유가증권시장 매매거래 정지 및 해제사유

정지사유	정지기간	해제조치
관리종목 지정기준 해당	매매거래정지 사유 공시일로부터 1일(매매일)	해제조치 불필요. 다만 거래소가 필요성 인정시 매매거래 정지를 해제하지 않을 수 있음
위조·변조 증권 발생사실 확인시	당해 사실이 확인된 날	당해 사유해소시
주식(외국주식 포함)의 병합 또는 분할 등을 위하여 주권의 제출을 요구한 때	주권제출 마감일 전일부터	신주권 교부일 익일
기타 공익과 투자자보호 및 시장관리를 위하여 거래소가 인정시	매매거래정지 사유 해소전까지	매매거래정지 사유 해소시

② 코스닥시장의 매매거래정지

코스닥시장은 중요정보를 모든 투자자들이 공평하게 공유할 수 있는 시간 확보 및 주권의 병합 또는 분할과 같이 주권 관리를 위한 기술적 필요 등에 의해 일정한 사유가 발생한 경우 코스닥상장법인의 매매거래를 정지시키고 있다.

- 거래내용이 현저히 공정성을 결여할 우려가 있는 경우
- 주권의 액면분할 또는 병합 등을 위하여 주권의 제출이 요구되는 경우
- 풍문 등과 관련하여 시세 및 거래량이 급변하거나 급변에 예상되는 경우
- 주가 및 거래량에 중대한 영향을 주는 사항을 공시하는 경우
- 상장폐지 사유에 해당하는 경우(자본시장 상장 및 피흡수합병 제외)
- 사업보고서 등의 신고서 제출을 위반한 경우
- 조회공시의무 위반, 공시불이행, 공시번복 및 변경의 경우
- 관리종목, 외국기업 및 증권투자회사의 상장폐지 사유에 해당하는 경우
- 증권투자회사가 이사회에서 개방형으로 전환을 결의한 경우
- 기타 거래소가 투자자 보호상 필요하다고 인정하는 경우

6.2.2 상장폐지제도

상장증권은 매매거래대상으로서의 일정한 적격성을 유지하여야 한다. 이러한 적격성이 유지되지 않을 경우 투자자들에게 손실을 입히게 되고 자본시장의 신뢰를 그르치게 된다.

상장폐지라 함은 일단 상장된 증권에 대하여 자본시장에서 매매거래대상이 될 수 있는 적격성을 상실시키는 조치를 의미한다.

주요 상장폐지 요건으로는 최종부도 발생 또는 은행거래 정지, 심각한 자본잠식, 거래량·주가수준·시가총액의 기준치 미달, 사업보고서 미제출, 최근 감사의견 부적정 또는 의견거절, 주된 영업활동 정지 및 주식분포상황 기준치 미달 등이 있다.

① 거래소시장 관리종목지정 및 상장폐지 기준

[표 3-5] 유가증권시장 관리종목 지정 및 상장폐지 기준

사유구분	관리종목지정 기준	상장폐지 기준
사업보고서 등 미제출	해당시	제출기한부터 10일 이내 미제출시
반기·분기보고서 미제출	해당시	차기보고서 미제출
감사의견 부적정·의견거절	-	해당시
감사의견 한정의견	해당시	1회 추가
반기 검토의견 부적정·의견 거절	해당시	-
영업활동정지	해당시	6개월내 미해소
부도·은행거래정지	-	해당시
자본잠식	50% 이상	자본전액 잠식 또는 50% 이상 2년 계속
주식분산기준 미달*	해당시	2년 계속
회생절차 개시신청	-	해당시
사외이사 미선임 등 지배구조 미구축	해당시	1년 계속
월평균거래량 1% 미만	반기	2반기 연속
사외이사수 미달 또는 감사위원회 미설치	해당시	1회 추가
공시의무 위반	고의·중과실에 의한 위반 또는 1년이내 벌점 15점 이상	고의·중과실에 의한 위반
매출액	50억미만	1회 추가
주가	액면가 20% 미만 30일 계속	90일중 액면가 20% 이상 10일 계속 및 누적 30일 요건 미충족
시가총액	25억 미만 30일 계속	90일중 25억 이상 10일 계속 및 누적 30일 요건 미충족
해산사유 해당, 주식양도제한, 기타 공익 및 투자자보호	-	해당시

* 주식분산기준 미달 : 소액주주수가 200인 미만이거나, 소액주주비율 10% 미만

② 코스닥시장의 상장폐지기준

코스닥시장은 부실화된 기업은 적극적으로 퇴출하여 건전한 중소·벤처기업시장으로 지속적인 발전을 할 수 있도록 퇴출제도를 지속적으로 강화해 오고 있다. 퇴출된 기업의 주식은 당해 기업이 프리보드(장외호가중개시장) 지정기업으로

지정되는 경우 동 시장에서 매매가 가능하다.

ⓐ 부실화된 기업

- 발행한 어음 또는 수표가 거래은행에 의하여 최종부도로 결정되거나 거래은행에 의하여 거래가 정지되는 경우
- 주된 영업 정지 또는 양도로 관리종목 지정 후 3월 이상 주된 영업의 정지 및 영업의 전부가 양도되는 경우
- 매출액이 30억원 미만인 상태가 2년간 연속되는 경우
- 반기말 또는 사업연도말을 기준으로 자본잠식율이 100분의 50 이상인 상태가 2회 이상 연속되는 경우 또는 최근 사업연도말 현재 자본전액잠식 상태인 경우
- 반기말 또는 사업연도말 기준으로 자기자본 10억원 미만으로 인해 관리종목 지정 후 1반기 후 동상태가 유지되는 경우
- 최근 사업연도의 재무제표에 대한 감사인의 감사의견이 부적정 또는 의견거절이거나 감사범위제한으로 인한 한정인 경우
- 주가가 액면가의 40% 미만으로 인하여 관리종목으로 지정된 후 90일중 10일간 연속 또는 누적적으로 30일 이상 액면가액 대비 40% 미달인 경우
- 최근사업연도 경상손실을 기록하고 시가총액이 50억원에 미달인 상태가 2년간 연속되는 경우
- 채무자회생 및 파산에 관한 법률의 규정에 의하여 회생절차개시 신청을 하는 경우

ⓑ 회사가 공개기업으로서의 의무를 다하지 못하는 경우

- 상장과 관련한 신청서 및 첨부서류의 내용 중 중요한 사항이 허위기재 등으로 거래소가 상장을 폐지할 필요가 있다고 인정하는 경우
- 사업보고서등 정기보고서 미제출로 인하여 투자유의종목으로 지정된 후 재차 법정제출기한 내에 사업보고서 등을 제출하지 아니하는 경우, 또는

최근 2년간 3회 이상 제출하지 아니하는 경우. 다만 사업보고서의 경우 법정제출기한의 10일 이내 제출하지 아니할 경우 상장폐지

- 사업보고서의 법정제출기한 내 정기주총을 개최하지 아니하거나 재무제표를 승인 받지 못하여 투자유의종목으로 지정된 후 재차 동 요건에 해당될 경우
- 정관 등에 주식양도에 관한 제한을 두는 경우
- 코스닥시장상장규정 등 관련 법률을 위반한 합병의 경우
- 사외이사 혹은 감사위원회가 2사업연도 연속하여 구성되지 아니하거나 미달하는 경우

ⓒ 유동성기준 등이 투자주권으로서 부적합한 경우

- 분기의 월평균 거래량 부진으로 투자유의종목 지정 후 다음 사업연도에도 거래실적 부진이 지속될 경우
- 주식분산기준 미달(소액주주의 수가 200인 미만이거나 소액주주가 소유한 주식수가 유동주식수의 20%에 미달)이 1년 이내에 해소되지 아니하는 경우

ⓓ 당연 상장폐지 등 기타 상장폐지 사유

- 타법인에 피흡수 합병되는 경우
- 자본시장으로 이전하는 경우
- 기타 거래소가 상장을 폐지할 필요가 있다고 인정하는 경우

6.3. 매매거래제도

6.3.1 매매거래시간

거래소가 개설하는 유가증권시장과 코스닥시장에서의 매매거래는 월요일부터 금요일까지 이루어지고 정규시장과 시간외시장에서의 거래시간은 다음과 같다.

[표 3-6] 매매시간

<table>
<tr><th colspan="2" rowspan="2">매매거래유형</th><th colspan="2">시장구분</th><th rowspan="2">비고</th></tr>
<tr><th>유가증권시장</th><th>코스닥시장</th></tr>
<tr><td colspan="2">접속매매</td><td colspan="2">08:00 - 15:00</td><td>체결은 09:00-15:00</td></tr>
<tr><td colspan="2" rowspan="2">단일가매매(동시호가)</td><td colspan="2">08:00 - 09:00</td><td rowspan="2">09:00, 15:00에 시가, 종가 결정</td></tr>
<tr><td colspan="2">14:50 - 15:00</td></tr>
<tr><td rowspan="2">시간외 종가매매</td><td>장개시전</td><td colspan="2">07:30 - 08:30</td><td>체결은 07:30 - 08:30</td></tr>
<tr><td>장종료후</td><td colspan="2">장종료 - 15:30</td><td>체결은 15:10 - 15:30</td></tr>
<tr><td colspan="2">시간외 단일가매매</td><td colspan="2">15:30 - 18:00</td><td>30분 단위 단일가매매</td></tr>
<tr><td colspan="2">시간외 대량/바스켓매매</td><td colspan="2">장종료 - 18:00</td><td></td></tr>
</table>

정규시장은 거래체결방식에 따라 단일가격방식이 적용되는 08:00~09:00 및 14:50~15:00와 복수가격방식이 적용되는 09:00~14:50으로 나누어진다. 단일가격방식은 거래신청분 전체를 대상으로 경쟁매매원칙을 적용하여 거래가 가장 많이 이루어지는 하나의 가격에서 매매가 성립되는 것을 의미하며, 복수가격방식은 주문별로 경쟁매매원칙이 적용되는 것을 말한다.

시간외시장은 매매가격에 따라 시간외종가매매, 시간외대량매매 및 시간외바스켓매매 그리고 시간외 단일가매매로 구분된다. 시간외종가매매는 정규시장 종가로 1주이상 주문을 받아 접수순에 따라 거래를 체결하는 것을 의미하며 시간외대량매매는 투자자 쌍방의 합의에 의해 하한가 및 상한가 범위이내에서 매매수량단위의 500배 또는 1억원 이상의 거래가 이루어지는 것을 말한다. 시간외바스켓매매는 투자자 쌍방의 합의에 의해 하한가 및 상한가 범위이내에서 5종목 이상 그리고 10억원 이상이 거래되는 것을 말한다.

시간외 단일가매매는 시간외 종가거래가 끝나면 그 이후부터 시작되는데 시작시간은 15:30~18:00 이며, 30분 단위로 당일종가대비 상하 5% 이내에서 거래가 이루어지는 시장이다.

6.3.2 매매절차

① 계좌의 설정

한국거래소 시장에서 매매거래를 할 수 있는 자는 금융투자업의 허가를 받고 한국거래소 회원으로 등록된 금융투자업자에 한정되어 있으므로 일반투자자가 매매거래를 행하기 위해서는 거래소 회원인 금융투자업자에 위탁하여야 한다.

금융투자업자가 고객의 위탁을 받아 매매거래를 처리하고자 할 때에는 고객과 사전에 매매거래 계좌를 설정해야 하는데 이 경우 금융투자업자와 고객은 매매거래계좌 설정계약을 체결하여야 한다. 고객이 도장, 주민증록증, 현금 또는 증권을 가지고 금융투자업자에 가서 계좌개설 신청을 하면 금융투자업자는 증권카드 또는 통장을 교부하게 된다.

② 매매주문

매매거래계좌가 설정되면 금융투자업자는 고객으로부터 매매거래에 관하여 주문을 받게 되는데 여기에는 문서에 의한 경우와 전화, 전신에 의한 경우가 있으며, 최근에는 PC통신이나 인터넷을 통한 온라인거래도 일반화되어 있다. 모든 주문은 전산화된 시스템을 통해 거래소에 직접 전달되며, 매매가 체결되면 그 내역이 즉시 통보된다.

③ 주문방법

주문가격의 지정에 따라 다음과 같이 주문방법이 나누어진다.

ⓐ 지정가주문

지정가주문은 투자자가 지정한 가격보다 유리한 가격에서만 거래가 체결될 것을 요구하는 주문이다. 지정가주문은 사자주문에서는 지정가 이하로 매입해 달라는 주문이고, 팔자주문에서는 지정가 이상으로 매도해 달라는 주문이다.

ⓑ 시장가주문

투자자가 원하는 가격을 지정하지 않고 현재 가장 유리한 시장가격으로 주문을 체결시켜 달라는 주문이다. 시장가주문은 다른 주문보다 거래가 가장 빨리 체결될 가능성이 높다.

ⓒ 조건부 지정가주문

지정가주문을 낸 후 종가결정을 위한 동시호가시간 전까지 매매거래가 체결되지 않는 경우에, 마지막 동시호가에 자동적으로 시장가주문으로 전환되는 주문을 말한다.

ⓓ 최유리 지정가주문

최유리 지정가주문은 종목 및 수량은 지정하되 가격은 매도호가의 경우 호가 접수시점에서 가장 높은 매수호가의 가격을, 매수호가의 경우 가장 낮은 매도호가 가격을 기준으로 매매가격이 결정된다.

ⓔ 최우선 지정가주문

최우선 지정가주문은 종목 및 수량은 지정하되 가격은 매도호가의 경우 호가 접수시점에서 다른 매도호가 중 가장 낮은 매도호가 가격을, 매수호가의 경우 다른 매수호가 중 가장 높은 매수호가 가격을 기준으로 매매가격이 결정된다.

한편 지정가주문, 시장가주문, 최유리지정가주문에서는 해당주문이 언제까지 유효한 것인지와 관련하여 IOC(immediate or cancel)조건과 FOK(fill or kill)조건이 있다. IOC조건은 당해 주문의 접수시점에서 주문수량 중 체결가능한 수량에 대하여만 매매거래를 성립시키고, 미체결 잔량은 취소하는 조건(즉시체결, 잔량취소)이고, FOK조건은 당해 주문의 접수시점에서 주문수량의 전부에 대해 체결가능한 경우에만 매매거래를 성립시키고, 그렇지 않은 경우에는 당해 주문을 취소하는 조건(전량체결, 전량취소)이다.

6.3.3 매매거래의 단위

매매거래 단위는 호가가격단위와 매매수량단위로 구분된다. 호가란 거래소의 회원(매도자와 매수자)이 시장에서 매매거래를 하기 위하여 매도 또는 매수의 의사표시를 하는 행위를 말한다. 호가가격단위는 가격대별로 세분화되어 있으며, 주문을 제출하는 경우 호가가격단위에 맞추어 가격을 지정하여야 한다.

매매수량단위는 증권의 매매거래를 대량으로 원활하게 처리하기 위하여 정한 매매거래의 최저 단위를 말한다. 유가증권시장에서 주식의 경우 매매수량단위가 10주(단, 5만원 이상의 고가주는 1주 단위)이고, 10주미만의 매매수량단위에 미치지 못하는 단주는 시간외시장에서 거래가 가능하다. 그리고 코스닥시장에서의 매매거래단위는 1주이다.

[표 3-7] 호가가격단위

<table>
<tr><th>기준가격</th><th>유가증권시장</th><th>코스닥시장</th></tr>
<tr><td>5천원 미만</td><td colspan="2">5원</td></tr>
<tr><td>5천원 이상 1만원 미만</td><td colspan="2">10원</td></tr>
<tr><td>1만원 이상 5만원 미만</td><td colspan="2">50원</td></tr>
<tr><td>5만원 이상 10만원 미만</td><td>100원</td><td rowspan="3">100원</td></tr>
<tr><td>10만원 이상 50만원 미만</td><td>500원</td></tr>
<tr><td>50만원 이상</td><td>1000원</td></tr>
</table>

6.3.4 위탁증거금의 납입

위탁증거금은 금융투자업자가 고객으로부터 매매거래의 위탁을 받았을 경우 고객으로부터 징수하는 증거금으로 결제이행을 위한 담보를 확보함으로써 원활한 결제를 통한 거래의 안정을 도모하기 위한 것이다. 징수비율은 각 사별로 자율화되어 있으며 증거금을 차감한 나머지 잔액은 3일째 되는 날 결제시 입금하면 된다.

위탁증거금은 일반적으로 매매총액의 30%이상 범위 내에서 종목, 매도 또는 매수별로 그 율을 달리할 수 있으며, 증권정책에 따라 수시로 변하고 있다. 한국거래소는 주식거래를 활성화하려는 증시부양정책의 하나로 위탁증거금을 낮추기도 하고, 과열장세를 진정시키려는 목적으로 위탁증거금을 높이기도 한다.

주식의 경우 매수주문시에는 매수예정금액의 30%이상을 현금으로 예치하고, 매도시에는 매도증권의 일부가 위탁증거금으로 사용된다. 관리대상종목에 적용되는 당일결제거래에서는 매수예정대금 전액 또는 매도증권 전부가 위탁증거금으로 예치된다.

한편 기관투자자나 기타 한국거래소가 지정하는 투자자는 위탁증거금을 면제받을 수 있다.

6.3.5 신용거래

① 신용거래의 의의

신용거래는 투자자가 자금을 차입하여 주식을 매입하는 융자거래와 주식을 차입하여 매도하는 주식공매도로 나누어진다. 신용거래를 원하는 고객은 일정금액의 보증금과 함께 별도의 신용거래계좌를 개설해야 한다.

융자거래의 특징은 자기자본과 차입한 자본을 합쳐 많은 주식을 매입할 수 있기 때문에 주가상승기에는 순수 자기자본만으로 투자하는 경우보다 높은 수익률을 얻을 수 있지만 주가가 하락하면 수익률도 크게 하락하기 때문에 위험이 확대되는 레버리지효과가 발생하는 것이다.

주식공매도는 주가하락이 예상될 때 주식을 빌려 미리 매도하고 주가가 하락하면 주식을 재매입하여 상환함으로써 차익을 얻는 거래이다. 주식공매도는 금융투자업자의 상품보유주식을 빌려 매도하는 대주거래와 금융투자업자의 중개로 해당 주식을 보유하고 있는 개인, 기관 또는 대주주들로부터 주식을 빌려 매도하는 대차거래가 있다. 주식공매도는 이 기간 중에 발생하는 배당 및 유·무상증자에 따른 권리가 발생할 경우 주식공매도를 한 투자자가 이에 대해 모두 책임져야 하고, 주가가 상승하는 만큼 손실이 발생하기 때문에 융자거래보다 훨씬 위험하다. 또한 주식공매도는 주식공급물량을 증가시켜 주가하락을 부추기는 효과가 있다. 따라서 주식공매도는 선진국과 마찬가지로 우리나라에서도 규제가 엄격해서 실제 거래는 활발하지 않은 실정이다. 따라서 신용거래는 흔히 융자거래를 의미한다. 한국거래소에서 관리종목, 감리종목으로 지정되면 이에 대한 신규 신용거래가 중지된다.

② 신용거래보증금과 담보

신용거래는 투기적 성격을 내포하고 있으므로 거래에 많은 제약이 가해지고 있다. 우선 종목별 또는 금융투자업자별로 신용거래한도가 설정되어 있고, 금융투자업자는 고객으로부터 신용거래보증금을 징수하고 해당 고객이 의무를 불이행하는 사태에 대비하여 채권을 확보하는 제도적 장치도 마련되어 있다.

ⓐ 신용거래보증금

금융투자업자는 융자나 대주에 대한 채권을 확보하고 과도한 투기거래를 억제하기 위해 고객으로부터 매매거래대금의 일정률만큼을 신용거래보증금으로 징수하여야 한다.

신용거래보증금률은 시장상황과 증시정책에 따라 변동된다. 투자자는 보유하고 있는 다른 증권을 대용증권으로 활용하여 현금 대신 보증금의 일부로 납부할 수 있다.

ⓑ 신용거래의 담보

신용거래시 고객은 금융투자업자에 담보를 예탁해야 한다. 담보가액은 신용거래융자액이나 대주 시가상당액(대주되어 매각된 주식의 총가치)의 일정비율(담보유지비율) 이상을 유지해야 한다. 담보유지비율은 대략 140%수준이다.

③ 신용거래의 상환

융자나 대주는 금융투자업자에서 자율적으로 정한 상환일 이내에 상환되어야 한다. 융자거래에서는 융자액을 현금으로 상환하고, 대주거래에서는 차입한 주식과 동일한 주식으로 상환한다. 상환시에 융자액에 대해 금융투자업자는 고객으로부터 이자를 징수하고 대주시에는 대주매각대금이용료를 징수한다.

6.3.6 매매계약의 체결

모든 주문은 전산시스템을 통해 거래소에 전달되어 매매체결원칙에 따라 처리되며 체결내역은 전산시스템을 통해 즉시 통보된다.

① 매매체결원칙

자본시장에서 매매체결시 적용되는 경쟁요소에는 가격, 시간, 수량이 있는데, 각각의 요소에 따라 적용되는 원칙이 다음과 같이 확립되어 있다.

ⓐ 가격우선의 원칙

저가의 매도호가는 고가의 매도호가에 우선하고 고가의 매수호가는 저가의 매수호가에 우선한다.

ⓑ 시간우선의 원칙

동일한 가격호가의 경우에는 호가가 행하여진 시간의 선후에 따라 먼저 접수된 호가가 뒤에 접수된 호가에 우선한다.

ⓒ 수량우선의 원칙

동일가격의 호가간에 그 시간의 선후가 분명치 않은 경우에는 수량이 많은 호가가 적은 호가에 우선한다. 이 원칙은 동시호가의 경우에만 적용되는 원칙이다.

ⓓ 위탁매매우선의 원칙

고객의 위탁매매호가가 금융투자업자 자기매매호가보다 우선한다. 즉, 동일가격의 동시호가 매매체결에 있어서 고객분이 전량 처리된 후에야 금융투자업자의 자기매매분이 처리된다.

② 매매체결방법

ⓐ 동시호가매매(단일가매매)

동시호가는 동시에 접수된 호가 또는 시간의 선후가 분명치 않은 호가이다. 동시호가매매는 일정시간동안 접수된 주문을 모두 동시에 접수된 것으로 간주하여 매수와 매도주문으로 나누어 집계한 다음, 양쪽 주문을 최대한 수용할 수 있는 하나의 가격으로 매매를 체결 시키는 방법이다. 이것은 ⅰ) 매매거래 개시전 일정시간(08:00-09:00)에 접수된 호가, ⅱ) 매매가 중단된 후 매매재개시 재개시점부터 일정기간 내(10분간)에 접수된 호가, ⅲ) 장 종료 10분전부터 장 종료시점까지 접수된 모든 호가를 동시호가로 처리한다. 동시호가에서는 가격 및 수량우선의 원칙만 적용된다.

ⓑ 접속매매(복수가매매)

접속매매는 동시호가매매에 의해 시가가 결정된 직후부터 매매거래가 종료될 때까지 매매주문이 접수되는 대로 매매체결원칙에 따라 계속적으로 성사시키는 방법이다. 거래시간 중에 새로운 가격이 형성되면서 계속적으로 거래가 이루어지기 때문에 접속매매라고 한다.

6.3.7 결제

① 결제방법

매매거래가 성사되면 결제가 이루어지는데 결제기간에 따라 다음과 같이 구분된다.

ⓐ 당일결제거래

당일결제거래는 매매계약을 체결한 당일에 증권과 거래대금의 결제가 이루어지는 거래방법이다. 관리대상종목인 주식과 채권의 거래에 적용되고 있다. 매매를 위탁할 때 매수대금 전액을 위탁증거금으로 납입해야 한다.

ⓑ 보통거래

보통거래는 매매계약을 체결한 날로부터 3일째 되는 날(공휴일 제외)에 결제가 이루어지는 것으로 주식의 일반적인 거래와 주식관련채권(전환사채, 신주인수권부사채)의 거래에 적용된다.

② 대체결제제도

한국거래소의 매매거래 결제는 거래소의 결제기구를 통하여 하도록 되어 있다. 그러므로 증권의 매매와 거래를 함에 있어서 계좌이용자(투자자, 금융투자업자, 금융기관)들은 그들이 소유하고 있는 증권을 미리 계좌관리기관(한국예탁결제원)에 집중적으로 예탁하여 매매거래에 수반되는 증권의 수수를 실물에 의하지 않고 이용자의 계좌간에 대체함으로써 결제를 종료하게 된다.

이러한 한국예탁결제원을 통한 계좌간 대체결제는 증권의 실물수수에 따른 인력 및 시간을 절약할 수 있고 유통과정에서 분실, 도난 등의 사고를 예방할 수 있으며 또한 결제업무 처리의 신속·정확성을 확보할 수 있는 이점이 있다.

③ 위탁수수료의 납입

금융투자업자는 위탁자로부터 매도 또는 매수의 위탁을 받아 매매가 성립되었을 때에는 결제시 위탁자로부터 위탁수수료를 징수하며, 그 징수율은 회원이 자율적으로 결정할 수 있도록 되어 있다. 금융투자업자가 징수율을 정하거나 또는 변경할 때에는 적용일 5거래일 이내에 거래소에 신고하여야 한다.

6.4. 매매거래관리와 시장운영관리

거래소는 항상 증권의 원활한 유통과 공정한 가격 형성을 이룩하여 시장 기조를 유지하고 투자자를 보호해야 한다. 그러므로 수도결제의 불이행, 투자자의 피해, 시장안정기조의 파괴예방 등을 위하여 시장을 관리한다. 시장관리의 주요내용으로는 가격제한폭의 설정, 매매거래 일시중단제도, 배당락과 권리락, 이상급등종목지정 등을 들 수 있다.

6.4.1 가격제한폭의 설정

거래소는 불공정한 가격형성에 따른 급격한 시세변동과 이에 따른 투자자의 피해를 방지하고, 증권의 공정한 가격형성을 위하여 증권가격이 하루 중에 상하 변동할 수 있는 변동폭을 일정 한도로 제한하고 있다. 기준가격은 원칙적으로 전일의 종가에 의하며 유가증권시장과 코스닥시장의 가격제한폭은 기준가격의 ±15%이다.

6.4.2 주식시장의 매매거래중단제도

거래소는 가격이 급변할 경우에 투자자에게 시장상황을 냉정하게 판단할 수 있는 시간을 제공함으로써 무분별한 매매에 따른 피해를 최소화하려는 목적 하에서 가격연속성을 저해하지 않는 범위 내에서 일시적으로 매매거래를 중단하는 제도circuit breaker를 운용하고 있다. 즉, KOSPI지수 또는 코스닥종합주가지수가 전일보다 10%이상 하락한 상태가 1분간 지속되면 모든 주식의 매매거래가 일시적으로 중단된다. 이러한 경우에 매매거래는 20분간 정지되고 이후 10분간의 동시호가 접수를 거쳐 매매거래가 재개된다. 매매거래 중단제도는 하루에 1회만 적용하고, 장 종료전 40분 동안에는 적용되지 않는다.

6.4.3 개별종목의 매매거래정지제도

거래소는 투자자보호와 시장관리상 필요하다고 인정하는 경우에는 특정종목의 매매거래를 일시적으로 정지할 수 있다. 정지요건으로는 풍문(부도, 은행거래정지, 영업활동의 전부 또는 일부정지, 파산·해산 등) 등과 관련하여 주가 및 거래량이 급변하거나 장개시 전에 급변이 예상되는 종목 또는 기타 매매거래 폭주로 신속하게 매매거래를 성립시킬 수 없다고 인정되는 종목에 대하여 중단한다.

매매거래 재개는 정지사유에 대한 조회결과를 공시한 시점부터 30분이 경과한 때에 재개하게 된다. 다만, 공시시점이 장 종료 60분전 이후인 경우에는 다음 매매거래일에 재개하며, 장개시 전인 경우 장개시 후 30분이 경과한 때 매매거래를 재개한다. 다만, 당해 풍문 등이 공시 후에도 해소되지 않거나 공시내용이 관리종목 지정사유에 해당하는 경우에는 매매거래의 재개를 연기할 수 있다.

6.4.4 배당락

배당락이란 당해 사업연도에 대한 이익배당을 받을 권리가 소멸되었음을 의미하며, 배당락 조치는 동 권리가 소멸되었음을 투자자에게 주지시키기 위한 일련의 시장조치를 의미한다. 거래소는 배당락조치를 취함으로써 주가가 합리적으로 형성되도록 관리하고 있다.

주식회사는 매 사업연도가 종료된 후에 결산을 확정하고 이익잉여금을 처분하기 위하여 정기주주총회를 개최하게 되는데, 이때 주주총회에서의 주주권을 확정하기 위하여 권리확정일을 매 사업연도 최종일로 하며, 그 다음 날부터 주주총회종료일까지 주주명부를 폐쇄하고 주권의 명의개서를 금지하게 된다. 따라서 사업연도가 끝난 날의 다음날 이후에 주권을 매수하는 자는 전 사업연도의 결산에 의한 이익배당을 받을 권리가 소멸되므로 거래소는 이날부터 당해 주권에 대하여 배당락을 취함으로써 주가가 합리적으로 형성되도록 관리한다.

현재 거래소에서의 매매거래는 보통거래로서 3일째 결제되므로 실제로는 사업연도 종료 전일 매매분부터 배당락 조치를 취하게 된다. 즉, 사업연도 종료 이틀 전까지 배당부가 된다.

현금배당의 경우 당해 연도의 배당금을 알지 못하는 상태에서 전년도 배당금을 적용하여 기준가격을 산정함으로써 발생할 수 있는 주가왜곡을 방지하기 위하여 전일 종가를 배당락 기준가격으로 적용하고 있다. 그리고 주식배당의 경우는 배당 전·후의 1주당 가치를 일치시키기 위하여 다음과 같이 배당락 기준가격을 새로이 정한다.

배당락 기준가격 = (배당부 종가× 배당 전 주식수) / 배당 후 주식수

6.4.5 권리락

권리락이란 신주배정기준일이 경과됨에 따라 구주에 부여되어 있는 신주인수권 또는 신주의 무상교부권이 소멸됨에 따라 이론적으로 계산된 가격(권리부가격과 권리락가격의 차이)만큼 주가를 떨어뜨리는 시장조치를 말한다.

주식회사가 증자를 하는 경우에 신주인수권을 확정하기 위해 신주배정기준일을 정하는데, 이때 그 기준일의 익일 이후에 결제되는 주권에는 신주인수권이 없어진다. 따라서 거래소에서는 배당락 시와 마찬가지로 신주배정기준일 전일에 실제로 당해 종목에 권리락 조치를 취함으로써 주가가 합리적으로 형성되도록 관리한다. 즉 신주배정기준일 이틀 전까지가 권리부가 되어 인수권을 가진다.

권리락 기준가격은 권리부 종가에 증자에 따른 주식가치의 희석분을 반영한 이론가격으로, 권리락 이전의 주식가치와 증자로 인한 권리락 이후의 주식가치가 같아지도록 조정한 가격이다.

권리락 기준가격 = {(권리부 종가 × 증자 전 주식수) + 신주납입금액} / 증자후 주식수

6.4.6 관리종목지정

관리종목이란 영업실적 악화 등의 사유로 부실이 심화되거나, 일정한 주식분산 요건 또는 유동성 비율에 미달하는 경우 등 상장폐지기준에 해당할 우려가 있는 종목을 말한다. 관리종목의 지정은 투자자의 주의를 환기시키고 당해 기업에게는 일정기간 상장폐지유예기간을 부여하여 정상화를 도모할 수 있도록 하는 것이다.

관리종목의 경우 과거에는 일반종목과 다른 방법으로 매매거래를 체결하였으

나, 현재는 일반종목과 동일한 방법으로 매매거래를 체결하고 있으며, 가격제한폭도 동일하게 적용하고 있다.

상장폐지가 확정된 종목의 경우 주주에게 상장폐지전 마지막 환금의 기회를 부여하기 위하여 7일간(매매거래일 기준)의 정리매매를 허용하고 있다. 정리매매종목의 경우 정규시장(09:00-15:00) 중에는 30분 단위의 단일가 매매방법으로 매매거래의 체결(1일 13회)이 이루어지고, 시간외시장 중에는 일반종목과 동일하게 매매체결이 이루어지며, 가격제한폭은 적용하지 않는다.

6.4.7 이상급등종목지정

특정종목의 주가가 단기간에 급등하는 경우 투자자에게 주의를 환기시키고 불공정거래를 미연에 방지하기 위하여 당해 종목을 이상급등종목으로 지정한다. 이는 가수요를 억제하고 주가급등을 진정시키는 등 시장안정화를 위한 조치이다.

이상급등종목으로 지정되는 경우 당해 종목은 신규의 신용거래가 제한되며, 대부분의 금융투자업자가 위탁증거금율을 100%로 적용하고 있다.

① 유가증권시장

ⓐ 지정요건

최근 5일간 주가상승률이 75% 이상인 경우가 연속 2일간 계속되고, 2일째 되는 날을 기준으로 최근 6일간 주가상승률이 동기간 동업종 산업별주가지수 상승률의 4배 이상인 경우 이상급등종목으로 지정한다.

ⓑ 지정해제 요건

이상급등종목 지정일부터 기산하여 3일째 되는 날 이후의 날로서 당일 종가가 3일전의 종가 미만인 경우 이상급등종목 지정을 해제한다. 다만, 당일종가가 전일 종가보다 상승한 경우에는 지정해제를 유보한다. 또한 이상급등종목 지정일부터 기산하여 10일이 경과한 경우 그 다음 날부터 이상급등종목지정을 해제한다.

② 코스닥시장

ⓐ 지정요건

최근 5일간 주가상승률이 75% 이상인 경우가 연속 2일간 계속되고, 제2일째 되는 날의 종가가 최근 20일 중 최고주가이며, 최근 5일간 주가상승률이 최근 20일간 코스닥종합주가지수 상승률의 4배 이상인 종목에 대해 이상급등종목으로 지정한다.

ⓑ 지정해제 요건

이상급등종목 지정일로부터 기산하여 3일 이후의 날로서 당일 종가가 최근 5일 중 최고 종가 대비 10%이상 하락하거나, 이상급등종목 지정일의 전일 종가 미만인 경우 또는 이상급등종목 지정일로부터 10일이 경과한 경우 그 다음 날부터 이상급등종목지정을 해제한다.

6.4.8 프로그램매매의 관리

프로그램매매는 일반적으로 시장분석·투자시점 판단·주문제출 등의 과정을 컴퓨터로 처리하는 거래기법을 통칭하는데, 시장상황별로 실행할 투자전략을 사전에 미리 수립하여 그 내용을 컴퓨터에 프로그래밍하고, 시장상황의 분석과 분석내용에 따른 주문 등을 프로그램에 따라 컴퓨터로 처리하는 매매방법을 말한다.

이러한 프로그램매매는 시장의 움직임에 대한 기술적·기계적 투자전략으로 시장의 불안정성을 심화시킬 가능성이 존재하므로 주가급변을 완화하고 일반투자자의 주식 투자심리를 안정시키기 위한 적절한 규제가 필요하다.

프로그램매매 호가효력의 일시정지제도(Sidecar) 제도는 프로그램매매를 규제하는 가장 대표적인 방법으로 시장상황이 급변할 경우 프로그램매매의 호가효력을 일시적으로 제한함으로써 프로그램매매가 주식시장에 미치는 충격을 완화하고자 하는 제도이다.

Sidecar는 선물시장에서 기준종목의 가격이 기준가대비 5% 이상 등락하여 1

분간 지속되는 경우 상승의 경우 매수 프로그램매매의 호가, 하락의 경우에는 매도 프로그램매매호가에 대해 그 효력을 5분동안 정지하며, 효력정지시점부터 5분이 경과하거나 장 종료 40분전인 경우 해제된다.

프로그램매매 호가를 하는 경우 프로그램매매호가 여부를 표시하도록 하여 프로그램매매의 현황에 대한 투명성을 확보하고, 선물·옵션 최종거래일의 종가결정을 위한 단일가매매 호가접수시간 중 프로그램매매 주문을 제출하려는 경우에는 장종료 15분전까지 그 내용을 거래소에 보고하도록 함으로써 선물·옵션 결제지수의 왜곡 방지와 공정한 주가형성을 통한 투자자보호를 도모하고 있다.

6.4.9 공매도의 제한

공매도는 증권을 소유하지 않고 매도하거나(매도 후 지체없이 당해 증권을 제공할 수 있는지의 여부가 불분명한 경우 포함) 차입한 증권으로 결제하고자 하는 매도를 말한다. 현행 거래법에서는 일반투자자의 공매도에 대해서는 구체적 언급이 없으며, 다만 상장법인의 임직원 및 주요주주의 경우 당해법인의 주권 등에 대한 공매도를 금지하고 있다.

거래소는 공매도에 의해 주가 하락이 가속화되지 않도록 위탁매매와 자기매매 모두에 대하여 직전가격 이하로는 공매도를 할 수 없도록 하고 있다. 다만, 지수차익거래 등을 위하여 매도하는 경우에는 원활하게 균형가격이 발견될 수 있도록 가격제한에 대한 규제를 하고 있다. 거래소의 회원은 제한되는 매도호가 또는 가격제한에 위반하는 공매도호가에 해당하는 매도주문의 수탁을 거부하여야 한다.

사전규제로는 공매도의 호가시 일반주문과 구분하여 주문표 및 호가표에 당해 호가가 공매도임을 표시하도록 하고 있는데, 이는 당해 호가가 공매도임을 명확히 함으로써, 공매도호가 규제의 실효성을 확보하기 위한 것이다. 사후관리방안으로 거래소는 시장관리상 회원에게 필요한 경우 공매도 거래내역을 요구 할 수 있으며, 거래내역에는 공매도한 종목의 수량, 가격, 일자 등이 포함된다.

6.5. 공정거래 질서를 위한 제도

6.5.1 기업내용 공시제도

① 공시제도의 의의

공시제도는 투자자 보호제도의 일종으로써 일반투자자가 주가판단을 할 수 있도록 기업의 재무상태, 영업실적 등을 공개하는 것으로 공시되는 자료가 정확하고 최신의 자료가 제공되어야 하며 이용이 용이해야 한다.

② 공시제도의 중요성

증권은 발행회사의 재무상태, 경영성과, 성장가능성 등 기업내용에 따라 가치가 결정되므로 정확한 기업공시가 이루어져야 한다. 즉, 불성실 공시는 증권의 가격형성을 불공정하게 하여 투자손실의 발생 및 공정거래 질서 저해, 나아가 기업발전과 국민경제 발전의 저해요인이 되므로 신속·정확한 기업공시는 매우 중요하다.

③ 공시원칙

ⓐ 정보의 정확성

기업정보가 허위이거나 불확실하면 투자자의 투자판단에 오히려 혼란을 줄 우려가 있으므로 기업정보는 정확하여야 하고, 기업에게 좋은 내용뿐만 아니라 나쁜 내용도 공시되어야 한다.

ⓑ 공시의 신속성

기업정보는 발생 즉시 신속하게 공시되어야 한다. 기업정보가 신속성을 잃게 되면 자본시장에 풍문이 많아지고 주가를 왜곡할 수 있어 결국 투자자가 뜻하지 않는 손실을 입을 수 있다.

ⓒ 정보이용의 용이성

공시정보는 투자자가 쉽게 얻을 수 있고 쉽게 이해할 수 있어야 한다. 투자자가 기업정보에 접근하기 위하여서는 여러 가지 이용에 편리한 공시매체가 있어야 하고, 특히 사업보고서와 같은 중요한 정보는 일정한 장소에 상당기간 비치하여 투자자가 열람할 수 있게 하여야 한다.

ⓓ 정보전달의 공평성

기업정보는 모든 투자자에게 공평하게 널리 전달되어야 한다. 이를 위하여 적절한 정보전달매체를 이용함으로써 공시시점에서 모든 투자자가 공평하게 기업정보를 획득하여 자본시장에서 완전경쟁이 이루어지도록 해야 한다.

④ 공시의 유형

ⓐ 발행시장공시

발행시장공시에는 증권의 모집·매출시에 제출하는 증권신고서와 투자자를 위하여 작성교부하는 사업설명서, 그리고 증권발행인이 발행실적을 보고·공시하는 증권 발행실적보고서가 있다. 이 중 투자자보호와 밀접한 관계가 있는 것은 증권신고서와 사업설명서이다. 증권의 발행은 정기적으로 이루어지는 것이 아니기 때문에 발행시장에서의 공시는 발행시마다 이루어지는 기업전반에 관한 일회성 공시의 형태이다.

ⓑ 유통시장공시

유통시장의 공시에는 사업보고서 등 정기적, 계속적으로 이루어지는 정기공시와 기업내용의 변동사항에 대한 수시공시로 이루어진다.

• 정기공시

정기공시는 사업보고서와 반기보고서가 중심이다. 사업보고서는 회사의 개황, 사업의 내용, 재무에 관한 사항, 감사인의 감사의견 등이 기재되며, 재무제표 부속명세서와 감사보고서가 첨부된다. 반기보고서는 사업년도 개시일로부터 6개월간의 사업내용을 기재한 것이다.

• 수시공시

수시공시는 공시의 최신정보를 확보하기 위하여 증권의 판단에 중요한 영향을 미치는 사실, 즉 부도, 은행거래정지, 영업활동의 정지 등 경영에 중대한 영향을 미칠 정보가 발생할 때마다 그 사실을 투자자에게 신속하게 제공하는 것이다.

⑤ 상장법인 등의 공시

ⓐ 주요경영사항의 신고

• 주요경영사항의 신고

주권상장법인은 규정에 해당하는 사항에 대한 이사회의 결의 또는 대표이사 그밖에 사실상의 권한이 있는 임원·주요주주 등의 결정이 있는 경우 그 내용을 그 사유 발생일 당일 또는 익일에 거래소에 신고하여야 한다.

• 자회사의 주요경영사항

지주회사인 주권상장법인은 소유하고 있는 자회사 주식의 최근사업년도말 재무제표상 가액이 지주회사의 최근사업년도말 자산총액의 100분의 10 이상인 자회사가 규정상 사유에 해당하는 때에는 그 사실 또는 결정내용을 그 사유발생일 다음날까지 거래소에 신고하여야 한다.

다만, 상기 사유가 부도발생, 은행거래정지·금지, 회사정리절차(화의 포함) 개시신청 및 개시·종결 또는 폐지 등 결정, 해산사유발생인 경우에는 사유발생 당일 거래소에 신고하여야 한다(동 사유에 대해서는 지주회사의 최근사업년도말 자산총액의 100분의 10 미만인 자회사도 사유발생 다음날까지 거래소에 신고하여야 한다).

ⓐ 공정공시

• 공정공시 제도의 개념

기업이 자본시장을 통해 공시되지 아니한 중요정보를 기관투자자 등 특정인에게 선별적으로 제공하고자 하는 경우 모든 시장참가자들이 동 정보를 알 수 있도록 그 특정인에게 제공하기 전에 자본시장을 통해 공시하는 제도이다.

• 공정공시의 대상정보

- 장래 사업계획 또는 경영계획
- 매출액, 영업손익, 경상손익 또는 당기순손익 등에 대한 전망 또는 예측

- 사업보고서 등의 제출이전 당해 보고서등과 관련된 영업실적
- 공시의무사항에서 정하는 사항과 관련된 것으로서 그 신고시한이 경과되지 아니한 사항

ⓒ 조회공시

거래소는 규정에서 정하는 사항이거나 이에 준하는 사항에 관하여 풍문 또는 보도의 사실여부의 확인을 위하여 조회공시를 요구할 수 있다.

또한, 풍문 등이 없더라도 주권상장법인 발행주권 등의 가격 및 거래량이 거래소가 정하는 기준에 해당하는 경우에는 주권상장법인에 대하여 중요한 정보의 유무에 대한 조회공시를 요구할 수 있다.

ⓓ 자율공시

주권상장법인은 주요경영사항 이외의 사항에 대하여 회사의 경영·재산 및 투자자의 투자판단에 중대한 영향을 미칠 수 있다고 판단되는 사항의 발생 또는 결정이 있는 때 또는 장래계획에 관한 사항 또는 공시의무사항 외의 주요경영사항에 대하여 투자자에게 알릴 필요가 있다고 판단하는 경우에는 그 발생사실 또는 결정내용을 사유발생일 다음날까지 거래소에 자진하여 신고할 수 있다.

⑥ 불성실 공시 및 조치

주권상장법인이 공시불이행, 공시번복 또는 공시변경 등의 공시의무위반에 의해 불성실 공시법인으로 지정되는 경우 거래소는 공시위반내용의 경중 및 공시지연기간 등을 감안하여 규정이 정하는 범위 내에서 벌점을 부과하고, 지정사실 공표, 교육, 개선계획서 등의 제출, 매매거래 정지 등의 조치를 취하고 지정 사실을 금융감독위원회에 통보한다.

6.5.2 불공정 거래행위의 제한

① 내부자거래의 제한

ⓐ 내부자거래

회사의 임직원 또는 주요주주 등 내부자 및 준내부자, 정보수령자가 상장법인의 신고사항 중 중요한 미공개정보를 이용하여 당해기업의 증권을 매매하는 것을 말한다. 이러한 내부자거래는 공정거래 질서를 저해하는 것으로 자본시장법 등에서 엄격하게 규제하고 있다.

ⓑ 공매도 금지

상장법인의 임직원 또는 주요주주가 주식 등을 소유하지 않고서 이를 매도할 수 없게 하는 제도이다.

ⓒ 단기매매차익반환제도

상장법인의 임직원 및 주요주주가 당해법인의 주권 등을 매매한 후 6월 이내에 반대매매에 의하여 매매차익을 얻은 경우에는 그 이익금을 당해법인에 반환토록 청구할 수 있으며, 반환청구권자는 1차적으로 당해법인이며 당해법인이 2개월내 단기매매차익 반환을 청구하지 않는 경우 주주 또는 증권선물위원회가 대위청구할 수 있다.

② 시세조종 등의 금지

자본시장에서의 인위적 개입을 제한하기 위한 제도로 누구든지 거래가 성황을 이루고 있는 듯이 오인케 하거나 기타 그릇된 판단을 유발케 하는 행위를 금지하는 것을 말한다. 또한 부당한 이득을 취하기 위해 고의로 허위의 사실 등을 유포하거나 불완전한 문서를 이용하는 등의 행위도 금지한다. 시세조종의 유형으로는 통정매매, 가장매매, 공모조작행위, 허위표시에 의한 시세조작행위 등이 있으며 위반시 형사처벌과 민사배상의 책임이 있다.

7. 프리보드의 매매거래제도

7.1 지정제도

7.1.1 지정의 의의

지정이란 한국금융투자협회가 금감위 등록을 필한 법인에 대하여 그 발행 주권이 프리보드에서 거래될 수 있도록 자격을 부여하는 것이며 기업이 직접 또는 금융투자업자를 통하여 협회에 지정을 신청할 수 있다. 지정과 구분되는 개념으로 상장이라는 개념이 있다. 이는 한국거래소에서 거래될 수 있는 자격을 부여받는 것에 적용되는 것이다. 이에 따라 자본시장에 상장된 법인을 상장법인, 코스닥시장에 상장된 법인을 코스닥상장법인이라고 하는 반면, 프리보드에 지정된 법인은 지정법인이라고 한다.

7.1.2 지정 요건

프리보드에서는 많은 투자자들이 참여하기 때문에 일정한 지정요건이 필요하다. 그러나 프리보드는 장외시장이기 때문에 거래소에 비하여 그 요건이 매우 간소한 형식적 요건만을 정하고 있다.

프리보드 지정을 위해서는 우선 자본시장법에 의하여 금융감독위원회에 증권발행인으로 등록한 법인으로서, 첫째, 최근 사업연도 재무제표에 대한 외부감사인의 감사의견이 적정 또는 한정이어야 한다. 주식회사의 외부감사에 관한 법률에 의한 외부감사대상법인이 아닌 경우에도 재무제표에 대한 신뢰성을 부여하기 위하여 동 법에 의한 회계법인이나 감사반인 감사인으로부터 외부감사를 받아야 한다. 다만, 벤처기업과 거래소에서 상장폐지된 법인은 외부감사는 받아야 하나, 감사의견이 적정 또는 한정일 것을 요하지는 않는다. 둘째, 한국예탁결제원의 증권취급규정에 따른 주권을 발행하여야 한다. 프리보드는 많은 사람들이 거래에 참여하기 때문에 주식유통에 적합한 통일규격증권을 발행하여야 한다. 통일규격증권은 증권의 위조, 변조를 방지하여 공정한 유통질서를 확립하기 위하여 증권예탁결제원이 정한 바에 의하여 지질, 규격, 도안, 색도, 색상, 인쇄방법 등이 통일되어 발행된 주권, 사채권社債券 및 신주인수권증권 등을 말한다.

통일규격증권을 사용하기 위해서는 반드시 발행대행회사를 통하여 하여야 한다. 이 경우 발행대행회사는 통상 명의개서대리인을 말하며, 현재 명의개서대리인은 한국예탁결제원, 국민은행, 하나은행이 담당하고 있다. 셋째, 명의개서업무를 명의개서대행회사에 위탁하여야 한다. 상장법인과 마찬가지로 프리보드 지정법인이 되면 주식의 매매거래가 빈번해짐에 따라 주주명부 및 주권의 관리 등 주식사무의 양이 방대해지므로 주식명의개서 등 주식사무를 전문적으로 대행하는 명의개서대행회사에 위임할 필요가 있는 것이다. 넷째, 정관 등에 주식양도의 제한이 없어야 한다.

7.2. 매매거래제도

프리보드에서 거래되는 주권은 협회가 지정한 법인이 발행한 주식에 한하며 매매시간은 09:00부터 15:00까지로 전장, 후장의 구분이 없으며, 토요일, 공휴일, 근로자의 날, 연말의 1일은 휴장한다.

호가수량단위는 1주로, 가격단위는 주권의 가격대별로 6단계이며 거래량가중평균주가 산출시 호가가격 단위 미만은 절상한다.

[표 3-8] 프리보드의 호가단위

주권가격	호가가격단위
5,000원 미만	5원
5,000원 이상 ~ 10,000원 미만	10원
10,000원 이상 ~ 50,000원 미만	50원
50,000원 이상 ~ 100,000원 미만	100원
100,000원 이상 ~ 500,000원 미만	500원
500,000원 이상	1,000원

지정종목의 호가는 가격제한폭이내에서 하여야 하고, 가격제한폭은 기준가격의 ±30%이다. 협회는 불합리한 가격 형성 및 시세조종 등 불공정거래를 방지하기 위해 호가제출시점에 가장 높은 매수호가보다 10호가가격단위 이상 낮은 매도호가 또는 호가제출시점에 가장 낮은 매도호가보다 10호가가격단위 이상 높은 매수호가의 접수를 거부할 수 있다.

결제될 현금 또는 증권을 위탁증거금으로 100% 징수하여야 하는데 한국거래소의 경우 기관투자자는 증거금 징수가 면제되나 프리보드에서는 기관투자자도 면제되지 아니한다.

프리보드에서의 수도결제는 매매체결일로부터 기산하여 3일째 되는 날(T+2, 토요일, 공휴일은 제외) 증권예탁결제원을 통하여 금융투자업자간 계좌이체방식을 통해 차감결제 된다. 또한 프리보드에서도 결제 전 매매가 허용되며, 위탁수수료는 금융투자업자가 자율적으로 결정하도록 하였다.

[표 3-9] 주식유통시장간 주요 제도 비교

구 분	유가증권시장	코스닥시장	프리보드
거래시간	동시호가 (오전 8시~오전 9시 오후 2시50분~3시) 정규시장 (오전 9시~오후 3시) 시간외 시장 (오전7시30분~8시30분 오후 3시10분~6시)	좌 동	정규시장 (오전 9시~오후 3시)
가격제한폭	±15%	좌 동	±30%
매매방식	경쟁매매 동시호가매매	좌 동	상대매매 (수량 분할매매)
위탁증거금	금융투자업자 자율	좌 동	매수 : 현금 100% 매도 : 당해주식 100%
위탁수수료	금융투자업자 자율	좌 동	좌 동
결제전매매	가능	좌 동	좌 동
양도소득세	없음	좌 동	중소기업주식 10% 대기업주식 20% 벤처기업의 소액주주는 비과세
증권거래세	농특세 포함 0.3%	농특세 없이 0.3%	0.5%
주문	시장가, 지정가	좌 동	지정가 주문만 가능
수도결제	3일 결제	좌 동	좌 동
기준가	전일 종가	좌 동	전일 거래량가중평균주가
매매단위	10주	1주	1주

[표 3-10] 주식유통시장간 세제 비교

	유가증권시장 상장법인	코스닥 상장법인	프리보드 지정법인
-소득세법			
• 배당소득	조건부 종합과세 다만, 1년 이상 보유한 주식의 경우 한시적으로 비과세 또는 감면	좌 동	모두 조건부 종합과세
• 양도소득	- 비과세 범위 • 장내 소액주주 양도분 • 기업공개시 매출 - 과세 • 3%이상 또는 100억 이상 보유 주주가 양도시 • 장외 양도시	- 비과세 범위 • 장내 소액주주 양도분 • 상장공모시 매출 - 과 세 • 5%이상 또는 50억 이상 보유주주가 양도시 • 장외 양도시	- 비과세범위 벤처기업 소액주주(5%미만 이면서 50억원 미만 보유 주주) - 과세 • 대기업 : 20% (대주주가 1년미만 보유한 주식 30%) • 중소기업 : 10%
-법인세법			
• 배당소득	50% 또는 30% 익금 불산입	좌 동	좌 동
• 주식이동 상황 명세서	-소액주주 소유분 제출 면제	좌 동	제 출 미제출시 가산세
-상속 증여세법			
• 배우자의 양도	증여추정 제외	좌 동	증여추정
• 상속재산의 평가	전·후 2월간의 종가 평균액	좌 동	순손익 가치와 순자산가치를 각각 3:2의 비율로 가중평균한 가액
-증권거래 세법			
• 적용세율	탄력세율 적용 (농특세 포함 0.3%)	탄력세율적용 (농특세없이 0.3%)	기본세율 (0.5%)
• 비과세 (기관투자자 등의 비과세는 조세특례제한법에 의함)	투자신탁(증권투자회사포함) 주식매매	좌 동	없 음

제4장

채권시장

채권은 정부, 공공기관, 특수법인과 주식회사 형태를 갖춘 사적기업이 흑자지출단위(투자자)로부터 비교적 장기의 자금을 조달하기 위하여 부담하는 채무를 표시하는 증권으로서 일종의 차용증서이다.

1. 채권
2. 채권의 발행시장
3. 채권의 유통시장

1. 채권

1.1 채권의 의의

채권은 정부, 공공기관, 특수법인과 주식회사 형태를 갖춘 사적기업이 혹자지출단위(투자자)로부터 비교적 장기의 자금을 조달하기 위하여 부담하는 채무를 표시하는 증권으로서 일종의 차용증서이다.

이러한 채권은 발행주체에 따라 수행하는 역할을 달리하고 있으나, 본질적으로 다음과 같은 세 가지 공통점을 가진다.

첫째는 확정이자부 증권이라는 것이다. 채권은 발행시에 지급해야 할 이자와 상환금액이 확정되거나 그 기준이 확정되기 때문에, 투자원금에 대한 수익은 금리수준의 변동에 의한 것 이외에는 발행시에 이미 결정된 것이므로 발행자의 원리금 지급능력이 가장 중시된다.

둘째는 이자지급 증권이라는 것이다. 채권은 주식과 달리 발행자는 수익의 발생여부와 관계없이 이자를 지급하여야 한다. 채권의 이자는 발행비 등 채권 발행자가 부담하는 금융비용 중에서 가장 큰 비중을 차지할 뿐만 아니라 그 고정비적 성격으로 인해 기업의 손익과 성장에 많은 영향을 주게 된다.

셋째는 기한부 증권이라는 것이다. 채권은 원리금의 상환기간이 사전에 정해져 있는 기한부 증권이다. 기한부 증권이라는 채권의 특성으로 인해 만기 및 잔존기간이 투자결정 요소로서 그 중요성을 가지며 실세금리는 경제상황에 따라 변동하는 것이 일반적이므로 만기 및 잔존기간이 길고 짧음이 채권투자수익에 큰 영향을 준다.

[그림 4-1] 채권의 예

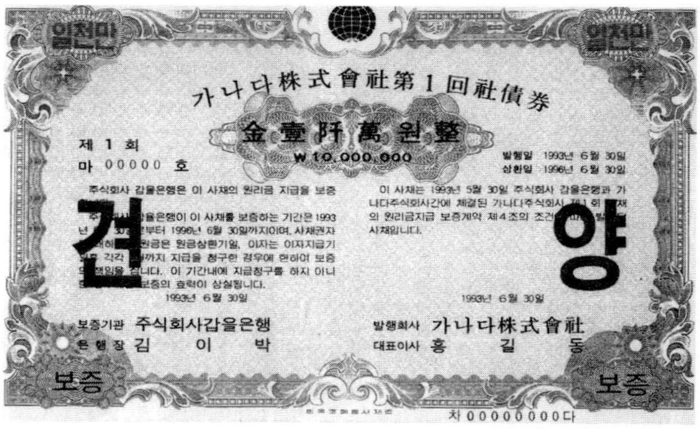

1.2. 채권과 주식의 비교

채권과 주식은 여러 가지 면에서 차이가 있다. 주식은 그 소유자가 주주총회 등에서 주주로서 의사결정에 참여할 수 있으나, 채권의 소유자는 회사경영의 의사결정에 참여할 수 없다. 주식의 발행은 자본금의 증가를 수반하고 채권의 발행은 부채의 증가를 수반한다.

[표 4-1] 채권과 주식의 차이점

구분	채　권	주　식
자본조달형태	대부증권	출자증권
조달자금의 성격	타인자본(부채)	자기자본
증권의 존속기간	한시적(영구채권 제외)	영구적
수익의 형태 및 성격	이자(확정적)	배당(가변적)
조달원금	만기시 원금상환	상환의무 없음
증권소유자의 지위	채권자	주주
추가발행시의 영향	재무구조 악화	재무구조 건전화

또한 채권은 회사의 해산시 주식에 우선하여 원리금을 청구할 권리가 있다. 이를 구체적으로 정리하면 [표 4-1]과 같다.

1.3. 채권의 특성

채권은 자본증권 중에서 원금은 물론 일정한 이자를 지급받을 권리가 주어져 있는 증권이다. 채권은 일정한 기간 후에 얼마의 이익을 얻을 수 있는가 하는 수익성과 원금 및 이자를 얼마나 확실하게 받을 수 있는가 하는 안정성, 그리고 중도에 자금이 필요할 때 얼마나 쉽게 현금화가 가능한가 하는 유동성이 골고루 갖추어져 있는 증권이다.

1.3.1 수익성

이는 채권을 보유함으로써 얻을 수 있는 금전적인 수익의 발생가능성을 의미하는 것으로 채권보유로부터 얻을 수 있는 수익은 이자소득과 자본소득이 있다. 이자소득은 채권을 보유함으로써 발생하는 이자로서 투자한 자금에 대한 보상을 말하며, 자본소득은 채권을 만기 이전에 되팔 경우 채권가격변동으로 인해 채권매수가격보다 시장가격이 높을 때 발생하는 차익을 말한다. 채권투자는 일정한 이자가 보장되어 있을 뿐만 아니라 투자운용에 따른 자본이득도 얻을 수 있어 수익성(profitability)이 높다.

1.3.2 안정성

채권의 위험은 채무불이행위험과 시장위험의 두 가지로 살펴볼 수 있다. 채무불이행위험(default risk)은 발행주체의 고유한 특성에 의한 비체계적 위험(unsystematic risk)으로서 원리금의 상환이 이루어지지 못할 위험이다. 하지만 채권은 발행주체가 신용도가 높은 정부, 지방자치단체, 특수법인 및 상법상의 주식회사이기 때문에 그 안정성이 매우 높다. 또한 회사채의 경우에는 금융기관이 원리금을 지급보증하는 보증사채가 대부분이므로 발행기업의 신용과는 관계없이 안정성이 높다.

시장위험은 경제 전체에 나타나는 체계적 위험(systematic risk)으로서 만기 이전에 채권을 처분할 경우에 채권의 시장가격이 매입가격보다 낮아질 위험을 말한다. 이러한 위험은 채권을 만기까지 보유함으로써 회피할 수 있다.

1.3.3 유동성

채권은 상환일까지 보유하여 확정된 이자와 원금을 받을 수 있을 뿐만 아니라 상환일 전에 금융투자업자 등을 통해 언제든지 팔아 현금화할 수 있다.

유동성(liquidity)이란 화폐가치의 손실없이 현금으로 전환될 수 있는 용이성 정도를 말한다. 일반적으로 채권은 발행자의 신뢰도가 높아 신속하고 원활한 채무이행이 보장될수록, 만기가 비교적 단기여서 시장이자율이 변화하더라도 채권의 가치에 미치는 영향이 크지 않을수록 유동성이 비교적 높아진다.

1.4. 채권의 종류

채권은 원칙적으로 약정된 기일에 원리금을 상환하는 고정수익증권(fixed income security)이다. 채권은 발행주체, 이자지급방법, 담보유무, 각종 옵션조건 등의 첨가여부에 따라 다음과 같은 여러 종류로 분류할 수 있다.

1.4.1 발행주체에 따른 분류

채권을 발행주체에 따라 분류하면 국채, 지방채, 특수채, 금융채 및 회사채 등으로 나누어 살펴볼 수 있다.

첫째, 국채란 국가가 공공적 목적을 달성하기 위하여 발행하는 채권으로 이에는 국고채권, 재정증권, 외국환평형기금채권과 국민주택채권 등이 있다. 둘째,

지방채는 지방자치단체가 특수한 사업에 필요한 자금을 조달하기 위하여 발행하는 채권이다. 여기에는 서울시 도시철도채권, 도시철도채권(인천, 대구, 광주), 부산교통채권, 지역개발채권, 상수도공채, 도로공채 등이 있다. 셋째, 특수채는 한국토지개발공사, 한국전력공사, 한국기술개발주식회사, 한국도로공사 등 특별법에 의해 설립된 특별법인이 발행하는 채권으로 토지개발채권, 한국전력공사채권, 한국전기통신공사채권, 한국가스공사채권, 기술개발금융채권, 도로공사 고속도로건설채권, 서울시 지하철공사채권 등이 있다. 넷째, 금융채는 한국은행, 한국산업은행, 중소기업은행, 한국주택은행 등 특수금융기관이 장기대출자금의 조달을 위하여 발행하는 채권이다. 여기에는 통화안정증권, 산업금융채권, 중소기업금융채권, 주택금융채권 등이 있다. 다섯째, 회사채는 주식회사가 부채 형태의 장기자금조달수단으로 발행하는 채권으로 그 종류는 매우 다양하다.

1.4.2 이자지급방법에 따른 분류

① 이표채

이표채는 채권의 권면에 이표(이자지급표)가 붙어 있어 이자지급일에 이표를 떼어 이자를 지급받을 수 있는 채권이다. 현재 회사채의 대부분이 이러한 형태로 발행되고 있으며, 통상 3개월마다 이자를 지급한다.

② 순수할인채

순수할인채는 액면금액에서 상환일까지의 이자를 단리로 미리 할인한 금액으로 발행하는 채권이다. 대표적인 순수할인채로는 통화안정증권, 재정증권, 금융채 중 일부이다.

③ 복리채

복리채는 이자지급기간 동안 이자가 복리로 재투자되어, 만기 상환시에 원금과 이자를 동시에 지급하는 채권이다. 대표적인 복리채로는 국민주택채권, 지역

개발채권, 금융채 중 일부이다.

1.4.3 보증유무에 따른 분류

① 보증채

보증채란 정부 또는 금융기관이 원리금 지급이행을 보증하는 채권으로 정부보증채, 일반보증채(시중은행, 증권사, 신용보증기금 등) 등이 있다. 우리나라의 경우 보증사채가 일반보증채의 대표적인 형태이다. 보증사채의 이율은 1988년 12월 5일 사채발행금리가 자유화됨에 따라 발행회사가 자율적으로 결정한다.

② 무보증채

무보증채는 원리금의 상환에 대한 금융기관의 보증이나 담보의 제공 없이, 오직 발행주체의 신용에 의해 발행되는 채권이다. 무보증사채의 경우 투자자의 입장에서는 보증사채나 담보부사채보다 안전성이 적기 때문에 신용도가 우수한 회사에게만 발행이 허용된다. 그러나 투자자보호를 위하여 발행회사의 대주주 또는 운영지배권자에게 원리금상환에 대한 연대책임을 지도록 하는 것이 보통이다.

③ 담보부채

담보부채란 채권에 담보권이 붙어있는 채권이다. 우리나라 담보부사채의 경우, 담보로 제공할 수 있는 재산이 대부분 은행에 담보로 제공되어 있으므로 회사채 발행총액의 2% 미만이 담보부사채로 발행되고 있다.

1.4.4 상환기간에 따른 분류

① 단기채

단기채는 상환기간이 1년 미만인 채권으로 통화안정증권(182일물, 364일물 등), 재정증권, 금융채(1년 만기) 등이 여기에 속한다.

② 중기채

중기채는 상환기간이 1년에서 5년 미만인 채권으로 국민주택채권(1종), 회사채, 금융채 등이 있다.

③ 장기채

장기채는 상환기간이 5년 이상인 채권으로 국민주택채권(2종)과 서울시 지하철공채 등이 이에 속한다.

1.4.5 지급이자율 변동여부에 따른 분류

① 확정금리부채권

확정금리부채권은 확정이자율에 의해 일정금액을 약정기일에 지급하는 채권으로 국공채와 회사채의 대부분이 이에 해당한다.

② 금리연동부채권

금리연동부채권은 정기예금금리 등 기준금리에 연동되어 지급이자율이 변동하는 조건의 채권으로 일부 금융채와 일부 회사채 등이 여기에 속한다.

1.4.6 옵션성격에 따른 분류

옵션채는 통상 채권에 옵션적 성격이 가미된 채권으로 콜옵션적 성격과 풋옵션적 성격의 채권으로 구분된다. 일반적으로 발행자에게 유리한 옵션이나 조건이 첨가되면 그만큼 이자율이 높게 책정되고 투자자에게 유리한 옵션이나 조건이 첨가되면 그만큼 이자율이 낮게 책정된다. 보증이나 담보가 첨가되어도 이자율이 낮게 책정된다.

① 콜옵션형 채권

콜옵션적 성격의 채권은 통상 채권에 콜옵션이 첨가된 채권으로 이는 다시 수의상환채와 같이 콜옵션이 채권발행인에게 있는 채권과 전환사채, 신주인수권부사채, 교환사채 등 주식연계채권과 같이 콜옵션이 채권소지인에게 있는 채권, 그리고 옵션부사채와 같이 채권발행인과 채권소지인 쌍방에 콜옵션이 부여되어 있는 채권으로 구분된다.

ⓐ 수의상환채

수의상환채는 채권발행자가 일정한 기간이 경과한 후 일정한 상환가격으로 채권만기 이전에 채권소지자의 의사에 관계없이 상환할 수 있는 권리를 갖는 채권을 말한다. 이때 중도상환가격은 액면가격보다 높은 프리미엄을 갖는 것이 보통이다.

이 채권은 발행 당시 시중의 금리가 너무 높은 수준임에도 불구하고 채권을 발행하여 자금을 조달할 수밖에 없는 발행자가 앞으로 적당한 시기에 잉여자금으로 상환하거나 보다 저렴한 자금으로 대체할 목적으로 발행하는 것이 보통이다. 이 밖에도 이 채권이 담보부채권일 경우 채권의 저당물을 처분할 권리를 확보할 목적으로 발행하는 경우도 있다.

ⓑ 전환사채

전환사채(CB: Convertible Bond)는 채권소지자가 일정기간 후 행사가격에 의해 보통주 또는 우선주로 전환할 수 있는 권리를 가진 채권이다. 전환권의 행사로 사채를 주식으로 전환하면 사채권자는 주주로서의 권리를 취득하는 동시에 사채권자로서의 권리를 잃게 된다. 우리나라의 경우 1963년에 쌍용양회(주)가 최초로 연이자율 10%, 만기 6년이라는 조건하에 최초로 전환사채를 발행하였다.

ⓒ 신주인수권부사채

신주인수권부사채(BW: Bond with Warrant)는 채권가액의 일정비율에 해당하는 채권발행사의 신주를 인수할 수 있는 권리가 부여된 채권으로, 권리행사시에는 추가로 자금을 납부하여 신주를 인수해야 하므로 권리행사 후에도 사채권자로서의 권리를 보유하게 된다.

이 채권은 사채권과 신주인수권이 분리되어 양도가 가능한 분리형과 양도가 불가능한 비분리형으로 구분할 수 있다.

ⓓ 교환사채

교환사채는 채권소지자가 채권발행자가 보유하고 있는 다른 상장증권으로의 교환을 청구할 수 있는 채권으로, 교환사채 발행사의 자본금 증가가 수반되지 않는다는 점에서 전환사채와 구별된다.

우리나라의 경우 현재 금융투자업자 등이 운용자산으로 보유하고 있는 주식을 대상으로 교환사채를 발행하고 있다.

ⓔ 지수연동형 신주인수권부사채

지수연동형 신주인수권부사채는 워런트(warrant)로서 주가상승분만큼 현금이 지급되는 채권을 말한다. 워런트는 행사기간 중 주가지수가 일정수준 이상 상승하면 행사가 가능하며 이때 행사지수를 초과하는 지수포인트당 일정금액을 지급한다. 워런트는 채권원리금의 상환이 종료되면 소멸한다.

지수연동형 신주인수권부 사채는 전환사채, 신주인수권부사채, 교환사채 등과는 달리 특정주식이나 지분의 이전이 발생하지 않는다.

ⓕ 옵션부사채

옵션부사채는 사채발행시에 일정한 조건이 충족되면 발행회사와 사채권자가 만기일 전이라도 사채의 원리금을 상환할 수 있고 상환을 요구할 수 있다고 하는 단서조항이 첨부된 사채이다.

② 풋옵션형 채권

풋옵션 성격의 채권에는 채권소유자가 채권만기 도래 이전에 일정한 가격으로 채권의 만기일을 사전에 명시된 기일로 단축할 수 있는 만기 단축가능채권이나 일정기간 중에 채권의 만기를 사전에 명시된 기일로 연장할 수 있는 연장가능채권 등이 있다.

만기 단축가능채권의 경우 상환을 청구할 수 있는 기간이 채권발행일로부터 일정기간이 경과하고 난 후인 것이 보통이며 이는 다시 청구기간이 하나뿐인 단일청구기간 풋과 일정기간 경과마다 계속적으로 청구기간이 도래하는 복수청구기간 풋이 있다.

1.4.7 기타 채권

① 이익채, 이익참가채, 수익채

ⓐ 이익채

이익채는 발행사가 일정한 수준 이상의 이익을 실현하였을 경우에 한하여 이자를 지급하는 채권이다.

ⓑ 이익참가채

이익참가채는 채권보유자가 약정이율을 받고도 채권발행자의 이익이 일정수준 이상일 경우에는 다시 이익에 참가할 수 있는 권리를 가진 채권이다.

ⓒ 수익채

수익채는 특정재산이나 프로젝트에서 발생하는 수익으로 원리금을 상환하는 조건의 채권으로 미국의 경우 주로 정부기관이나 정부소유기업 등이 발행한다.

② 분할상환채, 연속상환채, 감채기금채

ⓐ 분할상환채

분할상환채는 일정한 거치기간이 경과한 후 원리금을 분할하여 상환하는 채권을 말한다. 이 채권은 일반적으로 추첨에 의해 분할상환되므로 어느 채권소지자의 채권이 상환되는지 불확실하다.

ⓑ 연속상환채

연속상환채는 채권을 상이한 만기를 가진 여러 개의 조로 나누어 발행하는 것으로 각 조의 채권은 무이표채형식으로 발행되는 것이 일반적이다. 이 채권은 발행 당초부터 채권별로 상환일이 확정되어 있다.

ⓒ 감채기금채

감채기금채는 채권의 원리금 상환가능성을 높이기 위해 감채기금의 적립을 요구하는 조항이 붙은 채권으로, 적립된 감채기금은 원칙적으로 채권의 매입 또는 상환에 사용되어야 하나 경우에 따라서는 약관에 의해 다른 용도로 전용되는 경우도 있다.

감채기금채는 일반적으로 채권의 시장가격이 액면가를 상회할 경우에는 발행회사가 추첨에 의해 일부를 액면가로 상환하고 시장가격이 액면가를 하회할 때에는 유통시장에서 채권을 시장가격으로 매입상환한다. 이와 같이 감채기금채는 발행사가 상환방법의 선택권을 가지고 있기 때문에 선택권이 없는 연속상환채보다 시장가격이 낮은(즉, 이자율이 높은) 것이 원칙이다.

2. 채권의 발행시장

채권발행시장이란 발행주체가 발행 중개기관을 통하여 채권을 발행하여 투자자에게 채권증서를 제공하고 자금을 공급받는 간헐적이고 추상적인 제1차 시장(Primary Market)을 말한다.

채권의 매각은 발행자로부터 투자자에게 직접 이루어지는 경우도 있지만, 주로 금융투자업자를 통하여 이루어진다. 이런 의미로 발행시장은 발행자, 투자자, 금융투자업자의 3자에 의하여 구성되는 시장이라고 할 수 있다.

채권의 발행시장은 유통시장과 마찬가지로 경제상황 및 정치적, 사회적 상황을 종합적으로 반영한다. 즉, 실물경제의 변화와 궤를 같이하여 채권의 발행시장은 자금의 흐름에 큰 영향을 미치며 이러한 것은 결국 발행주체, 발행방법, 발행규모에 큰 영향을 미치게 된다.

2.1. 발행시장의 구조

채권발행시장은 채권발행자와 투자자 그리고 발행기관으로 구성된다. 채권발행자는 채권을 발행하여 자금을 조달하는 주체는 정부, 지방자치단체, 특별법에 의해 설립된 법인, 금융기관, 기업 등이다. 채권에 대한 1차적인 투자자는 대부분 금융기관이다. 발행기관은 발행자와 투자자 사이에서 채권발행에 대한 제반업무를 수행하고 발행에 따른 위험과 판매기능을 담당하는 전문기관이며 다음과 같이 업무에 따라 구분할 수 있다.

2.1.1 간사회사

채권발행에 대한 사무처리 및 발행과 관련된 자문 등 채권발행업무를 총괄하며 인수단을 구성하는 역할을 한다. 발행규모가 클 경우, 간사단을 구성하여 공동으로 채권발행에 대한 업무를 수행한다. 이때, 가장 중요한 역할을 담당하는 회사를 주간사회사, 그 밖의 간사회사를 공동간사회사라고 하고, 산업은행, 금융투자업자 등이 간사단에 참여한다.

2.1.2 인수기관

발행채권을 직접 매입(인수)하고 주선하는 기관이다. 이를 통해 채권발행자는 거액의 자금조달을 할 수 있다. 인수기관은 인수채권을 자신들이 보유하기도 하지만 그 밖의 투자자들에게 매도하는 주선역할을 하기도 한다. 인수업무 또한 간사단을 구성하는 금융기관에 의해 수행된다.

2.1.3 청약기관

발행된 채권을 채권수요자인 일반투자자에게 직접 판매하는 판매기관이다. 불특정 다수인을 대상으로 자기의 책임과 계산 없이 단순히 청약업무만을 대행하며 모집내역을 집계하여 인수단에 직접 청약을 하게 된다. 청약업무는 일반적으로 인수업무를 인가받은 금융투자업자들의 본 · 지점망을 통하여 이루어지고 있다.

투자자는 채권발행시장에서 모집 · 매출되는 채권의 청약에 응하여 발행자가 발행한 채권을 매입하는 자로서 실제 자금의 공급자이며 채권투자로 자금을 운용하는 자를 말한다.

[그림 4-2] 채권 발행시장 구조

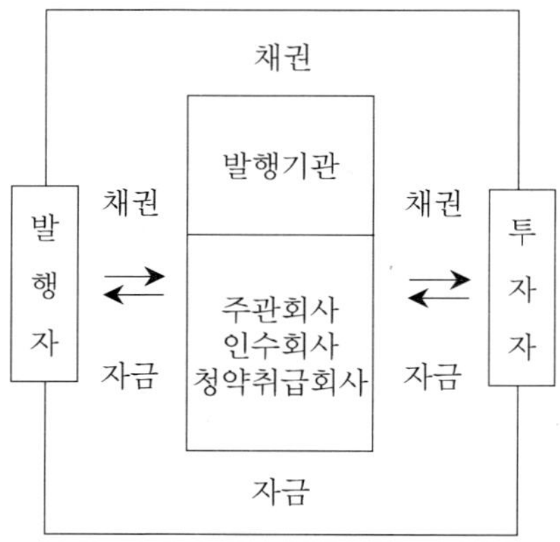

2.2. 발행방법

채권의 발행방법은 발행채권에 대한 투자자의 모집방법에 따라 사모발행과 공모발행으로 구분된다. 공모발행은 발행위험과 발행 사무절차의 부담방법에 따라 직접발행과 간접발행으로 구분한다.

2.2.1 사모발행

사모(private placement)는 채권발행자가 직접 소수의 투자자와 사적 교섭을 통하여 채권을 매각하는 방법이다. 이 방법은 주로 유동성이 매우 낮은 회사채를 발행할 때 활용된다. 따라서 공모채권보다 발행이율이 높고 만기가 상대적으로 짧은 것이 일반적인데, 경우에 따라서는 발행자나 투자자의 특별한 요구를 충족시킬 수 있는 규정을 두기도 한다. 사모발행은 발행자의 경비를 절감시키고 단기간에 발행할 수 있다는 장점도 있지만, 주요 매수처인 은행, 금융투자업자, 보험회사 등 기관투자가의 경우, 사모채에 대해 보유제한규정을 두는 경우가 많아 수요도 제한적이다.

2.2.2 공모발행

공모(public offerings)란 불특정 다수의 투자자를 대상으로 채권을 발행하는 방법이다. 공모는 투자자에게 직접 채권을 매출하는 직접발행과 발행기관을 통하는 간접발행으로 나누어진다. 직접발행은 발행자가 발행채권의 미발행분에 대한 위험을 모두 부담하는 반면, 간접발행은 발행기관이 발행에 수반된 위험을 일부 또는 전부 부담한다.

① 직접발행

발행자가 스스로 발행위험을 부담하고 발행 모집사무를 직접 행하여 채권을 발행하는 직접발행방식은 채권의 발행조건을 발행 전에 미리 결정하고 발행하는지의 여부에 따라 매출발행과 공모입찰발행으로 나누어진다.

ⓐ 매출발행

매출발행은 채권의 만기, 발행이율, 원리금지급방법 등 발행조건을 미리 정한 후 일정기간내에 개별적으로 투자자들에게 매출하여 매출된 금액 전체를 발행총액으로 삼는 방식이다. 따라서 채권의 발행액은 미리 확정되지 않고 매출 결과에 따라 정해진다.

ⓑ 공모입찰발행

공모입찰발행은 미리 발행조건을 정하지 않고 가격이나 수익률을 다수의 투자자로부터 입찰응모를 받아 그 결과를 기준으로 발행조건을 결정하는 방식이다. 입찰을 기준으로 나누면 가격입찰방식과 수익률입찰방식으로 나눌 수 있고, 낙찰을 기준으로 나누면 Conventional 방식과 Dutch방식, 평균가격입찰방식으로 나눌 수 있다.

가격입찰방식과 수익률입찰방식은 모두 발행자에게 유리한 응찰분부터 낙찰시킨다는 점에서는 동일하다. 하지만 가격입찰방식은 발행자가 미리 발행 예정액과 쿠폰이율을 제시하는 데 비해 , 수익률입찰방식은 발행자가 발행예정액만을 미리 제시할 뿐 쿠폰이율은 입찰체결 후에 결정한다는 점이 다르다.

Conventional 방식은 내정수익률 이하에서 각 응찰자가 제시한 응찰수익률을 낮은 수익률(높은가격)순으로 배열하여 최저 수익률부터 발행예정액에 달할 때 까지 순차적으로 낙찰자를 결정하는 방식이다. 낙찰자는 응찰시 제시한 수익률로 채권을 인수하게 되므로 낙찰자마다 발행 조건이 다르다.

이에 비해 Dutch 방식과 평균가격입찰방식은 모든 낙찰자에게 동일한 발행조건이 적용된다. Dutch 방식의 경우, 낙찰자를 결정하는 절차, 즉 발행기관이 내부적으로 정한 내정수익률 이하에서 낮은 수익률 응찰분부터 발행 예정액에 이르기까지 순차적으로 낙찰자를 결정하는 방식은 Conventional 방식과 같다. 하지만 모든 낙찰자에게는 낙찰된 수익률 중 가장 높은 수익률을 일률적으로 적용하여 동일한 조건으로 발행이 이루어진다. 평균가격입찰방식은 당일 이루어진 경쟁입찰에서의 가중 평균 낙찰금리로 발행금리가 결정되는 방식이다.

② 간접발행

간접발행은 직접발행에 따른 사무처리의 번잡을 피하고 직접 모집능력의 부족과 인수위험부담의 해소를 위하여 발행주체가 발행기관의 도움을 받아 간접적으로 발행하는 방법이다. 통상 전문적인 지식과 조직을 갖춘 금융투자업자 등 금융기관이 발행기관이 되어 발행 및 모집사무를 담당한다.

간접발행방식은 발행매출액이나 모집액이 발행하고자 했던 총액에 미달하는 부분에 대한 책임을 누가 지느냐에 따라 위탁모집, 잔액인수방식, 총액인수방식으로 나뉜다.

ⓐ 위탁모집

위탁모집은 채권발행에 관한 제반 절차를 인수인에게 위임하여 발행하는 방식으로 인수인은 발행회사의 대리인 자격으로 또는 인수기관 자신의 명의로 채권을 발행하는 방식이다. 이 때 채권의 모집 또는 매출된 채권액이 발행하고자 했던 총액에 미달할 경우, 이 부분을 발행회사가 부담한다. 발행주선회사의 입장에서는 인수위험이 없으므로 수수료율이 간접발행의 세 가지 방식 중 가장 낮다.

ⓑ 잔액인수방식

잔액인수방식은 채권발행 업무 일체를 인수기관에 위탁함과 동시에 발행회사의 명의로 채권을 모집 또는 매출하는 방식이다. 만약 매출 또는 모집액이 발행하고자 했던 총액에 미달할 때에는 발행기관이 그 잔액을 책임인수한다는 계약하에 이루어지는 채권발행방식이다. 이 경우에는 모집 수탁기관과 인수기관은 다를 수도 있다.

ⓒ 총액인수방식

총액인수방식은 채권발행업무의 일체를 인수기관이 받아서 처리함과 동시에 채권발행 총액을 인수기관이 일괄 인수한 후에 인수기관 책임하에 모집 또는 매출하는 방식으로 발행회사는 모집 또는 매출계약과 동시에 업무가 완료된다.

모집 또는 매출시의 불리한 가격변동에 따른 손익이 모두 인수단에게 전가되므로 발행주체로서는 가장 간편하고 안전한 발행방식이며, 인수단의 입장에서는 매우 위험하고 부담스러운 방법이어서 인수수료율도 상대적으로 높다. 현재 회사채의 발행은 대부분 총액인수에 의한 방식을 이용하고 있다.

2.3. 발행시장 추이 및 현황

2.3.1 국공채발행시장

우리나라의 채권시장은 1950년대와 60년대에 정부의 재정적자를 보전하고 경제개발과 사회간접자본확충에 필요한 자금을 조달하기 위해 국공채를 발행한 것으로 시작되었다. 1949년 건국국채를 발행한 후 1953년 전후복구와 경제재건을 위한 자금조달을 목적으로 산업부흥국채를 발행하였고, 1968년에는 고속도로 건설에 필요한 자금을 조달하기 위해 도로채를 발행하였다.

이후 1975년 양곡증권, 1977년 재정증권 등 1970년대까지 우리나라 채권시장 대부분 국공채를 중심으로 채권시장이 형성되어 왔다. 초기에는 국공채의 발행금리가 유통시장의 실세금리를 반영하지 못하고 정책당국에 의해 경직적으로 결정되었기 때문에 발행시장과 유통시장이 유기적인 연관성이 부족한 상태에서 운영되었다.

그러나, 1972년 공금리인하 조치이후 경기가 상승하게 되고 자금이 필요한 기업이 증가함에 따라 회사채를 통한 자금조달의 필요성이 증대되어 회사채가 공모 발행되었다. 최근에는 국공채의 발행조건이 시장실세금리를 반영하게 되어 일반대중에 의한 소화도 가능하게 되었다.

국채는 발행을 원하는 해당 정부부처가 발행계획안을 기획재정부에 제출하면 국무회의의 심의와 국회의 의결을 거쳐 발행된다. 국채의 발행은 대개 한국은행이 대행하는데 국채인수단을 대상으로 경쟁입찰을 실시하여 한국은행 결제망을 통해 결제자금이 입금되면 증권예탁원을 통해 채권이 계좌이체되는 것으로 발행이 완료된다.

국공채의 발행은 공모발행, 인수발행, 교부발행으로 구분된다. 공모발행은 장기국채 발행시 주로 이용되는데 자본시장에서 광범위하게 공개적으로 국채를 모집하는 방법이다. 인수발행은 국채 발행총액을 중앙은행, 신탁회사, 증권회사 등으로 인수단을 조직하여 공동으로 인수하는 방법이다. 그리고 교부발행은 정부에서 국채의 발행으로 자금을 직접 조달하는 방법이 아니라 정부가 채무의 지급을 하고자 할 때 현금 대신 국채를 발행하여 채권자에게 직접 교부하는 방법이다. 그러므로 이 방법은 정부가 일방적으로 채권자에게 유가증권을 이전하여 변제하는 방법을 말한다.

2.3.2 회사채발행시장

회사채 발행은 경제성장과 더불어 기업의 설비투자에 필요한 자금수요가 증대되면서 본격화되기 시작하였다. 회사채 발행은 이사회의 의결을 거쳐야 하며, 주주를 비롯한 발행기업의 이해관계자들에게 많은 영향을 미치므로 이들의 이익을 보호하기 위하여 회사채 발행에는 여러 가지 법규상의 제약이 가해지고 있다.

회사채를 발행하는 과정에서 발행기관의 인수와 분매기능은 주식의 경우와 유사하다. 우리나라에서 회사채 발행은 대부분 공모 및 간접발행에 의하여 이루어지며, 총액인수방식이 주로 이용되고 있다.

회사채의 대부분은 고정금리부, 이표채, 3년 만기, 금융기관이 원리금의 지급을 보증하는 보증사채이다. 그러나 최근에는 다양한 발행조건을 가진 회사채의 발행이 늘어나고 있는 추세이다. 특히 주식과 연계된 전환사채, 신주인수권부사채 등 신종사채의 발행이 꾸준히 늘고 있으며 발행기업 자체의 신용에 의해 발행되는 무보증사채의 비중도 늘고 있는 추세이다.

3. 채권의 유통시장

전통적으로 채권은 장기투자자가 매입 후 만기일까지 보유하는 것이 보통이었기 때문에 잘 발달된 유통시장의 필요성이 주식에 비해 크지 않았다. 특히 우리나라에서는 발행되는 채권이 대부분 단기채권이고, 유통시장과 발행시장의 유기적인 연관성이 적었으며, 채권투자자가 한정되어 있었기 때문에 주식에 비해 유통시장이 상대적으로 발달하지 못하였다.

주식의 유통은 대부분이 거래소에서 투자자들의 매매주문이 중개되는 위탁매매인데 반해, 채권의 유통은 장외거래의 비중이 높고 주로 자기매매의 형태로 거래가 이루어지고 있다. 채권은 원래 발행단계부터 일반투자자에 의해 소화되기가 어렵기 때문에 유통거래도 자연히 기관투자가나 법인간의 대량·상호매매가 주종을 이루고 있다. 특히 채권은 발행종목이 매우 다양하기 때문에 이를 전부 거래소에 상장시키기가 어렵다. 이러한 이유로 미국, 일본 등 다른 나라에서도 채권의 거래소상장을 주식에 비해 강조하고 있지 않으며, 채권의 가격은 유가증권시장에서 형성되지만 실제 거래의 대부분은 장외시장에서 이루어지고 있다.

채권유통시장은 시장조직형태에 따라 조직적 시장인 채권유가증권시장과 비조직적 시장인 장외시장으로 나눌 수 있다. 또한, 투자자들이 자신의 요구와 일치하는 거래상대방을 어떤 방식으로 찾느냐에 따라 직접탐색시장, 브로커시장, 딜러시장 및 경매시장으로 나눌 수 있다. 채권은 상품의 성격상 장외시장을 통해 대부분 거래가 이루어지고 있으며, 딜러시장이 일반적이다.

유통시장의 기능은 다음과 같다.

첫째, 유통시장은 발행시장에서 발행된 채권에 유동성을 부여한다.

둘째, 유통시장으로 인해 부여된 채권의 유동성은 채권의 담보력을 높여준다.

셋째, 유통시장에서는 채권의 공정한 가격이 형성된다.

넷째, 유통시장에서 형성된 가격은 앞으로 발행할 새로운 채권의 가격을 결정하는 지표가 된다.

3.1. 유가증권시장

3.1.1 채권상장

유가증권시장은 한국거래소라는 구체적 장소에서 거래소에 상장된 채권을 대상으로 하여 다수의 투자자가 표준화된 거래조건, 절차 등을 통하여 경쟁매매방식으로 채권을 장내거래하는 시장이다. 현재 장내시장은 국채전문유통시장, 일반채권시장, Repo시장 등 3개 시장으로 이루어져 있다. 상장을 원하는 채권발행자는 필요한 서류와 함께 채권상장신청서를 거래소에 제출해야 한다. 채권은 대개 발행당일에 거래가 가장 활발하므로 사전에 상장신청을 받아 발행일에 채권을 상장할 수 있다.

3.1.2 상장채권의 활용

상장채권은 유가증권 매매거래시 위탁증거금으로 납부하거나, 선물이나 옵션거래시 각종 증거금을 납부할 때 현금 대신 대용유가증권으로 사용할 수 있다. 그리고 상장유가증권은 각종 보증금, 공탁금, 증거금 등으로 사용될 수 있으며 그 담보가치(대용가격)는 한국거래소가 산정하여 공시하고 있다.

3.1.3 한국거래소 채권시장

기존의 채권시장은 금융투자업자가 딜러로서 여러 고객을 대상으로 거래를 하는 상대매매시장이며 회사채와 금융채가 주종을 이루고 있다. 그러나 국채의 발행규모가 늘고 국채전문딜러제도가 도입되면서 전산시스템을 이용한 딜러간 경쟁매매시장이 개설되었다. 이에 따라 거래소 채권시장은 자연스럽게 국채전문유통시장과 일반채권시장으로 구분되고 있다. 일반채권시장은 불특정 다수의 일반투자자가 참여하는 시장으로서 국채딜러간에 이루어지는 국고채권을 제외한 모든 상장채권(국채, 지방채, 특수채, 전환사채, 신주인수권부사채, 일반사채 등)이 거래되지만 주식관련사채와 국민이 의무적으로 매입해야 하는 첨가소화국채가 주로 거래되고 있다. 국채딜러간 경쟁매매시장은 국채자기매매업을 허가받은 국채딜러만이 참가할 수 있는 시장으로서 국채딜러들의 매도·매수주문이 집중되어 경쟁매매방식으로 거래가 이루어지고 있다.

3.1.4 일반채권매매제도

거래소에서 채권의 호가(주문)는 액면 10,000원당 가격을 기준으로 지정가호가로 이루어지며, 최소 호가가격단위는 1원이고, 가격제한폭은 없다. 채권의 거래단위는 일반채권의 경우에는 액면 100,000원(소액채권의 경우에는 1,000원)이다.

채권도 주식과 마찬가지로 매도·매수호가가 전산시스템을 통해 거래소에 전달되고 가격, 시간, 수량 우선의 원칙에 따라 개별경쟁매매방식으로 자동체결된다. 매매체결에 대한 결과는 증권회사를 통해 투자자에게 실시간으로 통보된다. 거래소에서 모든 채권의 매매거래는 당일결제거래만 허용된다. 오전 매매분은 거래당일 오후 1시에, 오후 매매분은 오후 4시에 결제된다.

3.2. 장외시장

주식의 유통시장은 투자자들의 주문에 의해 매매를 중개하는 위탁매매가 주류인 유가증권시장이 중심인데 반하여 채권의 유통시장은 우리나라의 경우 80% 이상이 장외거래를 통하여 이루어지고 있다. 채권은 주식과는 달리 개인투자자에 의해 소화되기 어렵기 때문에 대부분 금융기관이나 법인 등 기관투자자간의 대량매매 형태로 거래되고, 개별 경쟁매매보다는 상대매매에 의해 거래가 이루어지므로 장내거래보다는 장외거래가 매매의 대부분을 차지하고 있다. 한편 금융투자협회는 채권 장외거래의 활성화와 채권거래 수익률, 거래량 등을 전산망 등을 통해 종합적으로 공시하여 누구나 쉽게 채권시장의 동향을 파악할 수 있도록 하고 있다. 외국의 경우에는 대부분의 국가가 채권에 대해서는 유가증권시장에의 상장을 강요하지 않고 있으며, 또한 상장채권일지라도 일정범위에 해당하는 채권거래에 대해서만 소액 투자자 보호목적으로 한국거래소를 통하여 거래할 것을 의무화하고 있다.

금융투자협회는 장외시장의 조직화를 위하여 대표수익률과 최종호가수익률을 산정하여 발표하고 있다.

대표수익률이란 장외시장에서 가장 거래가 활발하고 실세금리를 잘 반영하는 11종류의 채권들을 표준물로 선정하여 발표하는 수익률로서 전체 금융투자업자가 기관투자가 또는 일반투자자를 상대로 거래한 수익률을 거래대금에 가중평균하여 산출한다. 대표수익률은 전체 장외시장의 평균적인 수익률을 조합적으로 표시하는 지표이다. 미국과 일본에서는 지표종목 혹은 표준종목을 선정해 수익률을 발표하고 있으며 이를 통해 거래를 활성화시키고 있다.

최종호가수익률이란 금융투자협회가 일정기준에 의해 선정한 금융투자업자(10개사)로부터 당일 오전 11시30분과 오후 3시 30분 현재 기준으로 기관투자가 또는 일반투자자를 상대로 거래한 최종거래수익률을 채택(잔존만기별 최종호가수익률은 단순산술평균)하여 당일 오전12시와 오후 4시에 발표하는 수익률이다.

최종호가수익률은 채권시장을 대표하는 채권에 대한 장 마감시의 수익률 평균을 나타내는 지표로서, 채권매매시 기준가격의 역할을 수행하므로 실세 수익률의 흐름과 시장기조를 예측할 수 있다.

채권유통시장은 거래형태에 의해 직접탐색시장, 브로커시장, 딜러시장, 경매시장으로 구분할 수 있다.

직접탐색시장은 투자자들이 스스로 거래상대방을 찾는 시장으로 개별거래자가 적당한 거래상대방을 찾아내고 흥정하는데 드는 제 비용을 부담한다. 거래자 자신이 거래에 따른 모든 비용을 부담하게 되므로 모든 잠재적 상대방 사이에서 가능한 최선의 가격에 도달하려고 하나 제3의 시장참가자와 접촉을 가졌을 때보다 더 나은 가격에 도달 할 수 없는 경우가 많다. 직접탐색시장에서의 채권거래는 간헐적으로 일어나므로 브로커나 딜러 등 제3자가 거래를 촉진시키기 위하여 서비스를 제공할만한 유인을 갖지 못한다. 따라서 매매를 하고자 하는 자는 거래상대방을 찾기 위하여 구두전달방법을 이용하며, 호가나 거래가격을 광고하는 것은 경세정이 없기 때문에 거래는 동일한 시점에서도 다른 가격으로 형성될 수도 있는 원시적인 시장형태다.

브로커시장은 투자자들이 거래상대방을 찾기 위하여 대리인Broker을 이용하고자 하는 경우에 성립한다. 만일 어떤 채권에 대한 거래량이 충분히 커질 경우, 시장 참가자들에게 전문화된 탐색서비스를 제공하기 위하여 브로커가 등장하는데, 브로커는 적당한 거래상대방을 찾아서 고객들을 위한 거래가격을 협상하여 주고 그 대가로 수수료를 받는다.

딜러시장은 투자자들이 항시 매매할 용의를 가진 다른 시장참가자들과 거래를 행하는 시장이다. 브로커시장은 직접탐색시장에 비해 이점을 지니고 있지만, 주문의 신속한 이행을 보증할 수 없다는 단점이 있다. 주문의 이행속도에 대한 불확실성은 가격변동위험을 초래하므로 브로커가 고객을 위하여 거래상대방을 찾고 있는 동안에 채권가격이 변화하면 그 고객은 손실을 입을 가능성이 있다. 그러나 어떤 채권에 대한 거래가 활발히 이루어진다면 그 채권에 대하여 자기 자신의 매입 및 매도호가를 유지하고자 하는 시장참가자들이 등장하게 된다. 이러한 시장참가자를 딜러라고 부르는데, 딜러들은 자기 계산으로 재고를 보유하고 자신의 호가에 따라 즉각적으로 사고 팔 수 있다는 사실을 알고 있기 때문에 거래상대방을 탐색하기 위한 시간의 낭비는 없앨 수 있다. 딜러는 채권을 사고파는데 따른 차익(spread)을 얻는데, 이것은 시장참가자들에게 유동성을 제공하는 한편 채권 보유에 따른 위험을 부담하는 데 대한 보상이다. 현재 증권회사가 이러한 기능을 일부 수행하고 있다. 우리나라의 경우는 채권딜러제도는 1993년 5월부터 시행되고 있다. 그러나 투자자에게 저축수단을 제공하고 채권수요를 확대하겠다는 당초 목표와는 달리 크게 활성화되지는 못하고 있는 실정이다.

경매시장은 투자자들이 동시적으로 매수 및 매도주문을 이행시키는 집중화된 시설을 제공하는 곳이다. 모든 시장참가자들은 같은 장소에 만나 구두로 또는 그들 상호간의 최선의 통신망으로 의사전달을 행하게 된다. 따라서 경매시장에서는 적당한 거래상대방을 찾아내고 유리한 가격을 흥정하는 데 따르는 탐색비용을 제거할 수 있다. 경매시장은 채권에 대한 거래량이 충분하면 딜러시장과 마찬가지로 신속한 주문이 이루어지며, 딜러의 매매차익에 내포된 비용을 제거시켜 준다. 그러나 거래가 잘 이루어지지 않는 채권에 대해서는 주문이 즉각적으로 이행되기 어려운 단점이 있다.

3.3. 소매채권시장

3.3.1 소매채권시장의 개설

한국거래소는 2007년 8월에 채권투자에 익숙하지 않은 개인투자자와 일반법인도 언제든지 손쉽게 채권을 거래할 수 있도록 "소매채권시장"을 개설하였다. 거래소의 시장개설 전에는 투자자가 직접 금융투자업자 영업점을 방문해서 해당 금융투자업자가 보유한 채권만을 거래하였기 때문에 보다 다양한 채권을 접하기 위해서는 다른 금융투자업자들을 방문해야 하는 등 번거로워 정보접근이 어려웠으나, 소매채권시장 개설로 기존의 거래 금융투자업자 계좌를 통해 여러 금융투

자업자들이 취급하는 다양한 채권들을 한 곳에서 비교·선택해서 공정한 가격으로 거래가 가능하게 되었다

① 상품선택의 폭 확대

소매전문딜러로 지정된 금융투자업자(15개)가 시장조성을 위해 매도/매수 가격을 의무적으로 제시하므로 가격정보가 집중되어 채권종목, 가격(수익률) 등 투자정보의 비교가 쉬어지고 선택의 폭이 넓어졌다

② 매매편의성 증대

한 곳의 금융투자업자 계좌로도 거래소 상장채권들을 거래하고 주식처럼 HTS를 통해 편리하게 매매가 이루어진다. 단, 금융투자업자 영업점에서 채권을 매매하는 경우는 회사별로 계좌를 개설해야 하므로 번잡하다

③ 시장투명성 제고

금융투자업자 HTS 및 거래소 홈페이지를 통해서 모든 시장정보를 실시간으로 제공받으며, 소매전문딜러에게 매수/매도 가격을 일정 스프레드(회사채 0.4%p, 기타채권 0.25p)이내에서 제출토록 하여 실제가격(수익률)에 근접한 합리적인 가격이 형성된다.

3.3.2 소매전문딜러제도의 도입 및 주요매매제도

주요 금융투자업자들의 매도/매수 가격을 소매채권시장에 집중시켜 다양한 채권에 대한 선택의 폭을 넓히고 탐색비용을 절감해서 개인투자자와 일반법인에 편리한 시장환경을 조성하기 위해 소매전문딜러제도를 도입하였다.

거래소는 회원 금융투자업자들 중 15개 내외를 소매전문딜러로 지정해서 각 증권사가 보유한 채권에 대해 매도/매수 가격을 지속적으로 제공하는 시장조성 의무를 부과하였는데 특히 원활한 시장조성을 위해서 매년 소매전문딜러 지정신청서를 제출한 증권사들을 대상으로 조성호가 제출실적, 소매채권 매매실적 등

을 항목별로 평가해서 자격을 유지하거나 취소한다.

소매전문딜러는 채권종류별로 1개 종목 이상에 대해 거래일 중 거래가능시간의 2/3 이상(4시간 이상) 동안 매도/매수 양방향으로 조성호가를 제출해야 하는데 종류에 관계없이 5개 종목 이상에 대해 일중 4시간 이상 동안 매도 또는 매수 일방향으로 조성호가를 제출하며 양방향 조성호가의 경우 수익률을 기준으로 호가 스프레드가 0.25p(회사채 0.45p) 이내로 제출되므로 실제가격(수익률)에 근접하게 가격이 형성된다.

[표 4-2] 채권시장의 주요매매제도

구분	주요 제도
매매대상	호가수량이 액면 50억원 미만인 채권으로 고정금리부 국채, 통안채, 특수채, 회사채, 금융채 등 투자자의 이해가 쉬운 채권(주식관련사채, 외화표시채, 소액국공채, 변동금리부채권, 투기등급채권, 옵션부채권은 제외)
호가접수시간	08:00 ~ 15:00
호가가격단위	1원
호가수량단위	액면10,000원
호가정보공표	(08:00~09:00) 매도/매수별로 총호가수량 (09:00~15:00) 매도/매수별로 최우선호가 가격을 포함하는 연속 5개의 우선호가 가격, 가격대별 수량과 총호가수량
매매거래시간	09:00 ~ 15:00
매매수량단위	1,000원
매매체결방법	복수가격에 의한 개별경쟁매매(접속매매)
시장조성자	소매전문딜러(15개 내외 증권사)
시장조성의무	국채, 통안채, 특수채, 회사채, 금융채에 대해 매도/매수별로 150개 이상의 호가를 의무적으로 제출
주요 매도자	소매전문딜러
주요 매수자	개인투자자, 일반법인
결제시한	당일결제

3.4. 채권시가평가제도

3.4.1 시가평가제도의 실시배경

채권은 회사나 정부기관 등에서 자금조달을 위하여 발행할 때 통상 정해진 원금(액면가)을 계약기간 만기에 돌려주고, 정해진 기간마다 미리 정한 이자를 지급하도록 약정하는 채무증서로 집합투자업자는 신탁재산의 가치를 매일매일 산정하여 고시하게 되어있다. 주식의 경우에는 시장에서 거래되는 가격을 기준으로 평가하므로 정확하게 평가할 수 있으나 채권은 유통시장이 발달하지 못하여 개별채권의 시장가치를 구하기가 쉽지 않다. 또 같은 회사가 발행한 채권이라도 잔존만기·표면이자율 등에 따라 채권의 가격도 다르므로 채권의 가격은 주식보다 훨씬 다양하고 복잡하다.

과거에는 집합투자상품인 수익증권의 기준가격 산정방식이 금리변동에 따라 변동하는 시가를 반영하지 않고 표면금리를 안분하는 장부가격 방법을 채택하였었다. 이 방법에 따르면 금리 상승기에는 수익증권 기준가격이 높아 중도환매가 증가하며, 미매각 수익증권을 보유함에 따른 집합투자업자의 손실이 가중된다. 반대로 금리 하락기에는 수익증권 기준가격이 현재가치보다 낮아 투자신탁회사로 자금이 집중되면서 저율 채권의 편입비율이 증가하고 자금흐름이 왜곡된다.

이에 따라 금융감독원은 1998년부터 신용평가제도의 개선, 채권수익률 공시체계의 마련, 집합투자업자 신탁재산의 클린화, 부실자산의 공개, 증권투자신탁 상품체계의 개선 등의 기반을 구축하고 2000년 7월 1일부터 채권시가평가제를 전면 시행하였다.

3.4.2 시가평가제도의 효과

이 제도는 고객 간의 실적분배의 충실화, 채권유통시장의 선진화, 투자신탁의 부실화 방지 및 외국인 투자유치의 활성화 등을 목적으로, 한국금융투자협회가 발표하는 시가평가기준 수익률을 기준으로 평가하는데, 투기등급인 BB 이하 신용등급 채권의 경우에는 채권평가위원회에서 각사별로 평가한다. 대상은 1998년 11월 16일 이후 만들어진 펀드를 포함, 2000년 7월부터 모든 공사채형 수익증권에 적용되고 있다. 한편 선진국에서는 유가증권 관련 정보제공기관으로서 민간 채권가격평가기관들이 채권시가평가를 시행하고 있으며, 채권유통시장의 하부구조를 형성하고 있다. 또한 자본시장을 중심으로 금융시스템이 구축된 미국 등은 채권시가평가에 따라 사회의 부가 분배되고 있으며, 펀드관리자들은 시가평가에 기초하여 보상 및 책임을 받고 있다.

제5장

선물시장

선물거래futures transaction는 장래의 특정 시점에 대상상품을 얼마의 가격에 얼마만큼 매매하겠다는 약속의 형태로 이루어진다. 이에 따라 대상상품의 인수·도는 계약 체결 당시에 정한 가격으로 장래의 특정시점에 이루어지며 이 때 대금이 결제된다.

1. 선물
2. 주가지수선물시장
3. 금리, 통화 및 상품선물시장

1. 선물

1.1 선물거래의 이해

1.1.1 현물거래와 선물거래

현물은 거래 즉시(2 영업일 이내) 인도 및 결제되는 상품, 증권 또는 지수를 말하고 선물은 장래의 특정일에 인도 및 결제되는 상품, 증권 또는 지수를 말한다. 여기서 인도란 상품이나 증권의 법적 소유권이 매도자로부터 매입자에게 이전되는 것을 의미하며, 결제(決濟)란 거래대금의 지급을 의미한다.

현물거래(spot transaction)란 매매계약의 성립과 동시에 대상상품의 인수·도와 대금 지불·수취가 이루어지는 거래방식이다. 대부분의 일상 거래가 현물거래에 속한다. 거래대금의 결제는 지급채무의 발생기준으로서 신용거래 또는 외상거래도 포함한다. 선물거래(futures transaction)는 장래의 특정 시점에 대상상품을 얼마의 가격에 얼마만큼 매매하겠다는 약속의 형태로 이루어진다. 이에 따라 대상상품의 인수·도는 계약 체결 당시에 정한 가격으로 장래의 특정시점에 이루어지며 이 때 대금이 결제된다.

1.1.2 선도거래와 선물거래

선도(forward)거래와 선물(futures)거래는 장래시점에 현물의 인도와 결제가 이루어진다는 점에서 동일하다. 따라서 둘 다 장래 약속이행 여부가 거래의 안정성 확보에 있어서 매우 중요하다. 그러나 그 방법에는 차이가 있다.

장래 인도, 결제약속을 매매당사자 간에 건별로 직접 이행하는 거래방식을 선도거래라 하고, 조직적인 거래소시장이 표준화된 상품에 대해 장래 현물 인도, 결제 의무를 자기책임 하에 이행하는 거래방식을 선물거래라 한다. 선물거래소는 선물매입자에 대해서는 선물매도자의 역할(만기 현물 인도의무)을 하며, 선물매도자에 대해서는 선물매입자의 역할(만기 현물 인수의무)을 한다.

선도거래는 매매당사자간에 건별로 이루어지는 약속이므로 계약불이행위험이 높다. 따라서 오늘날 선도거래는 신용도가 높은 금융기관이나 대기업간에 이루어진다. 이에 반해 선물거래는 거래소가 계약이행의무를 지기 때문에 거래당사자가 거래상대방의 신용도를 일일이 확인할 필요 없이 이루어지므로 대중적 참여가 가능하다. 선도거래는 당사자간의 거래이므로 계약내용, 조건 등을 필요에 따라 자유롭게 정할 수 있다. 하지만 선도거래는 계약불이행위험 외에도 상대방이 응하지 않으면 중도에 포지션청산을 쉽게 하지 못한다는 단점을 가지고 있다. 이 때문에 선도거래는 거래신용이 매우 높은 은행간 시장에서 주로 이루어진다.

선물거래는 장래 특정일 인도상품을 여러 사람이 경쟁적으로 매매할 수 있도록 거래소에 상장시켜서 거래하는 것이므로, 거래조건이 표준화되어 있으며 만기 이전에 언제든지 반대매매로 포지션청산을 할 수가 있다. 선물거래에서는 거래소가 만기에 현물을 인수도할 의무를 지므로 매매 쌍방으로부터 계약이행보증금을 징수하는데, 이를 선물증거금이라 한다. 그러나 가격변동이 커서 한쪽의 손실금액이 증거금 예치액을 상회할 때는 거래소 입장에서 손해를 볼 수 있으므로 거래소에서는 증거금 잔액을 일일가격 변동에 따라 현금정산하는 증거금 일일정산제도(marking to the market)를 채택하고 있다. 따라서 선물거래는 만기일 또는 중도 포지션청산 전까지 손익관리가 일일 단위로 이루어지기 때문에 대규모 누적손실이 만기에 한꺼번에 터져 나오는 일을 막을 수 있다.

1.1.3 선물거래 조직 및 제도

선물시장 참여자는 거래소, 금융투자(중개)업자, 그리고 선물투자자(고객)로 구성되어 있다. 그 각각에 대해서 알아보면 다음과 같다.

① 청산소

선물거래는 신용상태를 알 수 없는 불특정 다수가 참여하기 때문에 선물거래의 참여자가 안심하고 매매하기 위해서는 모든 거래의 계약이행을 보증할 제3자가 필요하다. 이런 역할을 하는 기관이 청산소(clearing house)이다. 선물거래에서는 매수자와 매도자가 직접 거래하는 것이 아니라 매수자와 매도자 사이에 청산소가 개입하여 각각의 거래상대방이 되어 주는 것이다. 즉, 청산소가 매도자에게는 매수자가 되어주고, 매수자에게는 매도자가 되어줌으로써 시장참여자들은 거래상대방의 신용상태에 대하여 염려할 필요 없이 안심하고 매매를 할 수 있다. 청산소의 역할을 그림으로 나타내면 다음과 같다.

[그림 5-1] 청산소의 역할

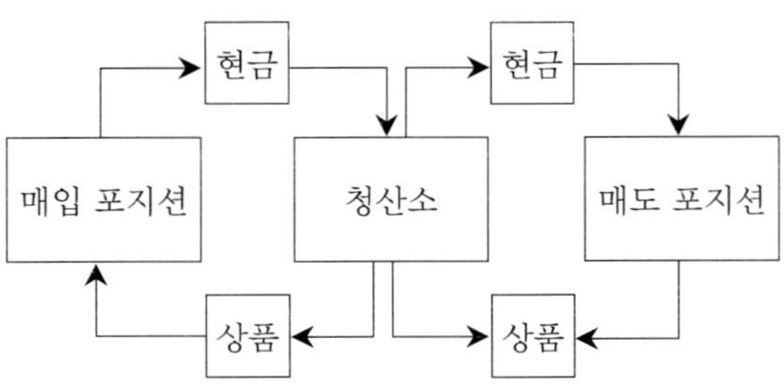

② 증거금제도

선물거래는 현재 시점에서 거래대상물과 대금이 필요 없는 대신 미래 특정시점에 계약을 이행하겠다는 약속의 보증이 필요하다. 이를 위해 증거금이 필요한데, 증거금이란 계약불이행의 위험을 방지하기 위해 거래소가 매매 당사자로 하여금 계약과 동시에 납부하도록 하는 일정비율의 보증금을 말한다. 증거금에는 개시증거금과 유지증거금이 있다.

개시증거금(initial margin)은 신규로 선물계약을 체결할 때 계약금의 일부에 대해 납입하는 금액이다. 마진(margin)이라는 말은 계약금액의 일부만 납부한다는 의미에서 생겨난 것이다. 개시증거금의 수준은 거래소와 대상자산의 가격변동성에 따라서 차이가 있으나 대개 계약금액의 10% 내외에서 정해진다. 따라서, 선물거래를 위해서는 총계약금액의 10% 정도만 있으면 거래가 가능하다는 말이다. 이로 인해 선물거래는 실제 투입된 금액에 대해 10배의 손익확대효과, 즉 레버리지효과가 매우 큰 금융거래이다. 레버리지가 클수록 손실이 발생했을 때 계약이 이행되지 않을 가능성이 커지므로 이를 방지하기 위한 장치가 증거금이다.

유지증거금(maintenance margin)은 일일정산 과정에서 일정수준 이상으로 유지해야 하는 증거금 잔고를 말한다. 유지증거금은 선물계약을 유지시키고 계약이행을 보장하기 위한 목적으로 운용되며 개시증거금의 일정비율(일반적으로 75% 정도)로 정해진다.

③ 일일정산제도

청산소는 당일 장이 끝난 후 종가를 기준으로 하여 매일의 정산가격을 발표한다. 이 가격을 기준으로 모든 거래 참여자들의 미청산계약에 대한 잠정이익과 손실을 정산한다. 이러한 정산의 결과 증거금계정의 수준이 유지증거금 이하로 떨어지면 고객은 금융투자업자로부터 마진 콜(margin call)을 받는 대로 추가증거금을 납부해야 하며, 반대로 기본증거금을 초과하는 이익에 대해서는 현금인출이 가능하다. 청산소는 일일정산기능을 통하여 계약 당사자들로 하여금 일정수준의 증거금을 유지하도록 하여 계약불이행 위험을 미연에 방지한다.

④ 최종결제제도

선물거래를 마감하는 방법에는 반대매매를 통해 중간에 포지션을 청산하는 방법과 계약만기일에 청산하는 방법이 있다. 반대매매는 계약만기일 이전에 매입

(매도)포지션에 있는 투자자가 동일계약[동일상품, 동일만기, 동일수량]에 대해 매도(매입) 포지션을 취함으로써 기존의 포지션을 없애는 것이다. 반대매매의 경우 그 동안 일일정산에 의해 누적된 이익 또는 손실이 선물거래의 손익이 된다. 최종결제일(계약만기일)까지 청산되지 않은 선물포지션을 결제하는 방식으로는 실물인수도 방식과 현금정산 방식이 있다. 실물인수도는 최종결제일(계약만기일)까지 청산되지 않은 선물포지션을 결제하는 방식의 하나로, 거래소가 지정한 창고를 통해 매도자와 매수자가 실물을 인수도(delivery)하는 것이다. 선물계약에서 선물인수도에 관한 선택권은 일반적으로 선물매도자(매도포지션 보유자)가 갖게 된다. 왜냐하면 만약 실물인수도에 관한 권리를 매입자가 갖게 되면 거래량이나 유동성이 작은 상품을 매점·매석하여 실물인수도 과정에서 현물가격을 조작할 수 있기 때문이다.

현금정산방식은 선물거래 대상 자산이 지수로 되어 있는 것과 같이 실물인도가 불가능한 품목에 대하여 채택하고 있는 최종결제 방법이다. 현금결제는 계약을 체결한 당시의 가격과 최종결제일의 정산가격의 차액만큼을 수수함으로써 마무리된다.

1.1.4 선물거래의 기능

선물거래는 가격예시, 차익거래를 통한 가격안정화, 위험전가 및 고수익추구 기회 제공, 그리고 자본형성 등의 주요기능을 가지고 있다.

① 가격의 예시

선물시장의 또 하나의 주요한 기능은 선물시장을 통해 미래의 현물가격을 예측할 수 있다는 점이다. 선물시장에서는 해당 결제월의 상품을 대상으로 수많은 거래자들의 매입, 매도호가에 의하여 해당 선물의 가격이 형성된다. 즉, 선물시장에서 거래자들에 의하여 형성되는 선물가격은 해당상품의 수요와 공급에 관련된 각종 정보가 집약되어 결정되므로 현재시점에서 미래 현물가격에 대한 불특정다수의 시장 참가자들의 공통된 예측을 나타낸다.

② 차익거래를 통한 가격의 안정화

선물시장은 시장가격 흐름상 일시적으로 과대 또는 과소 평가된 시장가격의 불균형 상태를 신속하게 해소하는 역할을 담당하기도 한다. 만약 현물시장에서 형성된 가격이 일시적으로 과대 또는 과소 평가된다면 현물가격과 선물가격간의 불균형상태를 이용한 재정거래 또는 차익거래(arbitrage transaction)가 발생하여 시장가격이 신속하게 균형상태를 회복한다.

③ 위험의 전가 및 고수익추구 기회 제공

선물시장은 미래의 위험에 대해 얼마간의 비용이 들더라도 시장기구를 이용하여 이를 전가(회피)하고자 하는 사람(위험회피거래자, hedger)에게 기회를 제공하고, 위험을 어느 정도 감수하면서 미래를 나름대로 예측하여 위험부담의 대가로 많은 고수익을 추구해 보겠다고 생각하는 사람(투기거래자, speculator)을 엄격한 절차와 규칙에 따라 연결시켜주는 역할을 한다. 즉, 선물시장은 가격변동 위험을 원하지 않는 헤지거래자로부터 가격변동위험을 감수하면서 보다 높은 이익을 추구하려는 투기거래자에게 위험을 전가하는 것을 가능하게 해준다. 즉, 실수요자인 헤지거래자에 해당하는 생산자, 소비자, 기업, 금융기관 등은 실물자산 및 금융자산 거래에서 가격변동위험에 항상 노출되어 있는데 선물시장에서 실물포지션과 반대되는 포지션을 개설하여 실물가격의 불리한 가격변동으로부터 생기는 손실을 선물시장에서 생기는 이익으로 상쇄시키는 이른바 헤징(hedging)을 할 수 있게 된다.

금융기관의 경우, 전문적 지식을 이용하여, 경우에 따라서 헤저의 입장이 되기도 하고 투기거래자가 되기도 하며 차익거래자의 입장이 되기도 한다.

④ 자본형성

선물시장은 투기거래자의 부동자금을 흡수하여 기업을 안정적으로 경영하고자 하는 위험회피거래자들의 효율적 자금관리와 자본형성에 도움을 준다. 선물거래의 주된 기능이 위험의 이전에 있음을 고려하면, 기업들은 증거금 정도의 소액의 자본으로 대규모 자금을 컨트롤할 수 있으므로 선물시장이 없을 때보다 자금운영의 유연성을 확보하게 된다.

1.1.5 선물거래의 기본용어

① 기초상품 또는 기초자산

이는 선물계약의 만기일에 가서 인도되는 상품 또는 자산을 말한다. 선물가격은 이 기초자산가격에 연동되어 변한다. 일부 선물계약에서는 만기일에 현물을 인도하는 대신에 기초상품가격에 의해 현금차액결제가 이루어지기도 한다. 선물계약의 거래대상이 되는 상품의 종류에 따라 크게 상품선물과 금융선물로 구분된다. 전통적인 상품선물은 농축산물 및 임산물, 비철금속, 귀금속, 에너지상품 등을 기초자산으로 하고, 금융선물은 통화, 금리, 주가지수 등을 기초자산으로 한다.

② 선물만기일

현물이 인도됨으로써 계약의무가 이행되는 날짜를 선물만기일이라고 한다. 만기일이 가까운 선물계약을 근월물, 만기일이 많이 남은 선물계약을 원월물이라 한다.

③ 선물가격

선물가격이란 선물 만기일에 현물을 인수(인도)할 때 기준이 되는 상품 단위당 가격으로 매매거래가 이루어지는 현재시점에서 결정된다.

④ 계약단위

계약단위란 거래소에서 거래되는 상품의 기본거래단위로서 선물계약 1건의 크기를 말하며, 하나의 거래단위를 1계약이라고 한다. 모든 선물거래소에서는 거래가 신속하게 이루어질 수 있도록 하기 위하여 거래 대상 상품별로 계약단위를 표준화하여 거래하고 있다.

⑤ 최소호가단위

최소호가단위는 선물계약의 매입, 매도 주문시에 내는 제시가격의 최소가격변동단위라고 할 수 있으며, 선물거래소마다 상품별로 호가단위의 크기를 표준화시켜 놓고 있다. 여기에 계약단위를 곱하면 최소호가단위 1단위 변동시 계약당 손익변동금액이 산출된다.

⑥ 미결제 약정

선물거래가 이루어진 후 반대매매나 최종결제가 이루어지지 않은 약정을 미결제 약정이라고 한다. 예를 들어, 선물 5계약을 신규매수하고 반대매매를 하기 전에는 미결제 약정 수가 5계약이 된다. 그러나 매수한 5계약 중 3계약을 전매도하고 나면 미결제 약정 수는 2계약이 된다.

⑦ 일일가격제한폭

선물거래는 현물거래에 비해 거래비용이 적게 들고 투기적 성격이 강하기 때문에 가격의 변동성이 크다. 일일가격제한폭(price limit)이란 하루 중 가격이 변동할 수 있는 상한과 하한을 정해 이를 벗어나는 가격으로는 거래가 이루어지지 못하게 하여 투자자를 보호하고 효율적으로 시장을 관리 유지한다. 이는 전일 종가를 기준으로 당일 거래시간동안 등락할 수 있는 최대한의 가격변동폭을 말한다. KOSPI200 선물의 경우 가격제한폭은 상하 10%이다. 미국의 경우 주식시장의 가격제한폭이 없지만 선물시장에는 일일 가격제한폭이 있다.

⑧ 베이시스

베이시스(basis)란 정상시장에서 형성된 현물가격과 선물가격의 차이를 말한다. 이러한 베이시스는 선물시장을 이용하는 사람들 가운데 가격변동위험을 전가하려는 헤지거래자(hedger)와 가격의 비정상적인 형성을 포착하여 순간적인 매매차익을 취하려는 차익거래자(arbitrager)에게 중요한 투자 판단의 기준이 된다. 시간이 경과하여 만기일에 가까워지면 베이시스는 점차 작아지며, 만기일에는 선물가격과 현물가격이 동일하게 되어 베이시스는 0이 된다.

⑨ 정상시장

정상시장(normal market)은 선물가격이 현물가격보다 높게 형성되어 있는 시장 상태를 말한다. 일반적으로 선물가격은 현물가격보다 높게 형성되는데 그 이유는 선물상품의 인도 및 인수가 현물상품보다 늦게 이루어지므로 그 기간 동안의 상품보관료, 보험료, 이자비용 등이 반영되기 때문이다. 따라서 선물계약의 만기일이 멀면 멀수록 선물가격은 현물가격보다 더 커진다.

⑩ 콘탱고와 백워데이션

정상시장에서 선물가격이 현물가격보다 높게 형성되는 것을 콘탱고(contango)라 하며, 반대로 비정상시장 또는 역조시장에서 현물가격이 선물가격보다 높게 형성되는 현상을 백워데이션(backwardation)이라 한다.

1.1.6 선물거래의 손익

선물만기일에 기초자산을 인수하고 그 대가로 사전에 정한 대금을 지불하기로 약속하는 것을 '선물을 매입한다(long futures)'고 한다. 선물을 매입한 상태를 '롱 포지션(long position)'이라고 표현한다. 선물을 매입한 경우 만기일이 될 때까지 기다려서 기초자산을 실제로 인수할 수도 있고, 만기일 이전이라도 매입했던 선물을 다시 매도함으로써 실물인수의 의무에서 벗어날 수도 있다.

한편 선물만기일에 기초자산을 인도하고 그 대가로 사전에 정한 대금을 영수하기로 약속하는 것을 '선물을 매도한다(short futures)'고 한다. 선물을 매도한 상태를 '숏 포지션(short position)'이라고 한다. 선물을 매도한 경우 만기일이 될 때까지 기다려서 기초자산을 실제로 인도할 수도 있고, 만기일 이전이라도 매도했던 선물을 다시 매입함으로써 실물인도의 의무에서 벗어날 수도 있다.

이렇게 선물시장에서 매도한 것을 만기일 이전에 재매입하는 것을 환매수(short covering), 매입한 것을 만기일 이전에 재매도하는 것을 전매도(long liquidation)

라고 한다. 이처럼 환매수나 전매도를 통하여 기존의 포지션을 청산하는 것을 반대매매라고 한다.

선물을 매입한 투자자는 기초자산의 가격이 오를수록 이익을 보게 되며, 선물을 매도한 투자자는 기초자산의 가격이 떨어질수록 이익을 보게 된다. 선물거래 후 반대매매를 통해 중도에 청산하지 않고 만기일까지 최초계약을 유지한다면 거래에 따른 손익은 다음과 같다.

- 선물을 매입한 투자자의 손익 = 만기일의 기초자산가격 - 거래개시 시점의 선물매입가격
- 선물을 매도한 투자자의 손익 = 거래개시 시점의 선물매도가격 - 만기일의 기초자산가격

한편 만기일 이전에 반대매매를 통하여 기존의 포지션을 청산할 경우의 손익은 다음과 같다.

- 선물매입자의 손익 = 전매도 시점의 선물가격 - 거래개시 시점의 선물매입가격
- 선물매도자의 손익 = 거래개시 시점의 선물매도가격 - 환매수 시점의 선물가격

선물거래의 손익을 포지션에 따라 그림으로 나타내면 다음과 같다.

[그림 5-2] 선물매입포지션의 손익

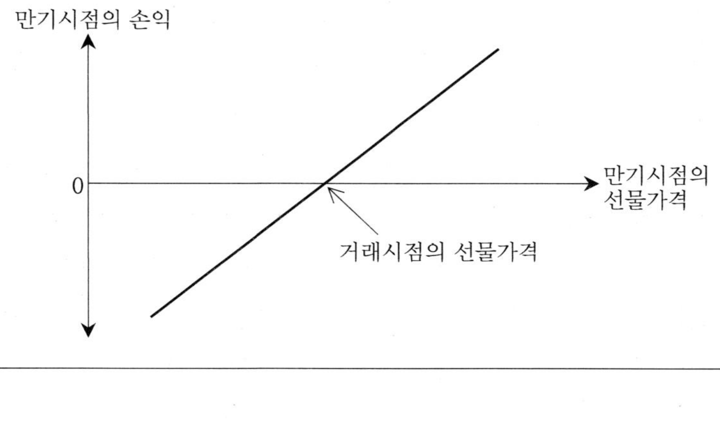

[그림 5-3] 선물매도포지션의 손익

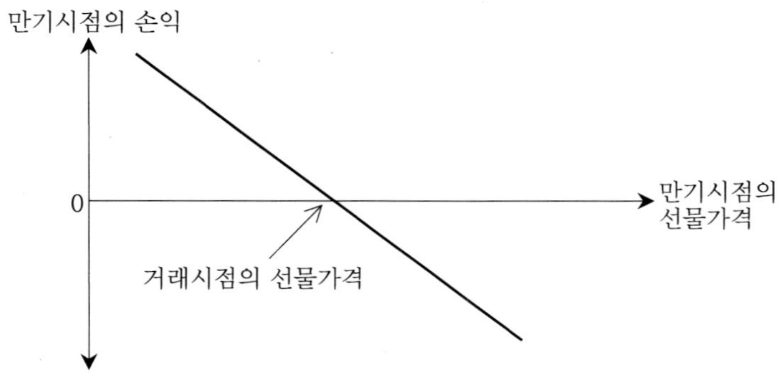

2. 주가지수선물시장

1996년 5월에 한국증권거래소(KSE)에서 KOSPI200을 대상으로 하는 주가지수 선물거래가 시작되었다. 또한 2001년 1월부터는 한국선물거래소에 코스닥50 지수를 대상으로 하는 KOSDAQ50 선물이 상장되었다. 하지만 2005년 통합거래소인 한국증권선물거래소(현 한국거래소)의 출범이후 그동안 거래가 부진했던 KOSDAQ50 선물을 상장 폐지하고 코스닥시장의 우량 30종목으로 구성된 스타지수를 대상으로 한 스타지수선물을 2005년 11월에 상장하여 거래하고 있다.

2.1. KOSPI 200 선물

2.1.1 매매제도

① 거래대상

KOSPI200 선물거래의 거래대상은 1990년 1월 3일을 기준시점(기준지수 100)으로 하여 시가총액방식으로 산출되는 한국주가지수 200(KOSPI 200)이다. 관리종목, 증권투자회사종목을 제외한 전체 상장종목 중에서 산업별 분류를 기준으로 평균시가총액, 연간 거래량 순을 기준으로 지수조작 가능성, 시장 대표성 등을 고려하여 거래소가 선정하는데, 구성 종목 시가총액이 전체 시가총액의 70% 이상이 되게 한다.

KOSPI 200의 한글명은 한국주가지수 200이며 영문명은 Korea Stock Price Index 200이다. KOSPI 200의 편입대상종목은 매년 6월에 직전년도의 1년간 종목별 평균시가총액 및 연간거래량을 기준원칙으로 선정된다. 이때 구성 종목의 시가총액이 전체 시가 총액의 70% 이상으로 해야 하며, 상장폐지나 관리종목지정, 합병 등의 사유발생시 운영위원회를 개최하여 종목조정을 위한 특별심의를 할 수 있다.

② 거래시스템

거래시스템은 전산거래방식을 채택하고 있다. 전산거래는 모든 시장참여자들에게 동질의 시장 및 정보접근이 가능하며, 다양한 시장정보를 신속 정확히 전달할 수 있어 효율적이다. 또한 사람의 실수를 막고 정확하고 신속하게 거래체결 및 결제업무를 처리하며, 투명성이 확보되어 불공정거래의 소지가 적다. 그리고 장소와 인력면에서 비용이 많이 절감될 수 있으므로 거래비용을 많이 줄일 수 있다. 나아가 기술의 발전에 따라 상업통신망 및 인터넷 등을 통한 홈트레이딩도 가능하다.

③ 거래대상종목, 최종거래일 및 거래개시일

KOSPI200 선물의 거래대상은 모두 4종목이며, 결제월(3, 6, 9, 12월)에 따라 구분되며, 각 종목의 최장거래기간은 1년이다. KOSPI200 선물의 최종거래일은 각 결제월의 두번째 목요일이다. 그러나, 각 결제월의 두번째 목요일이 휴장일인 경우에는 순차적으로 앞당긴 거래일을 최종거래일로 한다.

KOSPI200 선물의 새로운 종목의 거래개시일(상장일)은 각 결제월의 최종거래일의 다음 거래일이다. 예를 들면, 2008년 4월 3일 현재 상장 종목은 2008년 6월물, 9월물, 12월물과 2009년 3월물의 네 가지가 있으며 2008년 6월물은 6월 두 번째 목요일인 6월 12일이 거래최종일이 되고 이날이 지나면 상장폐지되고 6월 13일부터 2009년 6월물이 상장되게 된다.

④ 거래단위, 거래금액 및 최소호가단위

거래의 편의상 일정규모의 크기를 정하고, 이를 "계약"으로 표시하며, 최소 거래단위는 1계약이다.

1계약의 거래금액은 KOSPI200 선물지수(가격)에 50만원을 곱한 금액이다. 예를 들어, 가격이 200포인트(200P)인 KOSPI200 선물을 한 계약 매수(또는 매도)한 경우 거래금액은 200P×50만원×1계약 = 1억원이다.

거래시 호가할 수 있는 최소가격변화폭인 최소호가단위를 1틱tick이라고 한다. 한 틱의 크기는 0.05P 이고 이것을 금액으로 환산하면 25,000원(=0.05p×500,000원)이다. 예를 들어, 현재의 KOSPI200 선물지수가 200인 경우 199.90, 199.95, 200.00, 200.05, 200.10등의 호가로 주문을 낼 수 있다.

⑤ 거래시간

주가지수선물시장은 투자자의 포트폴리오 위험관리를 위하여 이용된다. 따라서, 투자자가 자신의 포트폴리오 관리를 위하여 주식시장 폐장 후 당일의 최종현물지수의 수준에 따라 선물미결제약정을 적정하게 조정할 수 있도록 하기 위하여 주식시장보다 15분 늦게 폐장한다.

그러나, 최종거래일에는 주식시장이 종료되면 최종결제가격이 확정되므로 더 이상 선물을 거래할 이유가 없고, 주식시장이 매매종료전 10분동안 단일가격에 의한 경쟁거래방법으로 단일가로 거래되어 시장정보가 단절되기 때문에 주식시장보다 10분 일찍(14:50) 선물거래가 종료되도록 하고 있다. 거래 체결은 주식시장과 마찬가지로 개별경쟁거래방식으로 가격, 시간우선원칙에 따라 이루어진다.

⑥ 시장조성자 제도

시장조성자는 거래소와 시장조성계약을 체결하여 시장조성종목에 대한 매수주문과 매도주문을 동시에 집행하거나 일방의 주문을 행하여 시장을 조성하는 자로서, 신규 상장품목과 거래소가 지정한 유동성관리품목에 대하여 복수가격에 의한 경쟁거래시간 동안 적용된다.

⑦ KOSPI200선물의 가격제한폭

KOSPI200 선물은 가격의 급변에 따른 시장의 혼란과 가격조작을 방지하기 위하여 가격제한폭제도를 두고 있다.

선물거래의 일일가격제한폭은 기준가에 0.10(기준가 대비 10%)을 곱하여 산출되는 수치를 적용한다. 일반적으로 기준가격은 전일의 종가로 하며, 전일의 종가가 없는 경우에는 최근일의 종가를 적용한다. 그러나 최근일 종가와 전일의 이론가격 차이가 최근일 종가 기준 가격제한폭을 초과하면, 거래소 산출 이론가격을 기준가격으로 적용하게 된다.

여기서, 상한가는 기준가격에 가격제한폭을 더한 가격이 되며, 하한가는 기준가격에서 가격제한폭을 뺀 가격이 된다. 즉, 현재 KOSPI200 지수가 200.00 포인트라면, 상한가는 220.00 포인트, 하한가는 180.00 포인트가 된다.

⑧ 거래의 일시중단 및 재개

ⓐ 프로그램매매호가의 일시효력정지제도(사이드 카, side car)

프로그램매매는 컴퓨터에 투자자가 미리 입력해 놓은 투자전략에 따라, 시장상황에 맞는 매매시점을 포착하여 매매를 일괄수행 하는 것이다. 그러나 프로그램 매매를 사용하는 경우 많은 기관투자자들이 비슷한 전략을 구사하게 되어 대량주문이 동시에 수행되기 때문에 주식이나 선물시장의 가격변동에 큰 영향을 미치는 경우가 발생하게 된다. 프로그램 매매는 1987년 10월 미국의 주가대폭락 Black Monday의 원인이 되면서 사람들의 관심을 끌기 시작했으며, 우리나라에서도 1996년 12월 12일에 주가지수가 동시호가 직전 대비 10포인트나 급락하면서 시가총액이 1조원 이상 감소해 주식시장의 큰 혼란을 초래하기도 하였다.

이러한 위험을 최소화 하기위해, 거래소에서 '프로그램 매매호가의 일시효력정지제도'를 도입하였다. 전일의 거래량이 가장 많은 종목의 가격이 전일 종가대비 5%이상 변동한 상태가 1분 이상 지속되는 경우, 주식시장의 프로그램매매호가를 5분 지연하여 매매 체결을 하여, 프로그램매매가 주식시장에 미치는 영향을 줄인다. 5분경과 후 접수순에 따라 가격 결정에 참여하게 되며, 장 시작 5분경과 전이나 장 마감 40분 전에는 효력을 정지 할 수 없다. 그리고 1일 1회에 한하여 발동될 수 있다.

ⓑ 필요적 매매거래 중단(서킷 브레이커, circuit breaker)

선물시장의 서킷 브레이커circuit breakers 제도는 시장의 가격 안정화를 도모하기 위하여 도입한 제도로써, 선물시장이 크게 변동하는 경우 투자자들로 하여금 시장상황을 보다 냉정하게 판단할 수 있게 하여 무분별한 매매 및 이로 인한 가격 불안정을 최소화하기 위하여 발동한다.

서킷브레이커가 발동되는 조건은 전일 거래량이 가장 많은 선물종목의 가격이 동시호가시간이 종료된 때부터 5분이 경과한 후 당해 종목의 약정가격이 기준가격 대비 5% 이상 변동한 상태가 1분 이상 지속되고 선물이론가격 대비 괴리율이 3.00% 이상인 상태가 1분 이상 지속되는 경우 모든 종목의 거래를 5분간 중단한다. 필요적 매매거래중단 재개 후 10분간 호가를 접수하여 단일가격에 의한 개별경쟁거래방식으로 거래를 재개한다. 필요적 매매거래중단은 1일 1회만 발동되고, 후장 14시 20분 이후에는 발동되지 않는다.

현물주식시장에서 종합주가지수가 전일종가대비 10% 이상 하락하고 이 상태가 1분간 지속되면 매매거래를 20분간 중단하며, 이때 선물시장도 매매거래를 20분간 중단한다.

ⓒ 임의적 매매거래중단

거래소는 투자자 보호와 시장관리상 다음 사유가 발생할 경우에는 전부 또는 일부종목의 매매거래를 중단할 수 있는 '임의적 매매거래중단'제도를 두고 있다.

- 거래소 선물매매시스템의 장애가 10분 이상 발생하여 정상적으로 매매거래를 할 수 없는 경우
- 주식시장의 매매시스템 장애가 10분 이상 발생하여 KOSPI200 구성종목 중 100종목 이상에 대하여 매매거래를 할 수 없는 경우

• 기타 거래소가 효율적 시장관리상 필요하다고 인정하는 경우

2.1.2 증거금제도

KOSPI200 선물거래 시에는 KOSPI200 옵션거래와 연계하여, 보유중인 선물·옵션 미결제약정을 기준으로 한 포트폴리오 위험기준 위탁증거금제도를 채택하고 있다. 따라서 선물거래와 옵션거래는 항상 연계되어 증거금이 계산되기 때문에 다소 복잡한 증거금 구조를 가지고 있다.

① 기본예탁금

계좌를 개설한 후 미결제약정을 보유하지 않은 투자자가 신규의 매도 또는 매수를 위탁하는 때에는 사전에 1,500만원 이상의 현금 또는 그 금액에 상당하는 유가증권(대용증권)을 선물·옵션기본예탁금으로 금융투자업자에게 납부하여야 한다. 기본예탁금은 최초로 KOSPI200 선물을 거래하는 투자자에게 초기에 발생할 수도 있는 시장의 불안정 요소를 제거할 목적으로 소자본 개인투자자의 거래를 억제하기 위해서 도입되었다. 기본예탁금은 KOSPI200 선물이 개장될 당시에는 3,000만원이었으나, 거래제한을 완화한다는 차원에서 점차 하향 조정되고 있다.

기본예탁금은 선물·옵션거래를 하기 위한 최소한의 기본금액으로 설정된 것으로 투자자의 위탁증거금이 1,500만원 이하에서 결정된다 하더라도, 미결제약정을 보유하고 있는 한 기본예탁금은 인출할 수 없다.

② 위탁증거금

위탁증거금은 보유하고 있는 선물·옵션 미결제약정의 위험을 기준으로 산출되며, KOSPI200이 15% 불리하게 변동할 경우 보유중인 선물·옵션 미결제약정의 최대손실액을 기준으로 부과된다.

기존의 미결제약정에 대한 위탁증거금은 보유중인 옵션을 현재상태에서 모두

해소할 경우에 소요되는 비용인 옵션가격증거금과, 현재 보유중인 선물·옵션미결제약정으로 인하여 향후 발생 가능한 최대손실액인 예비증거금으로 구성된다.

③ 신규 주문시의 위탁증거금

기존의 미결제약정에 대한 증거금과는 별도로 선물·옵션 신규 주문시에는 신규의 주문에 따른 증거금을 사전에 증권회사 또는 선물회사에 납부하여야 한다.

ⓐ 선물의 신규 위탁시 위탁금액의 15% 이상(위탁금액의 5% 이상은 현금납부, 나머지 10%는 대용유가증권으로 예치 가능)을 개시증거금으로 내야 한다.

(예) 선물가격 = 200포인트
선물계약금액 = 200포인트×50만원×4계약 = 4억원
선물계약 개시증거금 = 4억원×15% = 6,000만원

* 200포인트에 매수한 KOSPI200 선물가격이 당일 200.25포인트를 일일정산가격으로 거래가 마감되었다면 일일정산에 의해 발생한 이익 50만원이 투자자의 증거금계좌에 다음날 이체된다.

일일정산에 의한 선물거래 이익 = 0.25포인트×50만원×4 = 50만원

ⓑ 옵션의 신규 매수위탁시 위탁금액 이상의 현금

ⓒ 옵션의 신규 매도위탁시 거래소가 정하는 바에 따라 최대손실가능금액 이상의 금액(전액대용증권으로 납부 가능)

④ 위탁증거금의 유지 및 추가 납부

투자자의 예탁금이 선물·옵션 미결제약정의 결제이행보증에 필요한 최소 수준에 미달하는 경우에는 위탁증거금을 추가로 납부하여야 하며, 이러한 최소증거금을 유지증거금이라고 한다. 투자자의 예탁금 수준이 유지증거금 수준에 미달하는 경우 다음날 12:00 까지 금융투자업자에 차액을 추가로 납부하여야 한다.

만약 선물가격이 계약가격 대비 5% 이상 하락하여 증거금잔액이 약정금액의 10% 미만이 되면 추가로 유지증거금을 납부해야 한다. 앞의 예에서 선물가격이

10포인트(=200포인트×5%) 이상 하락하여 190포인트 이하로 내려가면 마진콜(margin call)을 당하게 된다.

만약 시한 내에 추가납부가 이루어 지지 않으면 증권회사 또는 선물회사는 위탁자의 미결제약정을 소멸시키는 매도 또는 매수를 하거나, 대용증권을 매도하고, 부족액이 있을 경우 그 부분을 청수 할 수 있다.

⑤ 위탁증거금의 인출

선물·옵션 미결제약정의 결제이행보증에 필요한 금액(위탁증거금)을 초과하는 금액은 인출한 금액과 선물·옵션 기본예탁금(1,500만원) 중 큰 금액을 초과하는 예탁금액만 인출할 수 있다.

2.1.3 결제제도

선물거래의 결제는 일일정산과 최종결제에 의해 이루어진다.

① 일일정산

일일정산이란 선물거래의 특성상 레버리지가 매우 크므로, 손실 확대시 결제불이행위험을 사전에 방지하기 위하여 투자자의 선물미결제약정을 당일의 정산가격으로 매일 재평가하여 이익이 발생한 경우 이익금을 수령하고 손실이 발생한 경우 손실금을 지불하는 것을 말한다. 일일정산의 내용은 다음과 같다.

ⓐ 당일에 매매체결한 선물미결제약정에 대하여는 각 미결제약정의 체결가격과 당일의 정산가격(선물종가)과의 차이(당일차금)에 상당하는 금액을 수수한다.

ⓑ전일의 미결제약정에 대하여는 전일의 정산가격(선물종가)과 당일의 정산가격(선물종가)과의 차이(갱신차금)에 상당하는 금액을 수수한다.

이러한 일일정산을 통하여 당일의 모든 선물 미결제약정에 대하여 매일 당일의 정산가격으로 재평가함으로써 실질적으로 매일 결제를 하는 것과 같은 효과를 볼 수 있으며, 그만큼 결제불이행위험이 줄어들게 된다.

② 최종결제

보유중인 선물 미결제약정에 대해 반대매매(신규매수에 대해서는 전매도, 신규매도에 대해서는 환매수)하지 않고 최종거래일까지 보유하고 있는 경우, 미결제 약정의 최종거래일 전일의 정산가격(최종거래일의 기준가격)과 최종결제가격(최종거래일의 KOSPI 200 지수)과의 차이에 대하여 산출되는 금액(최종결제차금)을 수수하는 것을 최종결제라고 한다.

③ 결제시한

선물거래에서 발생하는 일일정산차금 및 최종결제차금은 결제금액이 발생한 다음날(휴장일인 때는 순차적으로 연기함) 12:00시까지 금융투자업자를 통하여 수수하여야 한다.

2.2. 스타지수 선물

2.1.1 매매제도

① 거래대상

스타지수선물의 거래대상은 2003년 1월 2일의 지수를 1,000포인트로 하여 코스닥시장에서 발표하는 KOSTAR(Kosdaq Star)이다. KOSTAR의 한글명은 스타지수이며 편입대상 종목은 코스닥시장에 상장된 종목중 시장대표성, 유동성 및 재무요건을 감안하여 선정된 우량종목 30종목을 기준으로 하여 선정함을 원칙으로 한다. 종목의 변경은 매년 6월에 지수운영위원회의 심사를 거쳐 정기적으로 1회 이루어지지만, 편입종목 중 상장폐지나 관리 또는 유의종목 지정 등의 사유발생시 수시로 변경 할 수 있다.

② 거래 시스템

거래시스템은 KOSPI200선물과 똑같이 전산거래방식을 채택하고 있다.

③ 거래종목 및 결제월

거래종목 및 결제월도 KOSPI200선물과 동일하게 3월, 6월, 9월, 12월이고 새로 상장되는 종목의 거래기간은 최장 1년이며 최종거래일은 각 결제월의 두번째 목요일(휴장일인 경우 순차적으로 앞당김)로서 이날이 되면 해당 결제월 종목은 당일 거래시간 종료 후 상장폐지되고, 다음 날부터는 새로운 결제월종목이 자동적으로 상장되어 거래된다.

④ 거래단위와 호가단위

스타지수선물의 경우 거래단위승수는 1만원이며 호가의 수량단위는 1계약이며 호가의 가격단위는 1 tick 즉 0.50포인트이므로 금액으로는 1계약당 5천원(0.5×1만원)이 된다.

따라서 만약 KOSTAR가 1,300포인트이고 어떤 투자자가 2계약을 매수하였다면 계약금액은 2천 6백만원(1,300×1만원×2계약)이 된다.

그리고 현재 스타지수가 1,285.50이라면 위로는 1,286.00, 1,286.50 등으로 호가가 가능하고, 아래로는 1,285.00, 1,284.50 등으로 호가가 가능하다.

⑤ 거래시간 및 거래 체결원칙

스타지수선물의 거래시간도 KOSPI200선물과 동일하여 코스닥시장과 동시에 거래를 개시(09:00) 하여 코스닥시장 종료 15분 후(15:15)에 거래를 종료한다. 최종거래일에는 코스닥시장보다 10분 일찍(14:50) 선물거래가 종료되도록 하고 있다. 스타지수선물거래의 체결도 KOSPI200선물과 마찬가지로 개별경쟁거래방식으로 이루어지며, 가격과 시간 우선원칙이 적용되고 있다.

⑥ 가격제한폭

스타지수선물거래의 상하의 가격제한폭은 기준가격대비 ±10%이다.

⑦ 선물가격 급변시의 거래 중단제도

ⓐ 프로그램매매호가의 일시효력정지제도(사이드 카, side car)

스타지수선물종목 중 직전 매매거래일의 거래량이 가장 많은 종목의 가격이 6% 이상 상승 또는 하락하는 상태가 1분간 지속되는 경우, 당해 시점부터 5분간 프로그램 매매의 호가의 효력을 정지(Side Car)한다. 프로그램 매매호가 효력정지 후 5분이 경과하면 접수순에 따라 가격 결정에 참여하게 되며, 장 시작 5분경과 전이나 장 마감 40분전 이후에는 프로그램 매매호가의 효력을 정지하지 않는다.

ⓑ 선물시장의 필요적 거래중단(서킷브레이커, circuit breakers)

스타지수선물시장에서는 직전 거래일의 거래량이 가장 많은 종목의 가격이 당일의 기준가격 대비 ±6% 이상 급변하고 선물가격과 선물이론가격간의 괴리율이 3% 이상으로서 1분 이상 지속될 때 모든 선물종목의 거래가 5분간 거래중단(Circuit Breakers)이 발동된다. 아울러 코스닥시장이 10% 이상 하락하여 현물시장의 거래가 중단된 경우 20분간 거래가 중단된다. 이러한 필요적 거래중단은 9:05~14:20분 사이에 발동되며 원칙적으로 1일 1회만 중단된다. 거래 중단후 재개시에는 10분간 단일가거래를 위한 주문접수 후 단일가로 거래를 체결한다.

ⓒ 선물시장의 임의적 거래중단

이 밖에 코스닥시장의 거래소시스템의 장애로 스타지수 구성종목 중 15개 이상의 종목을 10분 이상이 거래할 수 없거나, 거래소나 회원사의 선물·옵션시스템 장애시는 스타지수선물시장의 거래가 중단될 수 있다.

2.2.2 결제제도

① 일일정산

ⓐ 정산가격

결제회원은 선물의 각 종목에 대하여 매일매일 정산가격으로 거래소와 정산하여야 한다. 이때 정산가격은 KOSPI200선물과 동일하게 당일의 최종약정가격(기세포함)으로 하며, 당일의 최종약정가격이 없을 경우 전일의 정산가격으로 한다. 그 밖에 선물이론가격으로 정산가격을 정할 수 도 있다.

ⓑ 정산차금

정산차금은 선물거래의 손익을 매일 산정하여 결제회원과 거래소간, 회원과 위탁자간에 수수하는 금액으로 거래일마다 정산가격으로 산정한 당일차금과 갱신차금을 합산한 금액이다.

- 당일차금

  당일의 각 매도거래의 합계액과 당일의 각 매수거래의 합계액을 합산한 금액

  매도거래 : (당일의 각 약정가격-당일의 정산가격)
  ×각 약정가격별 매도수량×1만원

  매수거래 : (당일의 정산가격-당일의 각 약정가격)
  ×각 약정가격별 매수수량×1만원

- 갱신차금

  전일의 미결제약정수량에 대해 당일의 정산가격으로 평가하여 산출한 금액

  매도미결제약정 : (전일의 정산가격 - 당일의 정산가격)
  ×전일의 매도미결제약정수량 × 1만원

  매수미결제약정 : (당일의 정산가격 - 전일의 정산가격)
  ×전일의 매수미결제약정수량 × 1만원

② 최종결제

최종거래일까지 반대매매되지 아니한 미결제약정수량은 최종거래일의 최종결제가격으로 결제해야 하며, 이때 미결제약정을 최종결제지수로 평가하여 산출한 금액이 최종결제차금이다.

매도미결제약정 : (최종거래일의 정산가격 - 최종결제가격)
× 최종거래일의 매도미결제약정수량 × 1만원

매수미결제약정 : (최종결제가격 - 최종거래일의 정산가격)
× 최종거래일의 매수 미결제약정수량 × 1만원

③ 차감결제금액의 수수

결제회원은 거래소를 통하여 정산차금(당일, 갱신)과 최종결제차금의 합계액(차감결제금액)을 차감결제금액이 발생한 날의 다음날 16시까지 결제하여야 한다(단, 휴장일은 순연한다). 결제회원과 거래전문회원간의 결제차금의 수수시한은 거래일의 다음 날의 지정결제회원이 정하는 시간으로 한다.

결제회원이 결제차금을 거래소에 지급하는 경우에는 결제회원이 거래소명의의 은행계좌에 당해 금액을 현금으로 입금하여야 하며, 거래소가 결제차금을 결제회원에게 지급하는 경우에는 결제회원의 은행계좌에 현금으로 입금한다.

④ 증거금

거래증거금은 결제회원이 자신의 이름으로 체결된 거래(거래전문회원 및 위탁거래 포함)에 대하여 성실한 계약이행을 보증하기 위하여 거래소에 예치하는 금액이다. 거래증거금은 포트폴리오위험을 기준으로 KOSPI200선물거래와 동일한 방식으로 산출하며, KOSPI200선물·옵션과 스타지수선물간 서로 반대방향의 손익구조를 지닌 선물·옵션 미결제약정에 대해서는 증거금 감면(Offset Rate 50%)을 허용하고 있다.

⑤ 미결제약정 수량의 보유 제한

스타지수선물은 회원 또는 위탁자별로 5,000계약 이내에서 회원이 위탁자 파악 사항 등을 감안하여 위탁자별로 정한 수량의 미결제약정 보유를 제한하고 있다.

※ 스타지수선물, KOSPI200옵션, 주식옵션의 수탁제도는 KOSPI200선물과 동일하다.

2.3. 주식선물

주가지수 선물이 상장된 이후 최근에는 개별주식을 대상으로 한 주식선물이

상장되어 거래되고 있다. 우리나라 주식선물시장은 2008년 5월 6일에 도입되었으며 거래규모 세계 7위로 급성장하였다. 이로서 개별보유주식의 헤지 거래, 주식과 주식선물 간 차익거래, 레버리지거래 등이 가능하게 되었다. 개별주식선물은 남아공, 인도, 독일, 영국, 미국 등 전세계 22개국에 상장되어 최근 5년간 거래량이 약 13배 증가하는 등 빠르게 성장하고 있다. 주식과 주식선물의 차이점을 요약하면 다음과 같다.

[표 5-1] 주식과 주식선물의 차이점

구분	주식	주식선물
계좌	주식계좌	선물 · 옵션 계좌
주총 의결권	있음(보통주)	없음
배당	있음	없음
주권	있음	없음
거래단위	주	계약(1계약=10주)
만기	없음	있음(1년)
결제일	T+2	T+1
종목수	유가증권시장: 약 900종목 코스닥시장: 약 1,000종목	15개종목
세금	0.30%	없음
공매도	가능	가능
손익 획득	상승시 이익, 하락시 손실 (공매도제외)	상승, 하락시 모두 손익가능 (매수도자 손익 제로섬)
레버리지 거래	불가(신용거래, 미수금거래 제외)	가능(증거금 거래)

개별주식선물의 대상이 되는 주식은 거래소에서 선정하는데, 상장주식 중 유통주식수가 1,000만주 이상, 소액주주수가 10,000명 이상, 1년간 총거래대금이 5,000억원 이상인 보통주식 중에서 시가총액과 재무상태 등을 감안하여 15개 기업의 발행주식을 선정하였다. 자세한 거래기준은 다음과 같다.

[표 5-2] 개별주식선물의 거래기준

거래대상	• KB금융지주, 삼성전자, 신세계, 신한금융지주, SK텔레콤, 우리금융지주, LG전자, 엘지디스플레이, 케이티, 케이티앤지, 포스코, 하나금융지주, 한국전력공사, 현대중공업, 현대자동차 등 15개 기업 (2008.10.13일 기준)
1계약금액	• 주식선물가격 × 10(거래승수)
결제월	• 분기월 4개(3, 6, 9, 12월)
상장결제월	• 1년 이내의 4개 결제월
가격의 표시	• 주신선물가격(원)
거래시간	• 09:00 ~ 15:15(최종거래일 09:00 ~ 14:50)
최종거래일	• 각 결제월의 두 번째 목요일(공휴일인 경우 순차적으로 앞당김)
최종결제일	• 최종거래일의 다음 거래일
결제방법	• 현금결제
가격제한폭	• 기준가격 ± 15%
증거금률	• 위탁증거금률 : 18% ■ 유지증거금률 : 12%
단일가격경쟁거래	• 개장시(08:00 ~ 09:00) 및 거래종료시(15:05 ~ 15:15)
필요적 거래중단 (Circuit Breakers)	• 선물가격 / 현물가격 급변시 선물거래 일시중단

주식선물을 이용하여 투자할 경우 주식에 비해 다음과 같은 이점이 있다.

첫째, 레베리지 효과가 크다. 주식미수거래, 신용거래, 주식선물을 이용한 거래에서 가능한 레버리지는 다음의 표를 보면 쉽게 이해할 수 있다.

[표 5-3] 레버리지효과 비교

구분	주식	주식미수(1)	주식신용(1)	주식선물
단가	500,000원	500,000원	500,000원	500,000원
수량	10주	10주	10주	1계약
총액	5,000,000원	5,000,000원	5,000,000원	5,000,000원
실소요금액	5,000,000원	2,000,000원	2,000,000원	900,000원
레버리지효과(2)	없음	약 2.5배	약 2.5배	약 5.6배

(1) 증거금율 40% 가정

(2) 투자금액 대비 투자효과가 높다는 의미. 주식은 투자금액의 100%를 납입해야 하지만, 주식선물은 주식투자금액의 18%의 계약금(증거금)만으로 주식을 거래할 때와 동일한 투자효과를 얻을

수 있으므로, 주식거래보다 약 5.6배(100÷18)의 레버리지 효과가 있다고 말하며, 주식미수 및 주식신용은 약 40%(업체마다 상이)의 계약금(증거금)으로 거래가능하므로 2.5배(100÷40)의 레버리지 효과가 있다고 말함.

둘째, 수수료가 저렴하고 세금이 없다.

셋째, 공매도를 편리하고 저렴하게 할 수 있다. 직전가격보다 낮은 가격에 매도주문이 가능하며, 주식 공매도시에는 직전가격보다 높은 가격으로만 매도주문이 가능한 반면 주식선물은 직전가격과 상관없이 매도주문이 가능하다. 또한 주식선물 매도가 주식공매도보다 비용이 저렴한 장점이 있다.

3. 금리, 통화 및 상품선물시장

3.1 금리선물

금리선물(interest rate futures)은 장단기 채권 또는 이자율을 기초자산으로 하는 선물계약을 의미한다. 금리선물에는 다른 선물상품과 구별되는 특징이 있는데, 기초자산인 채권의 특성상 현물에도 만기가 존재한다는 점이다. 만기의 길이에 따라 기초자산의 만기가 1년 이하인 단기금리선물과 1년을 초과하는 장기금리선물로 분류된다.

금리선물의 기능은 다음과 같다.

첫째, 금리변동위험을 관리할 수 있는 도구를 제공한다

둘째, 새로운 투자수단을 제공해 준다.

셋째, 현물시장 활성화에 기여한다.

[표 5-4] 세계 주요 금리선물 거래량 순위 (단위: 백만)

순위	상품명	거래량
1	Eurodollar Futures, CME	621
2	10 Year Treasury Note Futures, CME	349
3	Euro-bond Futures, Eurex	338
4	Eurodollar Options on Futures, CME	313
5	One Day Inter-Bank Deposit Futures, BM&F	222

국내에서는 1999년 CD금리선물, 2002년 통안증권금리선물이 상장되었다. CD선물은 상장 이후 일일거래량이 13,000계약까지 증가하였으나 국채선물이 상장되면서 거래량이 큰 폭으로 감소하였으며, 2001년 이후 거래가 거의 이루어지지 않아 2007년 12월에 상장 폐지되었다. 통안증권 금리선물은 만기가 364일인 통안증권의 유통수익률을 기초자산으로 하는 선물이며 거래단위는 2억 원이다. 통안증권금리선물을 이용하면 통안증권의 가격변동위험을 헤지할 수 있을 뿐만 아니라 단기금융시장에서의 금리변동위험을 관리할 수 있다.

거래소에 상장되어 거래되고 있는 국내 장기금리 선물은 3년만기, 5년만기, 10년만기 국채를 기초자산으로 하는 금리선물 계약이 거래되고 있다. 이러한 장기금리선물 계약은 자본시장에서 다음과 같은 기능과 역할을 하고 있다.

첫째, 금리변동위험을 관리하기 위한 수단을 제공한다.

둘째, 국채선물 상장으로 채권가격 결정의 투명성이 제고되고 투자여건이 개선되면서 채권 현물시장의 활성화에 기여하고 있다.

셋째, 새로운 투자기회를 제공함으로써 금융시장의 선진화에 기여하였다.

넷째, 장래금리전망에 대한 기대를 반영하여 미래 금리를 예측하는데 활용된다.

3.2. 통화선물

외환시장에서는 선도계약형태의 선물환 거래가 오래 전부터 발달하였으며, 일반적인 선도거래와 선물거래의 차이와 같이 선도계약 형태의 선물환거래와 선물계약 형태의 통화선물로 분류된다. 즉, 통화선물이란 기초자산을 환율로 하여 거래소에 상장되어 거래되는 선물상품이다. 우리나라에서는 1999년 4월 23일부터 USD 선물이 상장되어 거래되어 왔다. 이후 엔화와 유로화에 대한 수요가 증가하면서 2006년 5월 26일 엔선물과 유로선물이 상장되어 거래되고 있다.

[표 5-5] 선물환과 통화선물의 비교

구분	선물환	통화선물
거래장소	장외	거래소
거래조건	거래당사자의 필요에 맞춤	표준화
거래방법	통신망을 이용하여 거래당사자들 간의 직접거래	다수의 거래자들 간에 경쟁입찰식으로 체결
신용관리	계약이행을 전적으로 매매쌍방의 신용도에 의존하므로 대부분 신용도가 높은 금융기관이나 기업 간에 계약	청산소가 거래상대방의 입장에서 계약이행을 보증
시장 참가자	상대방위험을 보증할 수 있는 신용도를 갖는 금융기관 또는 기업	원칙적으로 제한이 없으나 주로 선물환거래가 어려운 개인 또는 기업
거래비용	매입/매도 스프레드	브로커 수수료
결 제	대부분 만기 시 실물인수도에 의해 결제됨	대부분 만기 전 반대매매에 의해 포지션이 청산됨

[표 5-6] 우리나라 통화선물의 계약명세

구분	미국 달러선물	엔선물	유로선물
거래대상	미국 달러(USD)	일본 엔(JPY)	유로화(EUR)
거래단위	50,000달러	5,000,000엔	50,000유로
가격표시방법	1달러당 원화	100엔당 원화	1유로당 원화
호가가격단위	0.1원 → 1틱의 가치 5,000원(=50,000×0.1)	0.1원 → 틱의 가치 5,000원 (=5,000,000×0.1×1/100)	0.1원 → 1틱의 가치 5,000원(=5,000×0.1)
결제월 주기	당월물 포함 연속 3개월 + 3, 6, 9, 12월		
상장개월 수	6개 결제월		
포지션한도	거래소가 필요하다고 판단할 경우 설정할 수 있음		
호가한도가격	기준가(전일 정산가격) ± 기준가×위탁증거금률(미국 달러선물 3%, 엔선물 · 유로선물3.75%)		
거래시간	9:00 ~ 15:15(단, 최종거래일은 9:00 ~ 11:30)		
최종거래일	결제월의 세 번째 월요일 (휴일인 경우 순차적으로 앞당김)		
최종결제일	최종거래일 이후 2 영업일		
일일정산가격	1. 최종약정가격 2. 최종의제약정가격 3. 기세 4. 전일정산각격 5. 이론가격 (전일 정산가격과 이론가격 간의 괴리폭이 전일의 정산가격에 거래증거금률의 1/2을 곱한 수치초과 시. 다만, 미국 달러선물의 원월종목과 엔·유로선물의 모든 결제월종목의 경우 상기 가격과 이론가격의 차가 0.3원 초과시)		
최종결제방법	실물인수도 - 최종거래일의 최종결제가격을 인수도 금액으로 함 - 최종결제가격 산정방식은 일일정산가격 산정방식과 동일함 - 최종결제일에 해당 외국통화와 원화를 교환함		

3.3. 상품선물

상품선물은 기초자산이 농산물, 축산물, 에너지, 귀금속, 비철금속 등 실제 생산되어 거래되는 재화이며, 1980년대 초까지만 해도 선물시장의 주류였다. 상품선물은 시카고 상품거래소(CBOT)를 중심으로 발달하였으며, 우리나라에서는 1973년 제1차 석유파동을 겪고 난 후 상품선물거래의 필요성이 본격적으로 제기되기 시작하였다. 1999년 4월 23일 한국선물거래소의 개장으로 본격적인 선물거래가 시작되었으며 한국거래소로 통합된 현재까지 이르고 있다. 현재 금선물과 돈육선물 2가지 상품선물이 상장되어 거래되고 있으며 향후 시장의 확대가 기대되고 있다.

[표 5-7] 금Gold선물 계약의 세부사항

구분	내용
거래대상	순도 99.99%의 금괴
거래단위	1Kg
결제월	최근 연속 2개월 및 2, 4, 6, 8, 10, 12월
상장결제월	1년 이내의 7개 결제월
가격의 표시	1g 당 원화
호가가격단위	10원
최소가격변동금액	10,000원(1,000g×10원)
거래시간	09:00 ~ 15:15 (최종거래일 09:00~11:30)
최종거래일	결제월의 마지막 거래일의 직전 거래일
최종결제일	각 결제월의 마지막 거래일
결제방법	인수도결제
가격제한폭	기준가격 ± 9%
증거금률	위탁증거금률: 9%, 유지증거금률: 6%
단일가격경쟁거래	개장시 (08:00 ~ 09:00) 및 거래종료시 (15:05 ~ 15:15)

[표 5-8] 돈육Lean Hog선물 계약의 세부사항

구분	내용
거래대상	돈육대표가격 (산출기관: 축산물등급판정소)
계약크기	1,000Kg
결제월	최근 연속 6개월
최장거래기간	6개월
가격의 표시	원/ Kg
호가가격단위	5월
최소가격변동금액	5,000(1,000Kg×5원)
거래시간	10:15 ~ 15: 15 (최종거래일: 좌동)
최종거래일	각 결제월의 세 번째 수요일
최종결제일	결제월의 최종거래일부터 기산하여 3일째 거래일
결제방법	현금결제
가격제한폭	기준가격 ± 21%
증거금률	위탁증거금률: 21% 유지증거금률: 14%
단일가격경쟁거래	개장시 (09:15~10:15) 및 거래종료시 (15:05~15:15)

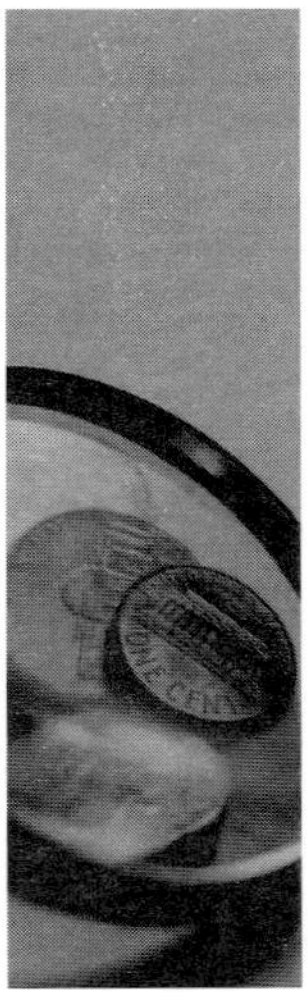

제6장

옵션시장

옵션이란 특정 대상물을 장래의 지정된 날[American option] 또는 그 이전에[European option] 일정한 가격으로 사거나 팔 수 있는 권리를 말한다. 옵션에는 살 수 있는 권리(콜옵션, call option)와 팔 수 있는 권리(풋옵션, put option)가 있다.

1. 옵션

2. 주가지수 및 주식옵션시장

3. 금리 및 통화옵션

1. 옵션

1.1 옵션의 개념 및 역사

옵션이란 특정 대상물을 장래의 지정된 날[European option] 또는 그 이전에 [American option] 일정한 가격으로 사거나 팔 수 있는 권리를 말한다. 옵션에는 살 수 있는 권리(콜옵션, call option)와 팔 수 있는 권리(풋옵션, put option)가 있다. 옵션은 권리이므로 유리할 때만 행사하면 되고, 불리하면 권리를 포기하면 그만이며 권리의 포기에 따른 의무는 없다.

예를 들어, 특정 자산을 정해진 가격에 살 수 있는 권리인 콜옵션을 매수한 사람은 해당 자산의 가격이 사전에 정한 가격보다 높게 시장에서 형성되는 경우, 그 권리를 행사하여 시장가격보다 낮은 가격으로 해당 자산을 삼으로써 그만큼 이익을 얻을 수 있다. 그러나 해당 자산의 가격이 사전에 정한 가격보다 낮게 시장에서 형성되는 경우에도 그 권리를 행사해서 시장가격보다 높은 가격으로 해당 자산을 삼으로써 손해를 보아야 하는 것은 아니다. 왜냐하면, 옵션은 권리이지 의무는 아니므로 유리할 때만 행사하면 되기 때문이다. 즉, 옵션매입자는 자신에게 유리한 경우에만 그 권리를 행사하여 이익을 누리고 그렇지 않은 경우에는 권리행사를 포기하는 선택권을 갖게 된다.

그런데 이렇게 권리만 있고 의무가 없는 옵션을 매수하는 사람은 해당 옵션을 매도한 사람에게 일정한 대가(프리미엄)를 지불해야 한다. 그러면 일정한 대가를 받고 권리를 판 옵션매도자는 권리를 산 사람이 권리를 행사하면 이를 반드시 받아주어야 하는 의무만 지게 된다. 옵션매수자가 권리를 행사하는 때는 옵션매도자에게 불리한 경우이고 옵션매수자가 권리를 행사하지 않는 경우에는 옵션매도자가 수취한 프리미엄이 그대로 옵션매도자의 이익이 된다. 이와 같이 옵션은 기타의 금융상품과는 달리 권리와 의무가 분리되어 있는 절묘한 금융상품이다.

옵션거래는 1973년 시카고에 CBOE(Chicago Board of Options Exchange)가 설립된 이후에 제도적으로 확립되었다. CBOE가 처음 생겼을 때는 단지 16개의 주식에 대한 옵션만 거래되었지만 지금은 주식 이외에도 주가지수, 외화, 미국 재무성증권, 주가지수선물, 상품선물 등 수많은 상품에 대한 옵션이 거래되고 있다. 옵션시장이 단기간 내에 성공할 수 있었던 것은 옵션자체가 매력적인 투자대상일 뿐만 아니라 다른 상품과 결합하여 투자자가 원하는 다양한 현금흐름을 제공함으로써 투자자에게 보다 폭넓은 투자기회를 만들어 주었기 때문이다. 우리나라에서는 1997년 7월 한국증권거래소(KSE)에 상장된 KOSPI200 주가지수옵션과 1999년 4월 부산의 한국선물거래소(KOFEX)에 상장된 미국달러옵션이 거래되고 있다. 두 옵션은 모두 유럽형 옵션이다.

1.2. 옵션거래의 기본용어

1.2.1 기본용어

① 기초자산

기초자산(underlying asset)은 옵션거래의 대상이 되는 자산을 말한다. 기초자산의 성격에 따라 옵션의 명칭이 정해진다. 본원적 기초자산으로는 주식, 채권, 외국통화, 상품 등이 있고 본원적 기초자산에서 파생된 기초자산으로는 주가지수, 선물금리계약, 선물, 스왑, 옵션 등이 있다.

② 행사가격

행사가격(exercise price 또는 striking price)이란 옵션거래에서 기초자산에 대해 사전에 정한 매입가격(콜옵션의 경우) 또는 매도가격(풋옵션의 경우)이다. 행사가격은 옵션매입자가 권리를 행사하는 데 있어서 기준이 되는 가격으로, 콜옵션매입자는 기초자산의 가격이 행사가격 이상으로 상승했을 때 그 권리를 행사한다. 반면에 풋옵션매입자는 기초자산의 가격이 행사가격 밑으로 하락했을 때 그 권리를 행사한다.

③ 만기일

옵션매입자는 자신에게 시장상황이 유리한 경우에 권리를 행사하게 되는데 그 권리는 특정시점에만 또는 일정기간에만 행사가 가능하다. 즉, 권리를 행사할 수 있는 특정시점 또는 일정기간의 마지막 날을 만기일(expiration date)이라고 한다. 만기일이 지나면 해당 옵션은 그 가치를 상실하게 되고 더 이상 그 권리를 행사할 수 없다.

④ 프리미엄

옵션 매입자는 자신이 유리한 경우에 그 권리를 행사하여 이익을 누리는 반면 옵션매도자는 옵션매수자의 권리행사에 응해야 하는 의무를 지닌다. 이로 인해, 해당 옵션의 매입자가 이익을 누리게 되면 상대방인 옵션매도자는 손해를 보게 된다. 따라서 옵션매도자는 일방적으로 불리한 상황에 처하게 되기 때문에 옵션매수자로부터 권리부여에 대한 대가를 요구하게 되는데 이를 권리의 가격이라는 의미에서 특별히 프리미엄(premium)이라고 한다. 즉, 옵션에 있어서 프리미엄이란 옵션의 가격(option price)이라는 의미를 가지고 있다.

1.2.2 옵션의 분류

옵션은 기본적으로 콜옵션(call option)과 풋옵션(put option)으로 나눌 수 있다. 콜옵션은 기초자산을 정해진 가격으로 일정시점에 살 수 있는 권리를 나타내고, 풋옵션은 기초자산을 정해진 가격으로 일정시점에 팔 수 있는 권리이다.

이미 언급하였듯이 옵션은 매수자의 입장에서는 권리만 가지는 대신 프리미엄을 지급하고 매도자의 입장에서는 프리미엄을 수취하는 대신 의무만 지는 '권리와 의무가 분리되어 있는' 금융상품이다. 옵션 프리미엄을 무시하고 옵션거래자의 권리-의무 구조를 그림으로 나타내면 다음과 같다.

[그림 6-1] 옵션의 기본적인 수익형태와 옵션거래자의 권리-의무 구조

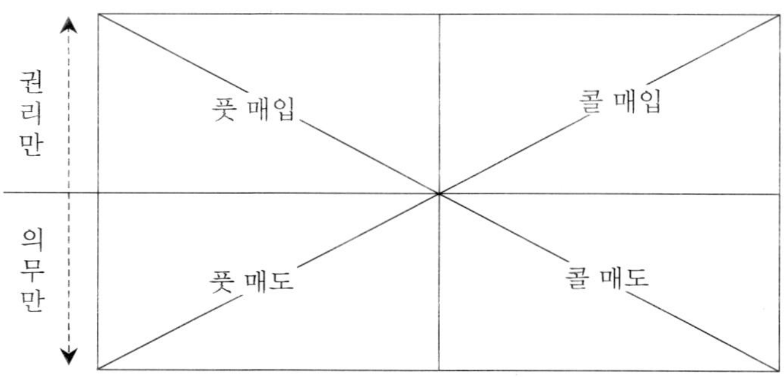

① 권리행사가능 시기에 따른 분류

ⓐ 유럽형 옵션(European option)

유럽형 옵션은 만기일에만 권리행사를 할 수 있는 옵션이다.

ⓑ 미국형 옵션(American option)

미국형 옵션은 만기일을 포함하여 그 이전에 언제라도 권리행사가 가능한 옵션을 말한다.

미국형 옵션은 옵션 매입자에게 더 많은 재량권을 주기 때문에 일반적으로 유럽형 옵션에 비해 프리미엄(옵션가격)이 더 비싼 것이 일반적이다. 참고로 아시안 옵션(Asian option)은 유럽형 옵션처럼 만기일에만 권리를 행사할 수 있으나 행사가격이 정해져 있지 않고 계약기간 동안의 기초자산가격의 산술평균이나 가중평균이 행사가격으로 정해지는 옵션이다.

② 기초자산에 따른 분류

ⓐ 상품옵션과 금융옵션

상품옵션은 기초자산이 실물(농축산물, 광물 등)일 경우의 옵션이고 금융옵션은 기초자산이 금융상품인 경우로 다시 개별주식옵션, 주가지수옵션, 금리옵션, 통화옵션 등으로 나눌 수 있다.

ⓑ 현물옵션과 선물옵션

현물옵션은 현물을 기초자산으로 하는 옵션이고 선물옵션은 선물계약을 기초자산으로 갖는 옵션이다.

③ 거래장소에 따른 분류

ⓐ 장내옵션

장내옵션은 선물계약처럼 거래조건이 표준화되어 거래소에 상장되어 거래되는 옵션을 말한다.

ⓑ 장외옵션

장외옵션은 거래소 이외의 장소에서 계약당사자간의 합의에 의해 다양한 조건으로 거래되는 옵션이다.

④ 기초자산 가격과 행사가격의 관계에 따른 분류

ⓐ 내가격옵션

옵션을 행사했을 때 이익이 나는 경우를 내가격옵션(in-the-money : ITM)이라고 하는데, 콜옵션의 경우에는 기초자산의 가격이 행사가격보다 높은 경우가 이에 해당되고, 풋옵션의 경우에는 행사가격이 기초자산의 가격보다 높은 경우가 이에 해당된다. 그리고 ITM옵션 중 기초자산의 가격과 행사가격의 차이가 크게 벌어진 경우를 심내가격옵션(deep ITM)이라고 한다.

ⓑ 등가격옵션

옵션의 행사가격과 기초자산의 가격이 일치하여 이익도 손해도 발생하지 않는 경우의 옵션을 등가격옵션(at-the-money : ATM)이라고 한다.

ⓒ 외가격옵션

옵션을 행사했을 때 손해가 발생하는 경우를 외가격옵션(out-of-the-money : OTM)이라고 하는데, 콜옵션의 경우 기초자산의 가격이 행사가격보다 낮을 때, 풋옵션의 경우에는 행사가격이 기초자산의 가격보다 낮을 때를 말한다. 그리고 OTM옵션 중 기초자산의 가격과 행사가격의 차이가 크게 벌어진 경우를 심외가격옵션(deep OTM)이라 한다.

내가격, 등가격, 외가격의 관계를 그림으로 나타내면 다음과 같다(단, C는 콜옵션의 가치, P는 풋옵션의 가치, X는 행사가격, S는 기초자산의 가격을 나타낸다).

[그림 6-2] 내가격, 등가격, 외가격의 관계

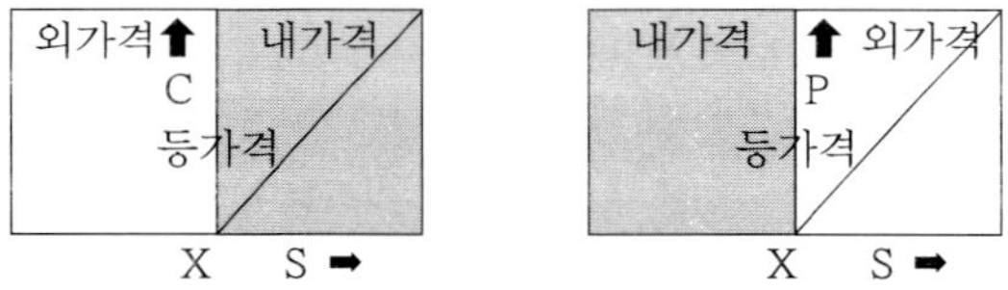

[콜옵션의 경우] [풋옵션의 경우]

1.3. 옵션가격의 구성요소

옵션의 가격은 일반적으로 내재가치(intrinsic value)와 시간가치(time value)의 합으로 이루어져 있다.

1.3.1 내재가치

내재가치란 해당 옵션을 당장 행사해서 얻을 수 있는 가치를 말한다. 콜옵션은 기초자산의 가격이 행사가격보다 높은 경우에만 내재가치를 가지고 기초자산의 가격이 행사가격 이하인 경우에는 내재가치가 없다. 반면에 풋옵션은 기초자산의 가격이 행사가격보다 낮은 경우에만 내재가치를 가지고 기초자산의 가격이 행사가격 이상인 경우에는 내재가치가 없다.

콜옵션의 내재가치 = *Max*[기초자산의 가격-콜옵션의 행사가격, 0]
풋옵션의 내재가치 = *Max*[풋옵션의 행사가격-기초자산의 가격, 0] (6-1)

위의 식에 의하면 기초자산의 가격이 콜옵션의 행사가격보다 낮은 경우 콜옵션의 내재가치는 음(-)의 값을 갖는데 옵션의 내재가치는 음(-)의 값을 가질 수 없으므로 이 때 옵션의 내재가치는 0이 된다. 옵션은 옵션보유자가 유리할 때만 행사하는 권리이므로 내재가치가 0보다 크면 권리를 행사하고 내재가치가 0보다 작으면 권리를 포기한다(마이너스(-)의 내재가치를 택하기보다는 0의 값을 택한다).

1.3.2 시간가치

일반적으로 옵션은 만기 이전에 내재가치 이상의 가격으로 거래된다. 즉, 현재 옵션의 가격 중 내재가치를 초과하는 부분이 존재하는데, 이 부분이 옵션의 시간가치이다. 이때 시간가치는 만기일까지 시장가격이 옵션 매입자에게 유리하게 변동할 가능성으로 인해 발생하는 가치이다. 옵션의 시간가치가 양(+)의 값을 갖는 것은 주가가 상승하는 경우 콜옵션의 내재가치가 주가에 대해 비례적으로 증가하는 반면 주가가 하락하는 경우 콜옵션의 내재가치가 0이하로 내려가지 않는다는 것에 기인한다.

콜옵션의 시간가치 = 콜옵션의 프리미엄-콜옵션의 내재가치
풋옵션의 시간가치 = 풋옵션의 프리미엄-풋옵션의 내재가치 (6-2)

옵션의 시간가치는 다음과 같은 성질을 가진다.

① 기초자산의 시장가격과 행사가격이 비슷할수록 옵션의 시간가치가 크다. 즉, 등가격옵션의 시간가치가 내가격옵션이나 외가격옵션의 시간가치보다 크다

② 시간가치는 만기가 많이 남아 있을수록 크다. 이것은 만기가 많이 남아 있을수록 기초자산의 시장가격이 변동하여 내재가치가 증가할 수 있는 가능성이 커지기 때문이다. 시간이 경과할수록 주어진 옵션의 가치는 감소하는데, 이 현상을 시간가치 잠식효과라고 한다.

③ 시간가치 잠식속도는 등가격옵션일수록, 그리고 만기에 근접할수록 빨라진다.

이상의 성질을 고려하여 콜옵션의 가치를 그림으로 나타내면 다음과 같다(단, X는 행사가격, S는 기초자산의 가격을 나타낸다).

[그림 6-3] 콜옵션의 가치

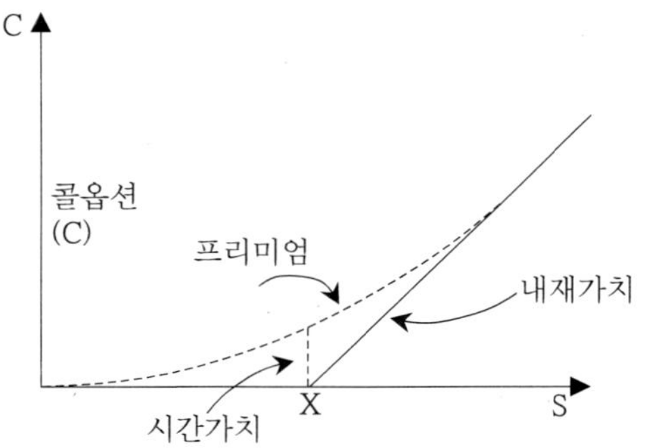

1.4. 옵션가격의 결정요인

만기가 되면 옵션의 가치는 내재가치에 의하여 결정된다. 그러나, 만기 이전에

는 여러 가지 변수들에 의하여 옵션의 가격이 결정되는데 옵션의 가격을 결정하는 주요 변수들을 보면 기초자산의 시장가격, 옵션의 행사가격, 옵션만기일까지의 잔존기간, 기초자산의 가격변동성, 무위험이자율 등이다.

1.4.1 기초자산의 현재가격(시장가격)

해당 옵션의 기초자산가격은 행사가격과 함께 옵션의 가치를 결정하는 가장 중요한 요인이다.

콜옵션은 정해진 가격(행사가격)으로 해당 기초자산을 매입할 수 있는 권리이므로 기초자산의 가격이 상승하면 콜옵션의 가치도 증가한다.

반대로 풋옵션은 정해진 가격으로 해당 기초자산을 매도할 수 있는 권리이므로 기초자산의 가격이 하락할수록 풋옵션의 가치도 증가한다.

1.4.2 행사가격

특정 옵션을 선택하고 나면 옵션의 행사가격은 거래 당시에 결정된다. 콜옵션의 경우 행사가격이 높을수록 내재가치가 작아지므로 행사가격이 높은 콜옵션은 상대적으로 그 가격이 싸다. 반면에 행사가격이 낮은 콜옵션일수록 옵션프리미엄이 높게 형성된다.

반면에 풋옵션의 경우 행사가격이 낮을수록 내재가치가 작아지므로 행사가격이 낮은 풋옵션은 상대적으로 그 가격이 싸다. 반면에 행사가격이 높은 풋옵션일수록 옵션프리미엄이 높게 형성된다.

1.4.3 옵션만기까지의 잔존기간

잔존기간은 만기까지 남아있는 기간으로, 시간가치와 결부되는 개념이다. 잔존기간은 옵션매입자가에게 유리한 방향으로 시장가격이 움직일 수 있는 기회의 의미를 가지고 있다.

콜옵션 매입자에게는 기초자산의 가격이 상승할 시간적인 여유를, 풋옵션 매입자에게는 기초자산의 가격이 하락할 시간적인 여유를 주기 때문에 옵션만기까지의 잔존기간은 양(+)의 가치를 가진다. 따라서 다른 조건이 같다면 잔존기간이 짧은 옵션보다 잔존기간이 긴 옵션의 가치가 높게 형성된다.

옵션만기까지의 잔존기간과 옵션가격이 정비례하지는 않는다. 만기까지의 기간이 많이 남아 있는 경우에는 시간의 흐름에 따라 옵션의 가치하락이 천천히 이루어짐에 반하여 만기가 얼마 남지 않은 경우에는 옵션의 가치가 빠른 속도로 하락하는 것을 볼 수 있다.

1.4.4 기초자산의 가격변동성(분산)

기초자산의 가격변동성이 높으면 높을수록 콜옵션, 풋옵션에 관계없이 옵션의 가치는 높아진다. 이는 옵션의 가격이 기초자산의 가격변화에 따라 비대칭적인 손익구조를 나타내기 때문에 변동성이 크면 기초자산 가격이 크게 오르거나 크게 하락할 확률이 크므로 그만큼 큰 이익을 얻을 수 있는 확률이 커진다는 것을 의미한다.

물론 가격변동성이 높을수록 손해를 볼 수 있는 확률도 커진다는 것을 의미한다. 하지만, 손실은 옵션을 매입할 때 지불한 프리미엄으로 한정되어 있는 반면, 기초자산의 가격이 유리한 방향으로 움직일 때는 이익이 기초자산의 가격에 비례하여 옵션 프리미엄보다 훨씬 크게 증가할 수 있으므로 기초자산의 변동성은 양(+)의 가치를 가진다.

1.4.5 무위험이자율

무위험이자율은 옵션거래에서 발생하는 기회비용을 의미한다. 옵션거래에서 발생하는 기회비용은 콜옵션과 풋옵션의 경우 서로 다르게 나타난다.

콜옵션의 매입과 기초자산의 매입을 비교해 보면, 콜옵션 매입은 현물매입에 비해 매입대금의 지출시점을 늦추는 효과를 가지므로 이자율이 높을수록 콜옵션 매입에 유리하게 작용한다. 즉, 이자율이 높을수록 콜옵션의 가치는 증가한다.

반면에 풋옵션의 매입과 기초자산의 매도를 비교해 보면, 풋옵션 매입은 현물 매도에 비해 매도대금의 수취시점이 늦추어지는 효과를 가지므로 이자율이 높을수록 풋옵션 매입에 불리하게 작용한다. 즉, 이자율이 높을수록 풋옵션의 가치는 감소한다.

1.5. 옵션의 손익구조

1.5.1 콜옵션의 손익구조

콜옵션을 매입할 경우 만기일에 기초자산의 시장가격이 미리 정한 행사가격이상 상승할 경우 옵션을 행사함으로써 그 차이만큼 이익을 볼 수 있다. 반면에 만기일에 시장가격이 행사가격보다 낮을 경우 콜옵션매수자는 옵션행사를 포기하게 된다. 만기일(T)의 시장가격을 S_T, 행사가격을 X라고 할 때, 콜옵션의 가치는 다음의 식으로 나타낼 수 있다.

$$C = \text{Max}[S_T - X, 0] \qquad (6\text{-}3)$$

즉, $S_T - X$가 0보다 크면, $S_T - X$가 콜옵션의 가치가 되고, $S_T - X$가 0보다 작으면 0이 콜옵션의 가치가 된다.

시장가격이 행사가격을 초과하는 영역이 콜옵션매수자에게는 권리행사 영역이 되고, 콜옵션매도자에게는 의무이행 영역이 된다. 콜옵션매수자에게는 시장가격이 상승할 경우 이익은 무한대가 되지만 하락할 경우 콜옵션 권리행사를 포기함으로써 옵션가격(프리미엄)만큼 한정된 손실만 보게 된다. 콜옵션매도자는 매수자와 대칭적인 손익구조를 갖게 되며 시장가격이 하락할 경우 프리미엄만큼의 이익이 확보되지만 상승할 경우는 손실이 무한대가 된다.

[그림 6-4] 콜옵션매수자와 매도자의 손익선

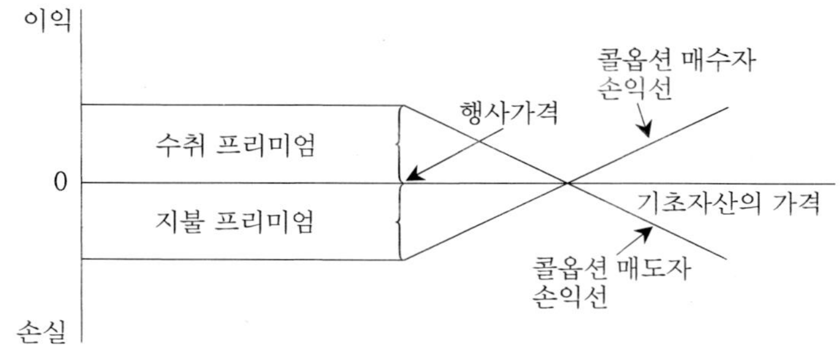

1.5.2 풋옵션의 손익구조

풋옵션을 매입할 경우 만기일에 기초자산의 시장가격이 미리 정한 행사가격보다 낮을 경우 옵션을 행사함으로써 그 차이만큼 이익을 볼 수 있다. 반면에 만기일에 시장가격이 행사가격보다 높을 경우 풋옵션매수자는 옵션행사를 포기하게 된다. 만기일(T)의 시장가격을 S_T, 행사가격을 X라고 할 때, 풋옵션의 가치 는 다음의 식으로 나타낼 수 있다.

$$P = \text{Max}[X - S_T, 0] \tag{6-4}$$

즉, $X - S_T$ 가 0보다 크면, $X - S_T$ 가 풋옵션의 가치가 되고, $X - S_T$가 0보다 작으면 0이 풋옵션의 가치가 된다.

장가격이 행사가격을 미달하는 영역이 풋옵션매수자에게는 권리행사영역이 되고, 풋옵션매도자에게는 의무이행영역이 된다. 풋옵션매수자에게는 시장가격()이 0으로 하락할 경우 최대이익은 행사가격(X)이 되지만 상승할 경우 풋옵션 권리행사를 포기함으로써 옵션가격(프리미엄)만큼 한정된 손실만 보게 된다. 풋옵션매도자는 매수자와 대칭적인 손익구조를 갖게 되며 시장가격이 상승할 경우 프리미엄만큼의 이익이 확보되지만 하락할 경우는 행사가격 전액이 손실로 나타난다.

[그림 6-5] 풋옵션매수자와 매도자의 손익선

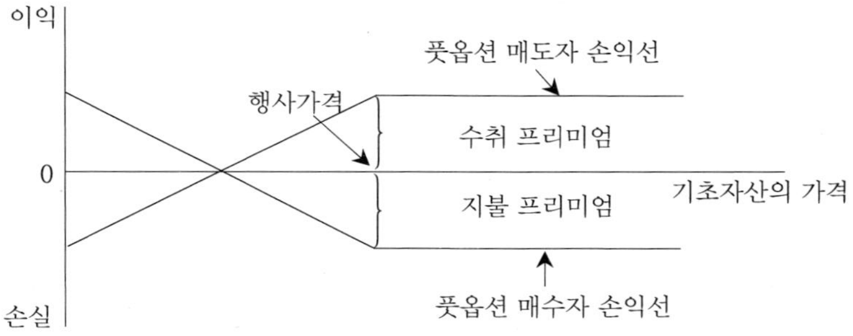

2. 주가지수 및 주식옵션시장

1997년 7월 한국증권거래소에 KOSPI200 옵션시장이 개설된 데 이어 2001년 11월 한국선물거래소에 코스닥50 옵션시장이 개설되었으며 2002년 1월에는 기초자산을 주가지수가 아닌 개별주식의 주가로 하는 주식옵션시장이 한국증권거래소에 개설되었다. 한편 한국증권거래소와 한국선물거래소로 양분화 되어있던 국내선물시장은 2004년 1월 2일부터 코스피200선물·옵션 등 상장주식관련 상품이 선물거래소에 상장되어 거래가 시작됨으로써 선물거래소로 일원화 되게 되었으며, 2005년 1월 28일부터는 통합거래소인 한국증권선물거래소(현 한국거래소)가 설립됨에 따라 선물·옵션거래는 한국거래소가 운영하게 되었다.

2.1. KOSPI200지수 옵션

2.1.1 거래대상지수 및 유형

우리나라의 주가지수옵션의 거래대상지수는, 주가지수선물과 마찬가지로, 한국거래소가 상장주권 중 200종목을 대상으로 하여 시가총액방식으로 산출하는 '한국주가지수200(KOSPI 200)'이다.

KOSPI200옵션은 포트폴리오 관리와 시장관리 측면에서 유리하게 하기 위해 만기일에만 행사가 가능한 유럽형 옵션으로 발행된다.

2.1.2 거래대상종목

KOSPI200 옵션거래의 거래대상종목은 거래의 유형, 결제월 및 권리행사가격에 따라 한국거래소에 상장된 옵션이다.

2.1.3 거래단위, 거래금액, 행사가격 및 호가가격단위

KOSPI 200 옵션의 거래단위는 '계약'으로 표시하며, 최소거래단위는 1계약이다. KOSPI 200 옵션의 가격은 포인트(P)로 표시한다. 1계약의 가격은 옵션가격(프리미엄)에 10만원을 곱한 금액이다. 예를 들면, 옵션가격이 3.5P인 풋옵션을 1계약 매수한 경우 옵션금액은 3.5P×10만원×1계약 = 35만원이다.

결제월이 3, 6, 9, 12월 이외의 결제월을 지닌 KOSPI 200 옵션의 행사가격은 전일 지수를 기준으로 2.5포인트 간격으로 정한다. 전일의 지수보다 높거나 낮은 권리행사가격이 3개 이하이면 4개가 되도록 추가 설정하여, 권리행사수가 9개가 되도록 한다. 결제월이 3, 6, 9, 12 월이고 신규로 상장되는 경우의 행사가격은 5포인트 간격으로 정하여 권리행사가격의 수가 5개가 되고, 상장 3개월 이후에는 2.5포인트 간격의 행사가격이 새로이 생성되어 총 9개의 행사가격이 설정된다.

호가가격단위는 최소가격변동폭으로서 가격이 3.00P 이상인 경우는 0.05P, 3.00P 미만인 경우는 0.01P이다.

2.1.4 결제월, 최종거래일 및 거래개시일

KOSPI200 옵션의 결제월은 연속 3월과 그 외의 월 중 가장 가까운 1개의 월이다. 따라서, 항상 4개의 결제월 종목이 상장되어 거래된다. 거래기간은 3월, 6월, 9월, 12월의 4개의 결제월 종목은 각각 6개월이며, 그 이외의 결제월 종목은 3개월이다.

KOSPI200 옵션의 최종거래일은 각 결제월의 두 번째 목요일이다. 그러나, 각 결제월의 두 번째 목요일이 휴장일인 경우에는 순차적으로 앞당긴 거래일을 최종거래일로 한다.

KOSPI200 옵션의 새로운 종목의 거래개시일(상장일)은 각 결제월의 최종거래일의 다음 거래일이다. 예를 들면, 현재 2007년 6월 1일이라면 상장되어 거래되고 있는 KOSPI200 옵션의 결제월 종목은 2007년 6월, 7월, 8월, 9월 결제월 종목이다. 그리고 현재 2007년 7월 1일이라면 상장되어 거래되고 있는 KOSPI200 옵션의 결제월 종목은 2007년 7월, 8월, 9월, 12월 결제월 종목이다. 현재 2003년 6월이 결제월인 옵션은 2007년 6월 두번째 목요일에 상장폐지 되며, 그 다음 거래일에 2007년 7월이 결제월인 옵션이 상장되어 거래가 개시된다.

2.1.5 거래시간

KOSPI 200 옵션의 거래시간은 KOSPI 200 선물의 거래시간과 동일하다. 즉, 거래시간은 월요일에서 금요일까지 09:00에서 15:15이다. 다만, 최종거래일이 도래한 종목의 거래시간은 09:00에서 14:50이다.

2.1.6 호가 최고·최저 한도 가격

KOSPI200 옵션거래는 가격제한폭제도를 두지 않는다. 그러나 KOSPI200 지수가 상하 15% 변동하는 경우의 이론가격 이내로 호가를 제한한다. 즉, KOSPI 200 지수가 상하 15% 변동하는 경우의 이론가격에서 벗어나는 호가를 하는 경우에는 주문을 접수하지 않으며, 호가한도수량은 호가 당 4,999계약까지 허용한다.

2.1.7 증거금

증거금(margin)이란 옵션거래에서 결제일까지의 결제이행을 담보하기 위해 징수하는 금액이다. 옵션거래에는 매도자에게만 결제이행의 의무가 있기 때문에 매도자에게만 증거금을 부과한다. 거래소에서는 선물 옵션포트폴리오의 최대 발생가능 손실액을 기준으로 KOSPI200 옵션거래의 증거금을 산정하며, 증거금율은 개시증거금은 15%, 유지증거금은 10% 이다.

2.1.8 거래의 일시중단 및 재개

KOSPI200 선물거래가 중단되면 KOSPI200 옵션거래도 동시에 중단된다. 거래의 재개도 KOSPI200 선물과 같은 방법으로 재개한다.

2.1.9 옵션거래대금의 수수

옵션을 신규로 매수하거나 환매한 경우 옵션매수자는 익일에 옵션대금을 지불하며, 옵션을 신규로 매도하거나 전매한 옵션매도자는 익일에 옵션매도대금을 수령한다.

2.1.10 옵션의 권리행사

① 권리행사일

KOSPI 200 옵션의 권리행사일은 각 종목의 최종거래일이다. 따라서 최종거래일이 도래하지 아니한 옵션에 대하여는 권리행사를 할 수 없다.

② 권리행사의 신고

최종 거래일이 도래한 종목에 대하여 권리행사를 하고자 하는 때에는 당해 종목의 매매거래 종료후 2시간 30분 이내에 증권회사에 권리행사의 신고를 하여야 한다. 그러나, 권리행사로 인하여 0.02P 이상의 행사이익이 발생하는 종목에 대하여는 권리행사의 신고가 없어도 자동으로 권리행사가 이루어진다. 또한 권리행사로 인하여 손실이 발생하는 종목에 대하여는 권리행사의 신고를 할 수 없다.

2.1.11 결제시한(옵션매매대금 및 권리행사차금의 수수)

옵션매매에 따른 옵션대금 및 권리행사에 따른 권리행사차금은 결제금액이 발생한 다음날(휴장일인 때에는 순차적으로 연기함) 12:00시까지 증권회사를 통하여 수수하여야 한다.

2.2. 개별주식옵션

우리나라의 개별주식옵션시장은 우량 개별주식에 대한 리스크헤지의 정밀도를 높이고, 개별주식과의 헤지·차익거래 및 권리행사를 통한 주식시장의 유동성을 제고하며, 투자수단을 다양화하여 효율적인 자금운용의 기회를 확대하는 한편, 외국인의 투자촉진을 위하여 2002년 1월 28일 개설되었다.

2.2.1 거래대상 종목

주식옵션의 거래대상 종목은 거래소 유가증권시장 상장주권 중 유통주식수(1,000만주 이상), 소액주주수(1만명 이상) 및 연간거래대금(5천억원 이상)을 충족하는 보통주식 중에서 시가총액이 높은 30개 법인이 발행한 보통주식으로 선정되었다. 구체적으로는 2008년 10월 13일 현재 SK텔레콤, KT, 국민은행, 삼성증권, 신한금융지주회사, 현대자동차, 기아자동차, 현대모비스, 삼성전자, 삼성물산, 삼성SDI, 삼성전기, LG전자, LG화학, 대한항공, 한진해운, 한국전력공사, 한국가스공사, 포스코, 강원랜드, 삼성화재해상보험, CJ, SK, LG, 지에스홀딩스, 케이티앤지, 하나금융지주회사, 한국타이어, 현대중공업 등의 33개 종목이다.

2.2.2 옵션의 유형 및 거래단위

개별주식옵션은 권리 만료일에만 권리행사가 가능한 유럽형으로 이는 KOSPI 200 주가지수옵션과 같다. 주식옵션 1계약당 주식수는 10주이다.

2.2.3 행사가격

거래개시시의 권리행사가격의 수는 등가격 1개와 내가격(ITM) 및 외가격(OTM) 각 4개씩 총 9개이며, 전일의 주식종가를 기준으로 상·하 4개 이상의 권리행사가격이 확보되도록 행사가격을 추가 설정한다. 또한 옵션거래 대상기업이 증자, 주식분할 등 기준가격이 변경이 있는 경우 권리행사가격을 조정하게 되며 거래단위가 정수배로 조정되지 않으면 특별히 거래단위에 맞는 권리행사가격을 설정한다.

2.1.4 결제일(만기)

주식옵션의 결제월은 KOSPI200옵션과 같이 현재시점에서 연속하는 3개월 및 3·6·9·12월중 가장 가까운 결제월 1개로 총 4개 결제월이 있다. 따라서 최장거래기간은 3·6·9·12월물은 6개월이며, 기타 월은 3개월이 된다.

최종거래일도 KOSPI200옵션과 동일하게 각 결제월의 두 번째 목요일(공휴일인 경우 앞당김)로 정하고 있다. 다만, 옵션거래 대상주식의 상장폐지 또는 일정기간 동안 거래가 정지될 경우 최종거래일이 변경될 수 있다.

2.2.5 결제기간

주식옵션은 매매거래대금 및 권리행사차금에 대해서는 거래일(또는 권리행사일)의 다음 날(T+1)에 수수한다.

2.2.6 권리행사 결제방식

주식옵션의 권리행사에 대한 결제방식은 KOSPI2OO옵션과 동일하게 현금결제로 행한다. 권리행사차금은 행사가격과 최종거래일의 현물종가간의 차액으로 산출한다.

2.2.7 위탁계좌 및 증거금

주식옵션의 계좌는 KOSPI200 선물 옵션과 통합하여 사용하므로 기존의 KOSPI 200 선물·옵션 투자자는 새로운 계좌개설이 필요하지 않다. 그러나 증거금 예탁수단으로 대용증권을 이용하기 위해서는 주식계좌와의 연계가 필요하다. 또한 KOSPI200 선물·옵션, 스타지수선물 및 주식옵션을 통합하여 관리하므로 주식옵션의 위탁증거금은 KOSPI200 선물·옵션 및 스타지수선물과 통합되어 계산된다.

2.2.8 호가 가격단위

가격단위는 옵션가격(프리미엄) 수준에 따라 다음과 같다.

[표 6-1] 주식옵션 호가 가격단위

옵션 프리미엄	호가 가격단위
1,000원 미만	10원
1,000원 이상~2,000원 미만	20원
2,000원 이상~5,000원 미만	50원
5,000원 이상~10,000원 미만	100원
10,000원 이상	200원

2.2.9 가격제한폭 : 없음(KOSPI200옵션과 동일)

2.2.10 호가의 한도

착오주문을 방지하기 위하여 기초주권가격 15%변동시의 이론가격을 주식옵션의 호가한도가격으로 설정하며 호가한도수량은 호가당 4,999계약까지 허용한다.

[표 6-2] 개별주식옵션 거래조건

거래대상	기초주권가격 X 10 (거래승수)
결제월	최근 연속 3개월 및 3, 6, 9, 12월
상장결제월	6월 이내의 4개 결제월
가격의 표시	프리미엄(원화)
거래시간	09:00 ~ 15:15 (최종거래일 09:00 ~ 14:50)
최종거래일	각 결제월의 두 번째 목요일
최종결제일	최종거래일의 다음 거래일
권리행사	최종거래일에만 가능(European형)
결제방법	현금결제
가격제한폭	기준가격 ± 18%
증거금률	위탁증거금률: 18% 유지증거금률: 12%
단일가격경쟁거래	개장시 (08:00~09:00) 및 거래종료시 (15:05~15:15)

3. 금리 및 통화옵션

3.1 금리옵션

금리옵션은 기초자산의 현물(spot) 또는 선물(futures) 여부에 따라 현물옵션 또는 선물옵션으로 분류할 수 있다. 현물옵션(option on spots)은 현물시장에서 거래되는 자산을 기초자산으로 하는 옵션이며 선물옵션(option on futures)은 선물을 기초자산으로 하는 옵션이다. 채권이나 이자율에 관련된 옵션들은 대부분 현물이 아닌 선물을 기초자산으로 하는 선물옵션이다.

이는 채권이 주식 또는 환율과는 달리 기초자산을 균일화시키기 어려워 현물을 기초자산으로 옵션을 거래할 경우 옵션의 상품구조가 복잡해지기 때문이다. 또한 채권은 대부분 장외에서 거래됨으로 현물가격이 실시간으로 파악하기가 주식 등에 비해 어렵다는 점도 현물 대신 선물을 기초자산을 사용하는 이유이다. 선물콜옵션(call option on futures)은 선물을 매수할 수 있는 권리, 선물풋옵션(put option on futures)은 선물을 매도할 수 있는 권리이다.

거래소에서 거래되는 금리옵션 중 가장 인기 있는 것은 T-bond 선물, T-note 선물, 유로달러선물에 대한 옵션이다. 이자율이 상승할 것으로 예상되면 금리풋옵션을, 이자율이 하락할 것으로 예상되면 금리콜옵션에 투자하면 된다.

[표 6-3] 해외 주요 금리선물옵션 상품명세

구 분	Eurodollar Options	T-note Options	T-bond Options
거래소	CME	CBOT	CBOT
기초자산	Eurodollar Futures	T-note Futures	T-bond Futures
호가단위	0.005($12.5)	1/64($15.625)	0.5/64($7.8125)
결제월	- 분기월물: 8개 - 연속월물: 2개	- 분기월물: 4개 - 연속월물: 3개	- 분기월물: 4개 - 연속월물: 3개
권리행사	미국형	미국형	미국형

3.2. 통화옵션

통화옵션(currency option)은 계약기간 또는 만기일에 특정 외국통화를 미리 정한 환율(행사가격)에 매입하거나 또는 매도할 수 있는 권리를 갖는 계약이다. 전 세계에서 대표적인 장내 통화옵션시장으로는 미국 필라델피아증권거래소(PHLX)의 통화옵션과 시카고상업거래소(CME)의 통화선물옵션을 들 수 있다. 하지만 PHLX의 통화옵션은 현물환을 기초자산으로 하는 현물옵션인데 반해, CME의

[표 6-4] 미국 달러옵션의 계약명세

거래대상	미국달러화(USD)
거래단위	US $10,000
결제월	최근 연속 3개월 및 3, 6, 9, 12월
상장결제월	6개월 이내의 4개 결제월
행사가격의 설정	ATM을 기준으로 10원 간격으로 상하 각 3개(총7개)
가격의 표시	프리미엄(원화)
호가가격단위	0.10원
최소가격변동금액	1,000원(US $10,000 X 0.10)
거래시간	09:00~15:15 (최종거래일 09:00~11:30)
최종거래일	결제월의 세 번째 월요일
최종결제일	최종거래일로부터 기산하여 3일째 거래일
권리행사	최종거래일에만 행사가능(European형)
결제방법	인수도결제
가격제한폭	기준가격 ± 4.5%
증거금률	위탁증거금률: 4.5% 유지증거금률: 3%
단일가격경쟁거래	개장시(08:00~09:00) 및 거래종료시(15:05~15:15)

통화 선물옵션은 통화선물을 기초자산으로 하는 선물옵션이라는 점에 두 시장의 차이가 있다.

한국거래소에 상장된 미국 달러옵션의 기초자산은 미국 달러현물로 선물옵션이 아닌 현물옵션의 형태를 갖고 있다.

제7장

펀드시장

"자본시장과 금융투자업에 관한 법률"에서는 집합투자기구를 규정하고 있다. 그리고 집합투자를 "2인 이상에게 투자권유를 하여 모은 금전 등 또는 '국가재정법' 제81조에 따른 여유자금을 투자자 또는 각 기금관리주체로부터 일상적인 운용지시를 받지 아니하면서 재산적 가치가 있는 투자대상재산을 취득·처분, 그 밖의 방법으로 운용하고 그 결과를 투자자 또는 각 기금관리주체에게 배분하여 귀속시키는 것을 말한다."고 정의하고 있다.

1. 펀드시장의 구성

1.1 펀드의 개념과 관계자

1.1.1 펀드의 개념

투자는 직접투자와 간접투자로 구분된다. 직접투자는 투자자가 여유자금을 자신의 판단과 책임하에 주식, 채권 그리고 이들 증권에서 파생된 파생상품 및 부동산과 같은 실물상품에 투자하는 것을 의미한다. 반면 간접투자는 투자자로부터 자금 등을 모아서 펀드운용대상자산으로 운용하고 그 결과를 투자자에게 귀속시키는 것으로 이러한 간접투자를 수행하기 위한 기구를 간접투자기구라 하는데 이에는 투자신탁과 투자회사가 있다.

[표 7-1] 투자신탁과 투자회사의 비교

	투자신탁	투자회사
형태	계약관계 *펀드의 실체가 없어 펀드와 관련된 법률행위의 주체가 될 수 없음	회사형태 * 펀드가 실체를 가지고 있어 펀드와 관련된 법률행위를 직접 수행
당사자	위탁회사, 수탁회사, 수익자, 판매회사	펀드, 자산운용회사, 자산보관회사, 일반사무관리회사, 판매회사, 주주
자산 소유자	수탁회사	펀드
법률행위주체	수탁회사	펀드
펀드관련 의사결정	위탁회사가 대부분의 사항에 대해서 의사결정, 다만 법에서 정하는 범위에 한하여 수익자총회에서 결정	이사회, 주주총회에서 의사결정, 다만 실무적으로 자산운용회사가 의사결정 과정에 중요한 역할 수행
펀드의 형태	MMF, 주식형, 채권형 등 일반적인 투자상품	일반적 상품 외에 M&A펀드, 부동산펀드, PEF등 가능

투자신탁이란 투자자로부터 자산에 운용할 목적으로 자금 등을 모은 위탁자가 그 재산을 수탁자로 하여금 당해 위탁자의 지시에 따라 투자, 운용하게 하고 그에 따른 수익권을 분할하여 투자자에게 취득시키는 것을 목적으로 하는 간접투자기구를 의미한다. 수익증권 형태의 유가증권을 발행하는 펀드상품이다.

투자회사란 회사의 재산을 자산에 운용하여 그 수익을 주주에게 배분하는 것을 목적으로 설립된 간접투자기구를 의미한다. 주식형태의 유가증권을 발행하는 뮤추얼펀드 상품이다.

"자본시장과 금융투자업에 관한 법률"(2007년 8월3일 공포, 2009년 2월 4일 시행, 이하 자본시장법)에서는 집합투자기구(제5편 제181조~제282조)를 규정하고 있다. 그리고 집합투자를 "2인 이상에게 투자권유를 하여 모은 금전 등 또는 '국가재정법' 제81조에 따른 여유자금을 투자자 또는 각 기금관리주체로부터 일상적인 운용지시를 받지 아니하면서 재산적 가치가 있는 투자대상재산을 취득·처분, 그 밖의 방법으로 운용하고 그 결과를 투자자 또는 각 기금관리주체에게 배분하여 귀속시키는 것을 말한다."(동법 제6조)고 정의하고 있다. 따라서 여기에서 집합투자기구는 투자자에게 익숙한 간접투자를 수행하는 펀드를 의미한다.

1.1.2 펀드시장의 관계자

① 수익자 또는 주주

수익자란 펀드에 가입하여 해당펀드의 수익증권을 소지한 자를 말한다. 뮤추얼펀드에 가입한 경우는 해당펀드의 주주로서의 지위를 갖게 되는데 이는 뮤추얼펀드 자체가 상법상 주식회사이기 때문이다.

② 판매회사

금융감독위원회에 판매회사로 등록한 후 자산운용회사와의 계약에 의하여 수익증권을 판매하는 자를 말하는 것으로 펀드상품 판매 및 환매를 주요업무로 한다.

③ 위탁회사

불특정다수의 고객으로부터 자금을 모아 조성된 펀드를 고객을 대신하여 다양한 투자가능자산에 운용하는 자를 말한다.

④ 수탁회사 또는 자산보관회사

수탁회사는 자산운용회사의 지시에 따라 투자대상 자산의 거래에 따른 대금 및 증권의 결제 등 투자대상 자산의 보관과 관리를 담당하는 자를 말한다. 자산운용회사의 부당한 운용지시를 거부할 수도 있고 자산운용회사의 펀드재산 운용 등에 대해 감시나 결제기능을 한다.

1.2. 펀드의 분류

1.2.1 일반적 기준에 의한 분류

① 공모펀드와 사모펀드

공모펀드란 수익증권의 매각을 일반 대중에게 알려서 매각하는 펀드를 뜻한다. 법에서는 공모펀드에 대한 사항을 따로 정의하고 있지 아니하나 사모펀드의 범주에 들어가지 아니하는 펀드를 공모펀드로 간주하고 있다. 공모펀드는 일반투자자를 주된 모집 대상으로 하므로 투자 전문성이 사모펀드보다 떨어지고 투자자의 수가 많아 펀드의 이해당사자가 많으므로 특히 법률적인 투자규정을 강화하여 특정 사건으로 인한 펀드 재산의 손실발생을 방지하고 있다.

사모펀드는 수익증권의 매각을 일반대중을 상대로 하는 것이 아니라, 소수 특정인을 상대로 매각하는 펀드를 일컫는다. 이 경우 사모펀드의 수익자 수는 30인 이하여야 하며, 그 수익자 수를 산출함에 있어 ①수익자가 기관투자가 또는 기금관리기본법의 기금인 경우 ②100억 이상 투자한 개인 수익자 또는 500억 이상 투자한 법인 수익자인 경우 ③공직자윤리법에 의한 재산공개대상자가 그 법에 따라 주식백지신탁계약을 체결한 경우에는 제외한다. 그러나 다른 펀드가 그 사모펀드가 발행한 수익증권의 지분을 10% 이상 투자한 경우에는 동 사모펀드에 투자한 펀드의 수익자 수를 합산하여 사모펀드 수익자 수를 산출하여야 한다.

사모펀드의 수익자는 공모펀드의 수익자보다 투자 경험이 많고 투자의사결정 과정에서 보다 높은 수준의 서비스를 받을 수 있으므로 공모펀드보다 완화된 운용규정을 적용하더라도 큰 무리가 없다. 특히 기관투자가 등 특정 수익자는 그 수익자가 원하는 스타일의 운용을 요구하는 수도 있으므로 이러한 자금을 유치하여 운용이 가능하도록 제도적으로 배려하고 있다.

② 개방형과 폐쇄형

개방형이란 수익자가 투자신탁 계약기간 중도에 보유 수익증권의 환매를 요구할 수 있는 펀드를 말한다.

대부분의 일반 펀드는 개방형의 유형에 속한다. 심지어는 장외파생상품에 투자하는 펀드의 경우에도 단위형 개방형의 성격이 대부분이다. 장외파생상품의 성격을 고려할 때에는 개방형이 어울리지 않을 수 있으나 마케팅의 용이성을 높이기 위해서 그리고 폐쇄형으로 펀드를 설정할 경우에는 법에 의해서 유가증권시장에 강제적으로 상장해야 하므로 이러한 문제를 피하기 위해서 개방형으로 하는 경우가 많다. 다만 이 경우 장외파생상품의 성격을 감안하여 환매청구를 최소화하고 있다.

폐쇄형은 수익자가 투자신탁 계약기간 중도에 보유 수익증권의 환매를 요구할 수 없는 펀드를 말한다. 법에서는 공모 폐쇄형 펀드의 경우 그 수익증권을 유가증권시장에 상장할 것을 요구하고 있다.

펀드를 폐쇄형으로 개발할 것이냐의 여부는 투자대상 자산의 유동성에 의해서 결정되는 경우가 많다. 만일 펀드가 부동산에 투자할 경우 투자자의 환매에 대응하기 위하여 부동산을 분할하여 매도할 수도 없고 부동산 매매에서 발생하는 비용이 많이 소요되므로 폐쇄형으로 개발하고 그 수익증권을 상장하는 경우가 많다.

③ 추가형과 단위형

추가형, 단위형 구분은 펀드의 좌수를 추가로 설정할 수 있느냐에 따른 분류이다. 추가로 설정할 수 있는 펀드의 경우 펀드의 최초 모집기간이 종료된 이후에도 펀드에 투자할 수 있으나, 단위형 펀드의 경우 최초 모집기간이 종료된 이후에는 동일한 펀드에 추가로 투자할 수 없도록 하는 것이 보통이다.

추가형으로 펀드를 설정할 것이냐 단위형으로 설정할 것이냐 하는 것은 투자대상자산의 특성을 고려하여 결정한다. 예를 들어 장외파생상품에 투자하는 펀드인 경우 투자일자가 달라질 경우 투자 대상이 되는 장외파생상품의 수익구조가 달라질 가능성이 커지게 된다. 따라서 장외파생상품펀드의 경우 단위형펀드로 설정하는 것이 보통이며, 부동산펀드의 경우도 마찬가지라 할 수 있다.

추가형은 최초로 펀드를 설정한 후 투자자의 수요에 따라 신탁원본을 증액하여 수익증권을 추가로 발행할 수 있는 형태로서 일반적으로 신탁계약기간이 정해져 있지 아니하다.

단위형은 기 설정된 투자신탁에 원본액을 추가로 증액하여 투자신탁을 설정할 수 없으며 일반적으로 신탁계약기간을 정한다. 그러나 최근에는 단위형 펀드의 경우에도 자금모집을 용이하게 하기 위해 최초 설정일로부터 일정기간의 추가 설정은 가능하도록 하는 경우가 많다.

④ 계약형과 회사형

간접투자를 조직형태에 따라 계약형과 회사형으로 구분한다. 계약형인 투자신탁은 신탁재산을 운용하는 위탁회사. 신탁재산을 보관,관리하는 수탁회사, 상품을 판매하는 판매회사 그리고 일반투자자인 수익자로 성립된다. 위탁회사와 수탁회사가 체결한 신탁계약에 의하여 발행되는 수익증권을 판매회사를 통해 수탁자가 취득하게 된다. 투자신탁은 법인격이 없어 투자신탁계약에 의해 펀드가 설정되며, 수익분배는 운용실적에서 신탁보수 등의 비용을 공제한 후 전액을 분배한다. 투자신탁의 법률관계는 신탁계약에 의한다.

회사형인 투자회사는 간접증권투자를 영업목적으로 하는 주식회사를 설립하여 그 주식을 투자자가 취득하는 형태이다. 신탁재산에 법인격이 부여되는 회사형태로 펀드가 회사법에 의해 설정되며 수익의 분배는 비용공제 후의 이익을 주주에게 배당형태로 분배한다. 법률관계는 정관에 의한다.

1.2.2 투자대상 및 방법에 의한 분류

① 투자대상에 따른 분류

증권의 종류에 따라 주식형, 혼합형, 채권형으로 구분된다. 주식형펀드는 일반적으로 운용전략에 따라 액티브펀드(Active Fund)와 패시브펀드(Passive Fund)로 분류되는데 과거에는 종합주가지수를 비교대상으로 하는 주식형펀드가 대부분이었으나, 최근에는 상품 종류의 다양성이 진행되어, 일반 정통형펀드, 테마형 펀드, 스타일투자 전략펀드, 인덱스펀드 등으로 다양한 종류의 펀드가 판매되고 있다.

주식형펀드의 수익변동성은 당연히 혼합형이나 채권형펀드보다 큰데 같은 주식형펀드 중에서도 투자전략, 투자대상에 따라 수익변동성에 차이가 있다. 일반적으로 소형주펀드의 수익변동성이 대형주펀드보다 크고, 특정 업종에만 투자하는 펀드(섹터펀드)나 투자대상이 제한되는 펀드(예, 특정그룹주식투자펀드)의 수익변동성이 시장 전체를 투자대상으로 하는 펀드의 수익변동성보다 크다.

혼합형펀드는 채권과 주식과의 배분비율에 따라 크게 채권혼합형펀드와 주식혼합형펀드로 구분되지만, 실제로는 그 구체적인 배분비율에 따라 매우 다양한 형태의 혼합형펀드가 존재할 수 있다. 또한 혼합형펀드 대부분의 경우 주식 수익에 따라 펀드의 수익이 좌우되는 경우가 많으므로 주식 투자전략 또는 투자대상에 따른 분류방법을 혼합형펀드의 상품 분류 방법에 그대로 적용하는 경우가 많다. 다만, 채권과 위험회피 목적인 파생상품과의 배분에 의한 혼합형펀드 형태가 최근에 많이 개발되고 있어 혼합형펀드의 영역이 더욱 확대되고 있다.

혼합형펀드의 가장 큰 특징은 채권과 주식의 효율적 배분을 통해 채권의 안정성과 주식의 수익성을 동시에 추구하는 것을 목적으로 함에 있다. 즉 서로 다른 위험/수익구조를 가진 자산을 혼합하여 운용함에 따른 자산배분효과를 기대할 수 있다는 점이 핵심적인 특징이다. 경우에 따라서는 반대의 부작용도 발생할 수 있다.

채권형펀드는 투자기간에 따라 단기형, 중기형, 장기형으로 구분되며, 투자대상채권의 유형에 따라 국공채형, 회사채형, 일반채권형 등으로 구분 가능하고 운용전략에 따라 액티브채권형과 인덱스채권형으로 구분할 수 있다.

단기채권형펀드가 장기채권형펀드보다 보유 채권의 만기가 짧은 것이 보통이므로 금리하락기에는 장기채권형펀드가 단기채권형펀드보다 유리하다. 또한 경제상황이 악화되어 기업의 수익이 저하되는 경우에는 회사채의 부도 가능성도 같이 상승하게 되므로 경제상황이 악화되는 시기에는 회사채펀드보다 국공채펀드가 보다 유리하다 할 수 있다.

② 투자방법에 의한 분류

투자방법에 따라 투자기간 및 투자금액을 정하지 않고 자유로이 입출금이 가능한 임의식, 투자금액을 일정기간 이상 투자하여 매월 정기적으로 이자를 인출할 수 있는 거치식, 투자기간 및 투자금액을 미리 정하여 일정 투자기간 동안 매월 투자하는 적립식 등이 있다

1.2.3 자본시장법에 의한 펀드의 종류

자본시장법에서는 기존 간접투자자산운용업법에 의해 증권펀드, 파생상품펀드, 부동산펀드, 실물펀드, 단기금융펀드, 재간접펀드, 특별자산펀드 등 7종류의 펀드 구분을 4종류로 단순화하여 재분류하고, 펀드 종류별 운용대상자산의 제한을 없앴다. 따라서 단기금융펀드인 MMF를 제외한 모든 펀드가 다양한 투자자산

을 운용할 수 있게 되었다. 펀드는 편입자산의 50%를 초과하는 주요 투자대상자산을 기준으로 증권펀드, 부동산펀드, 특별자산펀드, 단기금융펀드로 구분하였으며, 또한 주요 투자대상자산을 언제나 어떤 자산에나 자유롭게 운용할 수 있는 새로운 종류의 펀드(혼합자산펀드)를 신설하였다. 더불어 각 펀드별 주요 투자대상자산에 해당 기초자산 관련 파생상품을 포함시킴으로써 파생상품펀드를 별도로 구분하지 않았다.

[표 7-2] 집합투자기구의 투자대상 펀드의 종류

구분	증권펀드	부동산펀드	특별자산펀드	혼합자산펀드	MMF
증권	○	○	○	○	○
파생상품	○	○	○	○	×
부동산	○	○	○	○	×
실물자산	○	○	○	○	×
특별자산	○	○	○	○	×

1.3. 펀드투자절차

1.3.1 펀드의 판매

펀드의 판매와 환매는 투자신탁과 투자회사에 따라 달라진다. 우선 투자신탁의 수익증권 판매에 있어서 투자신탁의 집합투자업자는 판매회사와 위탁판매계약을 체결하며, 수익증권을 발행할 때 집합투자기구의 운용개념 및 방법, 투자원금이 보장되지 않는다는 사실 등 투자위험, 운용전문인력, 과거 운용실적, 수익증권의 매입 및 환매방법, 환매제한 및 환매연기 그리고 각종 수수료 등이 포함되는 투자설명서를 작성한다. 한편 투자회사의 판매는 주식을 판매하는 것과 같다. 이 경우에는 투자신탁의 수익증권판매에 관한 투자설명서, 판매행위준칙, 판매광고, 판매수수료 등의 내용과 규정이 그대로 적용된다. 다만 수익증권에서는 신탁약관에 이러한 내용이 명시되는데 반해 투자회사의 주식의 경우는 정관에 따른다.

판매회사는 투자원금 보장 등 수익을 보장하는 행위, 투자자로부터 판매에 따른 대가를 판매와 관련된 소정의 수수료 이외에 수수하는 행위, 판매업무와 관련하여 취득한 정보를 자신 또는 제3자의 이익을 위하여 이용하는 행위, 허위표시 등 중요한 사항에 대하여 오해를 유발할 수 있는 표시행위 등을 금지하는 판매행위준칙을 작성하여 금융위원회에 보고하여야 한다. 그리고 판매회사의 판매업무를 담당하는 임직원은 판매업무에 대한 교육을 이수해야 한다.

집합투자업자와 판매회사는 수익증권에 대하여 광고를 할 수 있다. 그리고 집합투자업자는 수익증권을 판매회사를 통하지 않고 직접판매를 할 수 있다. 직접판매는 본점에 한해서 허용되나 수탁고의 20% 이내로 제한되며, 수탁고가 2조원 미만인 집합투자업자는 4천억원까지만 비율의 제한없이 직접판매할 수 있으며, 인터넷, 전화, 우편 등에 의한 판매도 할 수 있다.

자본시장법에서는 금융소비자가 금융회사 점포를 방문하지 않고도 손쉽게 금융투자상품에 접근할 수 있도록 "투자권유대행인" 제도가 도입되어 이 투자권유대행인은 금융소비자를 대상으로 하여 펀드 뿐만 아니라 증권 등 모든 금융투자상품에 대한 투자권유를 할 수 있게 되었다. 투자권유대행인이 되기 위해서는 한국금융투자협회가 실시하는 투자권유전문인력과 투자운용전문인력에 대한 소정의 교육을 이수한 경우 허용된다

한편 금융위원회는 2010년까지 금융상품전문판매업을 가능하게 하는 "금융규제개혁 기본방향 및 진입규제 개선방안"(2008. 6. 26)에 이어, 펀드의 판매채널 확대, 판매보수 및 수수료 체계 개편, 투자자보호 강화 등을 주요 내용으로 하는 "펀드판매시장 선진화 방안"(2008. 10. 29)을 발표했다. 이들 방안에 의하면 금융상품전문판매업이란 금융상품의 생산장인 금융회사와 금융소비자를 매개하여 금융상품의 유통을 업으로 하는 것을 의미한다. 일반법인 형태의 펀드수퍼마켓과 온라인판매사, 그리고 저축은행 등 중소서민금융회사의 판매업자는 어느 금융회사

에 종속되지 않고 여러 금융업권의 다양한 금융상품 판매가 가능하다.

그리고 이들 판매회사가 투자자에게 제공하는 서비스에 따라 판매보수를 차등화하여 투자자가 보수를 선택할 수 있게 되었고 투자자보호를 위해 펀드의 불완전판매의 관행을 줄이기 위해 감독당국이 투자자로 가장해 직접 판매현장을 점검하는 미스터리 쇼핑제도도 도입하였다.

1.3.2 펀드투자절차

금융투자상품이 포괄주의에 의해 다양해지고 복잡해지는 상황에서 투자자들이 펀드에 대해 충분히 알고 투자할 수 있도록 자본시장법에서는 펀드의 불완전판매에 의한 일반투자자를 보호하기 위한 여러 조치가 강구되었다. 투자권유에 대한 시장의 혼선을 막기 위한 "표준투자권유준칙"에 의하면 펀드상품별 투자위험도를 분류하여 펀드에 명시해야 하며, 금융투자상품별 투자위험도는 무위험, 저위험, 중위험, 고위험, 그리고 초고위험 등의 5가지로 구분된다.

[표 7-3] 일반투자자의 투자성향과 투자권유 가능상품 기준

구 분	무위험	저위험	중위험	고위험	초고위험
안 정 형	○	×	×	×	×
안정추구형	○	○	×	×	×
위험중립형	○	○	○	×	×
적극투자형	○	○	○	○	×
공격투자형	○	○	○	○	○

펀드판매회사와 금융상품전문판매회사는 투자권유준칙 등 자본시장법 관련 규정에서 정한 펀드투자절차에 따라 일반투자자에게 펀드를 판매한다.

제1단계에서는 고객파악제도에 의해 면담, 질문 등을 통해 투자자의 투자목적, 재산상황, 투자경험 등을 파악한다.

제2단계에서는 투자자의 투자위험성향을 안정형, 안정추구형, 위험중립형, 적

극투자형, 공격투자형으로 구분한다. 전문투자자의 경우 성향조사를 하지 않아도 된다.

제3단계에서는 적합성의 원칙에 의해 투자자의 투자성향에 맞는 펀드상품을 권유해야 한다.

제4단계에서는 투자자에게 투자권유 펀드의 운용대상자산 등 운용전략, 원본손실 가능여부 등 투자위험에 따른 위험, 각종 보수, 수수료 및 펀드 운용에 소요되는 비용, 환매방법 등을 설명한다. 그리고 펀드별 공시내용에 펀드명, 투자대상, 매입자산유형 이외에 운용보수, 판매보수, 판매수수료 등을 추가하여 펀드간 비교공시 대상을 확대하여 투자자의 투자판단 선택에 대한 폭을 넓혀야 한다.

[표 7-4] 일반투자자 대상 펀드판매절차

단 계	내 용
1단계: 투자자 정보파악	일반투자자에 대해 면담, 질문을 통해 투자자의 투자목적, 재산상황, 투자경험 등을 파악
2단계: 투자자 유형분류	투자자 정보확인서, 상담결과 등을 점수화하여 투자자를 일정유형으로 분류
3단계: 적합한 펀드선정	투자자의 투자성향에 가장 적합하다고 판단되는 펀드를 선정하여 권유
4단계: 펀드에 대한 설명	투자자에게 투자권유 펀드의 운용대상자산 등 운용전략, 원본손실가능여부 등 투자위험에 따르는 위험, 각종 보수 및 펀드 운용에 소용되는 비용, 환매방법 등을 설명
5단계: 투자자 의사확인	투자자가 펀드 매수를 원하지 않을 경우 권유 중단 투자자가 펀드 매수를 원할 경우 투자설명서 등 교부확인서 징구, 투자금 수령, 통장교부 등 펀드 매수절차 진행
6단계: 사후 관리	투자자의 펀드 매수 이후 수익률 현황, 투자규모 등에 대해 유지, 관리, 주기적으로 잔액 통보, 자산운용보고서 등 제공

제5단계에서는 투자자의 펀드매수의사를 확인하여 투자자가 펀드 매수를 원하지 않을 경우 권유를 중단하고, 투자자가 펀드 매수를 원할 경우 투자설명서 등 교부확인서 징구, 투자금 수령, 통장교부 등 펀드 매수절차를 진행한다. 만일 투자자가 자신의 투자성향보다 고위험상품에 가입할 경우는 본인책임 확인서를 작성해야 한다.

마지막 제6단계는 사후 단계로 펀드판매회사는 투자자가 펀드 매수 이후 펀드의 수익률 현황, 투자규모 등에 대해 유지, 관리하고 주기적으로 잔액을 고객에게 통보하고 자산운용보고서 등을 제공해야 한다.

펀드판매자는 투자자에게 투자를 권유하는데 있어서 상품의 내용과 투자위험에 대한 설명의무를 불충분하게 이행하여 투자자에게 손해가 발생한 경우에는 원본결손액을 손해액으로 추정하는 등 투자자 보호를 위한 강화된 설명의무를 준수해야 한다.

1.3.3 펀드의 환매

환매란 펀드(일반적으로 개방형펀드)를 매입한 투자자가 펀드의 순자산가치대로 자신의 투자지분의 전부 또는 일부를 회수하는 제도로 투자자는 환매시점의 펀드운용실적대로 투자자금을 용이하게 회수할 수 있게 된다. 반면에 폐쇄형펀드의 경우 투자자는 시장에서의 거래를 통해 투자자금을 회수하게 된다.

펀드투자자는 자신에게 펀드를 판매한 판매회사에 대하여 언제든지 환매를 청구할 수 있는데, 판매회사가 해산·허가취소 등 사유로 정상업무 영위가 곤란하다고 금감위가 인정하는 경우에는 자산운용회사에 직접 청구할 수 있다. 자산운용회사도 해산 등으로 인하여 환매에 응할 수 없는 경우에는 수탁회사(투자신탁) 또는 자산보관회사(투자회사)에 청구할 수 있다. 환매청구를 받은 판매회사는 자산운용회사(투자신탁) 또는 투자회사에 대하여 지체 없이 환매에 응할 것을 요구해야 한다.

집합투자업자는 환매청구를 받은 날부터 15일 이내에 신탁약관 또는 투자회사의 정관에서 정한 환매일에 집합투자재산의 범위 내에서 집합투자재산으로 보유중인 현금 또는 집합투자재산을 매각하여 조성한 현금으로만 집합투자증권의 환매대금을 지급해야 한다.

환매가격은 환매청구일 후에 산정되는 기준가격으로 결정된다. 다만, 투자자의 이익 또는 집합투자재산의 안정적 운용을 해할 우려가 없는 경우로서 투자자가 공과금 납부, 정기적으로 발생하는 채무를 이행, 또는 금융투자상품 등의 매수에 따른 결제대금을 지급하기 위하여 단기금융집합투자기구의 집합투자증권을 환매하기로 그 투자매매업자 또는 투자중개업자와 사전에 약정한 경우에는 환매청구일 이전에 산정된 기준가격으로 환매할 수 있다. 투자자가 약속된 투자기간 이내에 환매하는 경우에 환매수수료를 지불해야 한다. 환매수수료는 환매금액 또는 이익금을 기준으로 한다. 집합투자증권의 환매를 청구하는 당해 투자자가 이를 부담하여야 하고, 투자자가 부담한 환매수수료는 이를 집합투자재산에 귀속시켜야 한다.

환매금액은 환매청구일의 기준가격에서 세금 및 신탁약관에서 정한 환매수수료를 차감한 금액을 기준으로 하여 환매좌수에 해당하는 금액으로 산정된다. 그러나 주식형의 경우 환매청구일 익일의 기준가격을 적용하여 계산하고 있다. 환매수수료는 각 수익증권별로 신탁약관에 규정되어 있으나, 보통 채권형은 저축기간별로 1,000좌당 해당금액에 따라 차등적용하고 있으며, 주식형은 수익증권별로 정액 또는 정률의 환매수수료를 적용하고 있다.

2. 금펀드시장 현황

2.1 세계 펀드시장 현황

금융투자협회의 발표에 의하면 2009년 6월 현재 세계 펀드산업의 순자산은 약 20.3조 달러가 되는 것으로 추산된다. 2001년 3/4분기부터 2007년말까지 지속적으로 증가한 전체 펀드 순자산은 미국 서브프라임 모기지 사태로 촉발된 세계 금융위기로 2008년부터 감소세를 보이다가 2009년 2/4분기부터 증가세로 전환하였다.

[표 7-5] 주요국의 주가지수

		미국 (Dow)	영국 (FTSE100)	일본 (Nikkei225)	중국 (상해종합)	한국 (KOSPI)
'07년	Q4	13,264.8	6,476.9	15,307.8	5,261.6	1,897.1
'08년	Q1	2,262.9	5,702.1	12,525.5	3,472.7	1,704.0
	Q2	11,350.0	5,625.9	13,481.4	2,736.1	1,674.9
	Q3	10,850.7	4,902.5	11,259.9	2,293.8	1,448.1
	Q4	8,668.4	4,392.7	8,859.6	1,820.8	1,124.5
'09년	Q1	7,608.9	3,926.1	8,109.5	2,373.2	1,206.3
	Q2	8,447.0	4,249.2	9,958.4	2,959.4	1,390.1
전분기대비증감		868.1	32.3.1	1,848.9	586.2	183.8
		+11.4	+8.2%	+22.8%	+24.7%	+15.2%

자료: 한국거래소

[그림 7-1] 전체 펀드순자산 추이

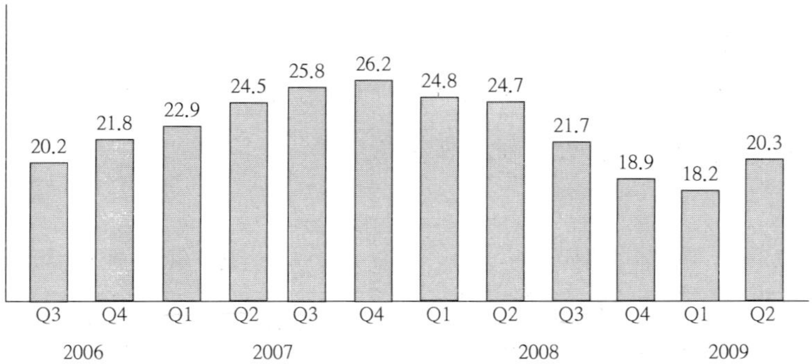

자료: 금융투자협회

2009년 6월말 기준 펀드 순자산 상위국으로는 미국이 10조 275억 달러로 1위이며, 다음이 룩셈부르크, 프랑스, 호주, 아일랜드의 순으로 우리나라는 2,547억 달러(14위)이다.

[표 7-6] 세계 순자산 상위10개국 (단위: USD십억)

순위	'09년 1/4분기		순위	'09년 2/4분기	
	국가명	순자산		국가명	순자산
1	미국	9,256.4	1	미국	10,027.5
2	룩셈부르크	1,742.2	2	룩셈부르크	1,976.3
3	프랑스	1,538.4	3	프랑스	1,701.7
4	호주	808.2	4	호주	972.8
5	아일랜드	679.8	5	아일랜드	766.9
6	일본	520.2	6	일본	623.9
7	브라질	498.3	7	브라질	607.4
8	영국	469.2	8	영국	592.5
9	캐나다	394.7	9	캐나다	470.7
10	중국	286.1	10	중국	327.5
:	:	:	:	:	:
14	한국	229.3	14	한국	254.7

자료: 금융투자협회, 세계 펀드산업 동향(2009년 2/4분기)

2009년 2분기말 현재 지역별 순자산 현황을 살펴보면 미대륙 및 유럽지역이 각각 전세계 펀드 순자산의 55.2%와 32.9%를 차지하고 아시아태평양지역은 11.4%를 차지하고 있다.

유형별 비중은 주식형, 채권형, 혼합형 및 MMF는 각각 전체 펀드 순자산의 35.6%, 18.9%, 9.6%, 28.1%를 차지하고 있다.

[표 7-7] 지역별 순자산

지역	순자산	
	'09년 2/4분기	전분기대비
미대륙	11,226.8	9.6%
유 럽	6,693.2	13.9%
아시아태평양	2,324.1	17.8%
아프리카	91.1	17.8%
합계	20,335.2	12.0%

[표 7-8] 유형별 순자산

유형	순자산	
	'09년 2/4분기	전분기대비
주식형	7,246.8	22.6%
채권형	3,847.2	13.8%
혼합형	1,943.6	16.6%
MMF	5,718.9	△1.4%
기 타	1,578.6	13.5%
합계	20,335.2	12.0%

자료: 금융투자협회, 세계 펀드산업 동향(2009년 2/4분기)

2.2. 국내 펀드시장 현황

국내 펀드시장은 1998년 "Buy Korea"의 선풍으로 펀드수탁고가 195조원까지 기록했다가 주식시장의 조정으로 2003년에는 145조원으로 위축되었다. 그러나 2005년 주가회복으로 수탁고는 다시 200조원을 넘어섰고, 2007~2008년에는 미국 서브프라임 모기지 사태에서 촉발된 글로벌금융위기로 외국인 투자자들이 주식시장에서 2007년 24조원, 2008년 46조원을 순매도도 했음에도 불구하고 2008년 펀드 수탁고는 361조원을 넘어섰다. 2008년 말 288조원이던 순자산은 2009년 1월 300조원 대를 회복하며 6월말 기준으로 334조원을 기록하고 있다. 유형별 순자산변동을 살펴보면 주식형의 순자산 총액은 2009년 5월 이후 100조원대를 회복하였고 채권형은 2008년 이후 최고 수준인 40.8조원으로 증가하였다. 단기금융펀드인 MMF의 순자산 총액은 2009년 2월을 기점으로 하락세를 보이며 6월말 현재 100조원대에 이르고 있다.

[표 7-9] 유형별 순자산 변동 및 자금유출입 현황

펀드유형	'08년 12월말 순자산	자금유출입			평가액증감	순자산 증감	'09년 6월말 순자산
		유입	유출	증감			
-주식(ETF 포함)	83,943	19,890	22,744	△2.853	+22,529	+19,676	103,619
-주식(ETF 제외)	80,543	9,475	10,398	△923	+21,877	+20,954	101,497
-주식혼합	9,143	1,663	1,460	+203	+2,403	+2,606	11,749
-채권혼합	25,112	9,970	15,755	△5,785	+1,492	△4,293	20,819
-채권	31,260	21,471	12,742	8,729	+839	+9,568	40,828
단기금융(MMF)	90,615	270,568	250,047	+13,521	+1,302	+14,823	105,438
파생상품	18,009	3,962	5,636	△1,675	+3,927	+2,252	20,261
부동산	8,890	1,159	633	+526	+146	+672	9,562
실물	36				△3	△3	33
재간접	9,442	675	828	△153	+553	+400	9.822
특별자산	12,077	2,112	2,092	20	+68	+88	12,165
합계(ETF 포함)	288,527	331,470	318,937	+12,533	+33,257	+45,789	334,296
합계(ETF 제외)	288,127	321,055	306,591	+14,463	+32,604	+47,067	332,174

주: 평가액증감=NAV증감-자금유출입 증감

자료: 금융투자협회

3. 주요 펀드상품

3.1 단기펀드

3.1.1 MMF

Money Market Funds의 약자로 고객들의 자금을 모아 펀드를 구성한 다음 금리가 높은 만기 1년 미만의 기업어음(CP) · 양도성예금증서(CD) · 콜 등 주로 단기금융상품에 집중투자하여 얻은 수익을 고객에게 되돌려주는 만기 30일 이내의 초단기 금융상품이다. 은행의 보통예금처럼 수시로 입출금이 가능한 상품으로 하루만 돈을 예치해 놓아도 펀드운용 실적에 따라 이익금을 받을 수 있기 때문에 단기자금을 운용하는 데 적합한 상품이다. MMF는 07년 기준 우리나라 투자신탁 전체 수탁고에서 20%를 차지하고 있는데 이렇게 수탁고 비중이 높은 이유는 타 펀드와 비교할 때 안전성, 유동성이 높기 때문이다. MMF는 보유채권을 시세가격이 아닌 장부가격으로 평가하는데 만일 채권 시세가격의 급등락이 발생할 경우에도 계속 장부가격으로 평가하게 될 경우에는 장부가격과 시세가격의 차이가 발생하게 되고 이는 투자자의 리스크로 작용하게 된다. 따라서 법규정에서는 MMF에 대해서는 다른 유형의 펀드보다 더 강화된 운용제한 규정을 적용하고 있다.

3.1.2 CMA

어음관리계좌 또는 종합자산관리계정이라고도 하며 고객이 예치한 자금을 CP나 양도성예금증서(CD) · 국공채 등의 채권에 투자하여 그 수익을 고객에게 돌려

주는 금융상품이다. 투자금융회사와 종합금융회사의 대표적인 단기금융상품이나 2005년 6월부터 금융투자회사에서도 취급하고 있다. 종합금융회사의 CMA는 예금자보호법에 따라 해당 업체가 부도가 나더라도 최고 5,000만 원까지 보호받을 수 있으나, 금융투자회사의 경우에는 보호받지 못한다. 단, 종합금융회사를 인수한 금융투자회사에서 그 업무를 병행하여 예금자보호법이 적용되는 CMA 상품을 취급하는 경우도 있다. 유가증권에 투자한 뒤 남는 자금을 자동적으로 단기 고수익 상품에 운용하며, 은행의 보통예금처럼 입출금은 물론 자동납부 · 급여이체 등의 서비스 기능이 있고, 주식청약 자격이 주어진다. 단기간을 예치해도 높은 이자율을 적용받아 여유자금을 운영하는 데에 적합하다.

3.2. 주식연계펀드

3.2.1 인덱스 펀드

증권시장의 장기적 성장 추세를 전제로 하여 주가지표의 움직임에 연동되게 포트폴리오를 구성하여 운용함으로써 시장의 평균 수익을 실현하는 것을 목표로 하는 포트폴리오 운용기법이다. 최소의 인원과 비용으로 투자위험을 효율적으로 감소시키기 위하여 가능한 한 적은 종목으로도 주가지표의 움직임을 근접하게 추적할 수 있는 포트폴리오를 구성하는 것이 자산운용의 핵심이다.1970년대 초반 미국의 샌프란시스코에 있는 웰즈파고 은행(Wells Fargo Bank)의 한 부문인 웰즈파고 투자자문이 연금펀드를 대상으로 뉴욕증권거래소(NYSE:New York Stock Exchange)의 전 종목을 균등하게 편입하여 구성한 인덱스펀드를 처음으로 개발하였으며, 이를 계기로 인덱스펀드가 증가하게 되었다. 최근에는 주가지수에 대한 선물과 옵션거래가 도입되어 다양한 투자기법이 개발되었고 기관투자가들을 중심으로 급성장하였다. 인덱스펀드 구성에 있어서 우선으로 고려해야 할 사항은 펀드가 추적하고자 하는 목표 인덱스를 선정하는 것이다. 인덱스마다 구성종목과 산출방법이 다르기 때문에 목표 인덱스를 무엇으로 선정하느냐에 따라 수익률이 크게 달라지기 때문이다. 국내에서 발표되고 있는 주요 인덱스에는 코스피지수(KOSPI: Korea Composite Stock Price Index), 코스피200지수, 한경지수, 매경지수 등이 있다. 인덱스펀드 구성종목의 선정방법에는 크게 인덱스펀드 구성종목 및 구성비율을 목표 인덱스와 동일하게 구성하는 완전복제법full replication과 목표 인덱스의 구성종목 중 일부를 선택하여 인덱스펀드를 구성하는 부분복제법(partial replication)이 있다. 인덱스펀드의 장점은 효율적인 분산화 실현, 증권매매에 따르는 비용 절감, 저렴한 운용비용, 투자자 스스로에 의한 운용 등을 들 수 있으며 단점으로는 목표 인덱스보다 낮은 투자성과, 구성종목 교체의 곤란성, 비편입종목에의 악영향, 증권업계의 침체 등이 지적되고 있다.

3.3.2 액티브 펀드

액티브 펀드(Active Fund)란 펀드매니저가 시장의 상황에 따라 주식편입비율과 투자종목을 탄력적으로 운용하는 펀드이다. 전체 주식 중에서 상승 가능성이 높은 종목에 집중적으로 투자하면서 강세장이 기대되면 주식편입비율을 높여 수익을 늘리고, 반대로 약세장이 예상되면 주식편입비율을 줄여 주식하락으로 인한 손실을 줄이는데 기준수익률 이상의 수익을 기대하고 만들어진 펀드라고 할 수 있다. 즉 받아들여질 수 있는 위험수준 하에서 최대의 수익을 얻고자 하는 펀드이다

액티브 펀드의 운용전략은 크게 Bottom-up Approach 와 Top-down Approach로 나누어진다. Bottom-up Approach는 투자의사결정 즉 자산간, 섹터간 투자의사결정을 함에 있어 투자대상 주식의 성과에 영향을 미칠 수 있는 거시경제 및 금융변수에 대한 예측을 하지 아니하고 투자대상 종목의 저평가 여부만을 투자의 기준으로 판단한다. 반면 Top-down Approach는 저평가된 우수 종목의 발굴 및 투자도 중요하나 펀드 수익에 미치는 영향은 개별종목의 성과보다 주식 및 채권간 투자비율 또는 주식에 있어서도 업종간 투자비율이 더 크다는 전제하에서 출

발한다.

3.2.3 배당주펀드

혼합형 펀드의 일종으로, 배당수익률이 높은 종목에 집중적으로 투자하는 펀드를 말한다. 운용 시작 후 예상한 배당수익률 이상으로 주가가 상승하면 주식을 팔아 시세 차익을 얻고, 반대로 주가가 오르지 않으면 배당 시점까지 주식을 가지고 있다가 예상배당금을 획득함으로써 주가 하락에 따른 자본손실을 만회한다.

국제통화기금(IMF) 외환위기를 극복하면서 저금리 체제가 계속되자 투자자들이 기업의 재무안정성에 중점을 두고 고배당이 가능한 안정주식에 집중투자하는 경향이 많아졌는데, 대표적인 것이 바로 배당주펀드이다. 일반적으로 배당주펀드는 12월 말을 기준으로 배당을 해준다는 점 때문에 결산기가 임박한 시점에 주가 수준이 낮고 배당수익률이 높을 것으로 예상되는 주식을 매수하거나, 배당 시점을 앞두고 주가가 오르기 시작하는 주식을 매수하여 시세 차익을 노리는 방식으로 이루어지는 경우가 많다.

3.2.4 가치주 펀드와 성장주 펀드

가치주 펀드란 수익·자산 대비 저평가 종목에 주로 투자하는 것을 의미하며, 성장주 펀드는 현재 수익성보다 미래 성장성이 높은 종목에 주로 투자하는 펀드를 지칭한다.

가치주는 실적이나 자산에 비해 기업가치가 상대적으로 저평가 됨으로써 내재가치대비 낮은 가격에 거래되는 주식인데, 평균 성장률을 상회하는 기업 가운데 미래에 기대되는 성장의 원천이나 현재의 주가에 반영되지 않은 성장요인이 주요 관심 대상인 성장형과 구분된다.

가치주는 보통 자산가치 우량주 정도로 해석되지만 미국을 중심으로 가치주에 대한 투자가 늘어나면서 새로운 투자형태로 관심을 끌기 시작했다. 가치주에 대한 인식은 비록 고성장은 아닐지라도 안정적인 성장세를 유지하면서 고배당을 실시해 주주를 중시하는 기업의 주식을 가리키는 용어로 개념이 확대되고 있다. 성장주는 보통 수익률 상승률이 높은 기업의 주식을 뜻하는데 현재는 그다지 성장을 하고 있지는 않지만 장래 신제품이나 신기술 등이 수익에 기여할 가능성이 있는 기업의 주식도 성장주라고 할 수 있다. 성장주의 요건으로는 기업의 재무구조가 양호하고 동일업계에서의 시장점유율이 우월하며 영업실적의 지속적인 증가를 들 수 있다. 이러한 성장주와 가치주 펀드는 주가수익비율(PER), 주가순자산비율(PBR) 등을 따져 이들 비율이 낮은 종목은 가치형, 중간은 혼합형, 비율이 높은 종목은 성장형으로 분류되어진다.

3.2.5 섹터펀드

섹터펀드(sector fund)는 지역이나 국가보다는 특정 산업분야별로 투자하는 펀드로 업종별 펀드라고도 불리며 바이오, 건강산업, 금융업, 통신산업, 소비재 산업 등 특정산업에 특화해 펀드를 구성한다. 투자대상은 바이오주, 기술주, 금융주 등 특정 업종 주식이 되기도 하고 금, 에너지, 부동산 등 실물에 투자하기도 한다. 섹터펀드는 특정 업종에 집중하는 대신 리스크를 피하기 위해 투자 대상을 전 세계로 넓히는 게 일반적이다.

섹터펀드 투자는 일반적인 주식펀드 투자와 달리 세밀한 사전 검토가 필요한데 해당 업종의 현황과 전망을 분석한 뒤 투자 의사결정을 해야 하고 상황이 종료되면 신속하게 환매하는 타이밍 투자가 필요하다. 이는 실물경제의 특이 현상으로 인해 수익률이 급등하다가도 조그만 상황 변화에도 수익률이 급락할 수 있기 때문이다.

3.2.6 시스템펀드

시스템펀드(system funds)는 주식시장의 변동성을 이용한 펀드이다. 일반펀드와는 달리 펀드매니저의 주관적인 판단에 따라 운용되지 않고, 사전에 미리 입력된 매매조건에 따라 매매를 반복한다. 주가가 하락하면 수차례에 걸쳐 주식을 매입한 뒤, 주가반등 시점에 조금씩 매도하여 수익을 실현하는 프로그램매매 형식이다. 따라서 이 펀드는 주식을 많이 보유하지 않으며, 기간조정장에서 유리하다. 적립식펀드가 평균매입단가를 낮추다가 마지막 환매시점의 주가수준과의 차이를 이익으로 실현하는데 반해, 시스템 펀드는 거치식으로 자금을 모아 가입기간 동안 매매차익을 계속 실현하면서 유지된다.

3.2.7 적립식 펀드

펀드(fund)는 불특정 다수로부터 조성한 돈으로 주식이나 채권 등에 투자하는 상품인데 대부분의 펀드는 투자자들이 일정금액을 한꺼번에 투자하는 방식을 취하고 있으나, 적립식 펀드는 정기적금처럼 일정 시기마다 일정금액을 지속적으로 투자하는 것을 말한다. 수익금은 운용실적에 따라 결정된다.

적립식 펀드는 목돈 없이도 투자가 가능하며 한꺼번에 많은 돈을 투자해야 하는 타 금융상품에 비해 투자위험이 낮다는 장점을 가지고 있다.

그러나 수익이 운용실적에 따라 달라지기 때문에 만기 때 주가가 떨어지면 수익률이 낮거나 심한 경우 원금 손실도 감수해야 하는 위험이 따른다.

3.2.8 SRI펀드

SRI펀드(사회책임펀드, Socially Responsible Investment fund)란 편입종목을 결정할 때 기업의 재무적인 측면 뿐만 아니라 비재무적인 측면 즉 사회환경, 윤리적인 요인까지 고려하는 운용방식을 사용하는 펀드이다. SRI펀드에 속하는 유형은 다음과 같다. 첫째, 친환경적인 생산/경영을 하는 기업에 투자하는 펀드 둘째, 친환경적인 기술을 개발, 보유하는 기업에 투자하는 펀드 셋째, 사회 환원을 하거나 사회복지개선에 적극 참여하는 기업에 투자하는 펀드 넷째, 기업지배구조가 투명/

우수한 기업에 투자하는 펀드 다섯째, 기업지배구조가 불량한 기업에 주주권제안 참여 지분을 획득하여 지배구조를 개선시키는 펀드 등이다. 이 중 다섯 번째와 같은 펀드를 기업지배구조개선펀드나 관계형 투자펀드라고 한다.

① Eco 펀드

Eco 펀드는 환경을 중요한 투자테마로 하여 투자전략을 실행하는 펀드로 일반적으로 수익성과 환경보호의 결합, 환경 관련기업에 대한 장기투자로 인한 적정한 수익률 확보, 펀드를 통한 지속적인 환경 감시 역할 및 사회적 책임 제고를 목표로 하고 있다.

주된 투자대상 기업으로는 환경친화적 기업 또는 환경사업을 주된 사업으로 하는 기업이며 여기에서 환경이란 인간과 자연 등 생태적 환경을 지칭한다. 최근에는 주요기업 대부분이 환경보고서를 발간하므로 환경보고서도 Eco 펀드가 투자대상 종목을 심의할 때 중요한 참고 자료 중 하나가 될 수 있다.

② 기업지배구조펀드

기업지배구조펀드는 자산가치 또는 기업경영이 우량한 기업이라 하더라도 그 지배구조가 투명하지 않을 경우, 시장에서 정당한 가치를 인정받지 못하고 낮은 할인된 가격에 거래가 되는 것이 보통이므로 이러한 기업에 집중 투자하여 그 기업의 경영에 참여하거나 지배구조를 개선함으로써 해당기업의 주가를 정당한 가치로 만든 다음 투자자금을 회수하는 펀드이다.

이러한 기업지배구조펀드의 특징은 적극적인 주주권 행사에 있다. 기존의 재무적 투자자의 주주권에 대한 인식은 해당 기업의 지배구조에 불만이 있을 경우에는 그 주식을 처분하는 것으로 만족하였으나, 기업지배구조펀드는 적극적으로 주주권을 행사하여 그 기업과 관련한 주요 의사결정 과정에 참여하고 기업의사결정에 영향을 미친다.

③ Water 펀드

Water Fund는 인류의 산업화 발전이 심화됨에 따라 그 동안 흔한 자원으로 치부했던 물의 부족도 심화된다는 것을 기본 투자전략으로 하고 있다. 공업화의 발전은 공업용수에 대한 수요를 확대시키고 인구의 증가 역시 물 부족을 심화시키는 주된 요인으로 작용한다는 것이다. 그럼에도 불구하고 실제 인류가 사용할 수 있는 수자원은 희소성을 보이고 있고 대체재가 있을 수 없는 필수재이므로 이러한 물과 관련한 사업을 영위하는 기업의 성장성은 향후에도 지속될 수 있다는 것을 전제로 하고 있다. Water Fund는 상하수도, 탈염화시설 제조, 환경개선 등이 주력 사업인 기업을 투자대상으로 하고 있다.

3.2.9 리츠

리츠(Reits)란 주식이나 수익증권 발행을 통해 다수의 투자자로부터 자금을 모집한 후 이를 부동산이나 부동산관련 유가증권에 투자하고 그 수익을 투자자에게 배분한다. 부동산에 간접적으로 투자한다는 점에서는 부동산 펀드와 비슷한 개념이기는 하지만 수익증권 형식의 부동산 투자신탁은 환매가 불가능해 투자대상 부동산이 완공되거나 분양될 때까지 중간에 되팔 수가 없지만 리츠는 주식시장에 상장돼 있기 때문에 부동산 펀드에 비해 환금성이 높다.

리츠는 여느 주식처럼 사고팔 수 있을뿐 아니라 연 2회 배당도 받을 수 있는데 보통 리츠는 당기순익의 90%를 의무적으로 배당하고 있어 이로 인한 배당수익도 매력적입니다. 배당수익률은 대개 8~12%로 경기가 좋아져 임대료가 오르면 배당률도 더 높아진다. 또 운용기간이 끝나는 3~5년 후 부동산을 되팔면 청산배당도 받을 수 있다.

부동산에 투자하는 리츠의 수익률은 대상 부동산의 가치에 따라 달라질 수 있는데 수익성이 다소 떨어지는 지역에 투자하는 펀드는 목표수익률을 달성하는데 어려움이 있을 수 있으며 또한 실분양률이 낮은 경우에는 원리금의 회수가 늦어지거나 손실이 발생할 수도 있다.

3.3. 실물펀드

실물펀드는 주식, 채권 등 전통적인 투자수단 외에 그 대상으로는 금, 니켈, 구리, 알루미늄 등의 광물자원, 원유 등의 에너지 자원, 옥수수 등의 농산물, 탄소, 와인 등 다양한 실물자산과 이와 관련된 지수 또는 파생상품에 투자하는 펀드를 의미한다. 이들 각종 실물자산은 인플레이션에 대한 헤지 기능을 가지고 있다는 일반적인 인식에서 물가가 불안정한 시기에 투자수익률을 높일 수 있는 펀드이다. 실물자산에 대한 투자는 주식이나 현금과 달리 장기적으로 볼 때 수익의 변동성도 작은 편이다. 실물투자를 대안투자(또는 대체투자)라고도 한다.

3.3.1 부동산 펀드

부동산 펀드는 직접 투자나 주식형 펀드보다 기대수익률은 낮지만 위험도가 낮기 때문에 안정적인 투자처로 각광을 받고 있다. 크게 세 종류로 볼 수 있는데 직접 토지를 매입한 뒤 건물을 지어 매각하는 개발형과 상업용 건물을 매입해 임대수수료를 챙기는 임대형, 일정한 이자를 받기로 하고 개발 사업에 자금을 빌려주는 대출형이 있다.

국내에서 설정된 부동산 펀드 중 대출형 펀드가 대다수를 차지하고 있으며, 투자시 만기가 길고 원금이 보장되지 않는다는 점을 유의해야 한다. 만일 환금성을 높이고 싶다면 증시에 상장된 부동산투자회사인 리츠(REITs) 주식이나 해외부동산 재간접펀드에 투자하면 유동성을 확보하면서 투자를 할 수 있다.

3.3.2 SOC 펀드

SOC(사회간접자본시설) 펀드란 기관이나 개인투자자로부터 모은 돈으로 도로,

항만, 터널 등 국가기간시설을 건설한 뒤 도로통행료와 항만사용료 등의 수입을 투자자에게 배당하는 펀드이다. 특히 사회, 경제활동에 꼭 필요한 자산으로 정치 · 경제적 충격에 대한 낮은 민감도, 인플레이션 헤지 기능 및 배당 하는 과의 낮은 상관관계 등으로 분산투자 효과를 극대화 할 수 있는 장점이 있다. SOC는 건설기간이 많이 소요되기 때문에 10~20년의 특히 투자 성격을 갖지만 안정적 수익을 올릴 수 있으며 이밖에 세계적으로 공공영역에서 정부의 역할이 줄어드는 추세이기 때문에 SOC건설과 영업에 대한 투자영역이 넓어지고 있다. SOC펀드는 운영 수익 일부분을 이자형식으로 받는 수익형 민자사업(BTO)과 정부가 가가 명목으로 일정 수익을 보장해 주는 임대형 민자사업(BTL) 방식 등으로 운영되고 있다. BTL(Build-Transfer-Lease) 펀드란 인프라펀드의 일종으로 민간자본을 유치해 각종 SOC에 투자하고, 정부와 지방자치단체가 이용료를 민간자본에 지급하는 방식의 사업이다. 다만 도로, 항만, 경전철 등 대규모 사업에 투자되는 민간투자사업(BTO)과 국공립 학교나 군 주거시설, 공공임대시설, 아동보육 및 노인요양시설, 보건의료시설, 문화시설 등에 투자. 단위사업별배규모가 평균 400억원에도 미치지 못한다. 반면 BTO(Build Transfer Operate) 펀드는 주로 사모형태로 자금을 조달해 민간이 공공시설물 투자 방식국가나 지자체에 소유권을 이전하고 리스료 명목으로 이익을 일정기간 동안 상환 받는 펀드이다.

3.3.3 선박펀드

유동성 악화에 있는 해운업체의 선박을 매입하여 운용되는 펀드로 해운업계의 유동성 지원을 목적으로 캠코(한국자산관리공사, KAMCO)가 조성했으며, 별도의 선박운용회사에 의해 운영된다. 선박펀드는 해운업체가 보유한 선박을 시가로 사들이는 것이지만, 선주가 원하면 '세일&리스백(Sale & Lease back)' 방식을 통해 배를 빌려주고 리스료(용선료)를 받는다. 펀드는 캠코에서 30%, 담보로 잡은 선박을 현물출자하는 형태로 채권은행이 60%, 일반투자자금 10%로 조성된다.

3.4. 특수한 형태의 펀드

3.4.1 ELS

ELS(Equity Linked Securities)는 투자원금을 보전하면서도 주가상승에 따른 이익까지 챙길 수 있는 구조의 신종금융상품으로 운용자산의 일부분은 국공채에 투자하고 나머지 일부를 파생상품(옵션)에 투자한다. 투자자보호를 위해 발행금융투자회사의 지급의무가 있으며 대형금융투자회사만 발행가능하다.

ELS는 원금의 보장이 가능하고 주가지수에 따라 수익률을 추가할 수 있다는 점에서 은행에서 판매하는 주가지수연계정기예금(ELD)과 유사하다. 단, 원금보장형만 가능한 ELD에 비해 상대적으로 수익률이 높고 발행하는 상품종류도 다양하다. ELD는 투자원금 중 일부를 원금이 보장되는 이자율로 정기예금에 넣은 뒤 나머지 돈으로 주가지수 옵션 등에 투자해 만기 때 원금을 보장하면서도 이자수익으로 주가지수에 연동해 추가수익을 내는 구조이다.

ELS는 지수변동에 따라 만기지급액이 결정되며, 원금보장형도 가능하다. 주가지수뿐만 아닐 개별주식 또는 일부주식 바스켓을 기초자산으로 하기도 하고, 환율과 금리를 기초자산으로 하기도 한다. ELS는 상품의 구조에 내재된 조건이 시장조건에 일치하면 만기 이전에 조기에 상환(knock-out)되기도 한다.

[표 7-10] ELS와 유사상품 비교

구분	ELS	ELD	ELF
운용회사	장외파생상품 인가받은 금융투자회사	은행	자산운용사
상품형태	유가증권	은행예금	펀드
상품구조	채권+옵션 등 파생상품	예금+옵션 등	채권+ELS or 주식워런트
상품성격	유가증권	예금	수익증권(유가증권)
원금보장 여부	원금보장 가능 (상품에 따라 원금보장 및 원금손실가능상품 존재)	원금보장 (예금자보호법 적용)	원금보존 추구 (운용성과에 따른 실적배당)
중도해지 및 환매여부	중도상환가능 (상환시 원금손실 가능)	중도해지 가능 (해지시 원금손실 가능)	중도환매 가능 (환매시 원금손실 가능)

3.4.2 ETF

2002년 개설된 ETF(Exchang Traded Fund)시장은 주가지수와 연동하여 운영하는 인덱스펀드를 기초로 발행한 ETF증권을 상장해 일반주식과 동일하게 매매하는 것이다.

ETF는 투자위험의 분산을 추구하면서도 주식처럼 장내에서 거래되어 주식투자시의 간편함과 높은 유동성도 확보할 수 있는 차세대형 인덱스펀드이며, 주식투자자들에게 있어 투자위험이 광범위하게 분산된 펀드상품이다.

[표 7-11] ETF와 일반펀드의 비교

	ETF	일반펀드	
		개방형	폐쇄형
납입형태	현금 또는 유가증권 등의 실물로 납입 가능	현금납입	
추가설정	가능	가능	불가능
상장	상장 전제	상장 불필요	상장 전제
환매	현금 또는 유가증권등의 실물로 환매 가능	현금으로 환매	환매 불가
시장거래	주식과 같이 거래소시장에서 거래	시장 거래 불가	시장 거래
운용비용	저렴, 펀드 내 주식거래비용 절감	상대적으로 높음. 펀드내 주식거래비용 높음.	
투명성	여러가지의 공시제도로 투명성 높음.	해당사항 없음.	
유동성	높음.	해당사항 없음.	
장중매매	투자자들은 장중 시장가격을 보면서 시장가격에 매매가 가능	시장 종가를 기준으로 작성된 기준가격에 의해서 설정 또는 해지	
공매도	가능	불가능	
보수	일반펀드비교시 보수 수준 낮음.	ETF 비교시 상대적으로 높은 수준의 보수 취득	
운용비용	일반펀드와 달리 주식 등 현물로 설정 및 해지를 할 수 있어 펀드 자체에서 주식 등을 매매하여 운용하는 비율이 낮고, 주식 등을 매매하여 발생하는 위탁 매매수수료 부담이 작음.	펀드 자체 내에서 유가증권을 매매하게 되어 매매관련 수수료 부담 발생	
시장충격 비용	시장에서 형성되는 ETF의 매수/매도 호가간의 시장충격 비용 있음.	의사결정과 실행간의 시차로 인해 기회비용의 손실 발생 가능성 있음.	

일반투자자들은 펀드의 설정, 환매를 통해서 투자하게 되는 것이 아니라 거래소를 통해서 ETF를 매수, 매도하게 된다. 일반적으로 펀드에 투자하기 위해서는 투자자는 판매사에서 현금을 납입하고 펀드의 설정을 요청하면 판매사는 펀드에 현금을 납입하고 펀드의 수익증권이나 주권을 발급받아 투자자에게 전달하게 된다. ETF는 일반 펀드와 달리 두 가지 시장이 존재한다. 이미 발행된 ETF가 거래소를 통해서 주식같이 매매되는 유통시장과 ETF가 설정, 해지되는 발행시장으로 나눌 수 있다. 발행시장에서는 지정판매사를 통해서 ETF의 설정과 환매가 일어나게 되고 유통시장에서는 일반투자자들과 지정판매사가 거래소를 통해서 ETF를 주식과 같은 방법으로 매매하게 된다. 따라서 일반투자자들은 ETF에 투자하기 위해서는 유통시장을 이용하면 된다.

3.4.3 재간접펀드

재간접펀드란 펀드에 투자하는 펀드로 대부분 실적이 검증된 우수한 펀드를 선별해 투자하기 때문에 분산투자효과와 안정적인 수익을 기대할 수 있으며 직접 투자의 리스크를 크게 줄일 수 있는 장점이 있다. 하지만 재간접펀드는 펀드 투자단계를 한단계 더 거치기 때문에 판매보수 및 운용 보수를 이중으로 지급하는 결과를 초래해 비용부담이 일반펀드에 비해 높을 수 있으며, 투자자 입장에서는 펀드의 명확한 투자전략이나 운용 내용을 파악하기가 쉽지 않은 점이 단점으로 지목된다.

3.4.4 멀티클래스펀드

투자기간과 투자금액에 따라 수수료를 달리하는 펀드다. 멀티클래스펀드는 한 가지 종류의 펀드 안에 투자자의 투자금액이나 개인 · 기관 · 법인 등 투자자 성격에 따라 'ㅇㅇ펀드 Class A', 'ㅇㅇ펀드 Class B' 와 같은 형태의 여러 펀드로 나뉜다. 그러나 기본적으로 자산운용방법이나 투자한도 등은 같다. 보통 투자금액이 많을수록, 투자기간이 길수록 수수료가 낮아지기 때문에 연금 등을 목적으로 장기간 투자하는 고객들에게는 상당한 수수료 절감효과를 거둘 수 있고, 운용사는 고액투자자나 장기투자자를 다른 일반투자자보다 우대해 줄 수 있는 이점이 있다.

3.4.5 엄브렐러펀드

전환형 펀드의 일종으로, 우산살처럼 하나의 펀드 아래 성격이 서로 다른 여러 개의 하위펀드(sub-fund: 子펀드)가 구성되어 있다는 뜻에서 이런 이름이 붙었다. 하위펀드 사이의 교환이 자유로워 마치 카멜레온이 몸 색깔을 바꾸는 것과 비슷하다 하여 '카멜레온형 펀드'라고도 한다.

1982년 영국의 투자가들이 세금감면을 위해 개발한 펀드로, 한국에서도 2000년 이후 행정절차상의 간편함과 관리비용 절감 등에 힘입어 다양한 엄브렐러펀드가 등장하고 있다.

펀드 간의 전환이 자유롭다는 점에서 같은 전환형 펀드라고 하더라도 목표 수익률을 올리면 바로 채권형으로 전환되는 터치형 펀드와는 다르다. 여러 개의 하위펀드를 구성해 시장 상황이나 테마에 따라 변신이 가능하기 때문에 투자자가 직접 펀드를 선택할 수 있는 것이 장점이다. 상품 구성은 MMF(Money Market Funds), 인덱스형, 채권형, 성장주식형, 코스닥주식형, 인덱스혼합형, 안정혼합형 등 다양하며, 이 가운데 3개 · 4개 · 5개 등 운용회사에 따라 구성이 다르다.

3.4.6 랩어카운트

고객이 예탁한 재산에 대해 증권회사의 금융자산관리사(FP)가 고객의 투자 성향에 따라 적절한 운용 배분과 투자종목 추천 등의 서비스를 제공하고 그 대가로 일정률의 수수료(Wrap fee)를 받는 상품이다. 증권회사에 계좌를 개설하고 자신이 선택한 종목을 매매하는 기존의 투자 방식과는 달리 증권회사에서 고객이 예탁한 재산에 대해 자산구성에서부터 운용 및 투자 자문까지 통합적으로 관리해

주는 종합금융서비스라고 할 수 있으며, 선진국에서는 투자은행의 보편적인 영업 형태이다.

1975년에 미국의 후튼증권회사가 처음 개발한 이래 주목을 끌지 못하다가 1987년의 주가 대폭락 사건인 '블랙먼데이'를 계기로 증권사들이 영업 방침을 약정수수료 위주에서 자산관리중심으로 전환함으로써 활성화되기 시작하여 1993년 이후 연평균 60% 정도의 높은 성장세를 보이고 있다. 우리나라에서는 2001년 2월 5일에 금융감독원이 자문형 랩어카운트의 판매를 승인하였다.

3.5. 그 외 펀드상품

3.5.1 헤지펀드

국제증권 및 외환시장에 투자해 단기이익을 올리는 민간 투자기금으로 100명 미만의 투자가들로부터 개별적으로 자금을 모아 파트너십(partnership)을 결성한 후에 카리브해의 버뮤다제도와 같은 조세회피지역에 위장거점을 설치하고 자금을 운영하는 투자신탁이다.

헤지펀드(hedge fund)는 파생금융상품을 교묘하게 조합해서 도박성이 큰 신종상품을 개발하는데, 이것이 국제금융시장을 교란시키는 하나의 요인으로 지적되어 관심을 끌고 있다. 전세계 헤지펀드 가운데 절반 이상을 차지하는 조지 소로스의 '퀀텀그룹'이 특히 유명하다.

전 세계 헤지펀드 시장에는 2007년 말 현재 약 8,900여개의 헤지펀드가 1조 7,600억달러의 자산을 운용하고 있다. 헤지펀드 산업은 1995년에 비해 펀드 수는 3.2배, 운용자산은 15.5배 성장하였다. 헤지펀드의 숫자와 운용규모는 세계 금리수준과 관련이 있다. 세계 저금리 기조가 유지되면 국제 금융시장에는 유동성이 증가하게 된다. 그러면 상대적으로 고수익을 실현하는 헤지펀드가 대체투자수단으로 인식되어 꾸준히 자금이 유입되었다. 게다가 저금리를 이용한 캐리트레이의 형태로 조달된 자금이 레버리지효과를 더하면 헤지펀드의 운용규모는 더욱 확대된다.

3.5.2 해외투자펀드

해외에 투자하는 펀드 중 운용주체가 국내 운용사일 경우 역내펀드(On-shore fund)라고 하며, 역내 펀드의 경우 국내 운용사가 국내 투자자들을 대상으로 자금을 모아 해외에 투자하는 것이기 때문에 운용사가 자체적으로 환헤지를 하고 있어 투자자들은 환율 변동에 신경을 쓸 필요가 없다.

역외펀드(Off-shore fund)란 국내에 판매되는 해외펀드 중 외국운용사가 외국에서 설정한 펀드이다. 역외펀드는 매매차익에 과세를 하지 않거나 엄격한 규제가 없는 지역에서 설정함에 따라 투자자가 속한 특정 국가의 조세제도나 운용상의 제약을 피할 수 있고 조세, 금융, 행정 등 여러 면에서 유리하다. 하지만 역내펀드와 달리 역외펀드는 투자지역의 통화로 환전해 가입해야 하며 수익률 또한 해당 통화로 계산되기 때문에 환율 변동에 따른 위험이 있다.

3.5.3 국부펀드

국부펀드(Sovereign Wealth Fund: SWF)란 정부가 공적 외환보유액과는 별도로 재정흑자 등의 잉여자금을 재원으로 조성하여 다양한 종류의 자산에 수익성 위주로 운용하는 국가기금펀드를 의미한다. 민간자본과는 달리 국부펀드에는 자원의 민족주의 등 정부의 전략적 동기가 개입되며, 운용목적에는 수익성 이외에 전략적 자원의 확보, 선진기술의 도입 등이 투자 목표가 될 수 있다. 국부펀드는 펀드조성의 재원에 따라 원유, 광물자원 등 원자재의 상품수출액을 주요 재원으로 하는 안정화 성격의 상품펀드와 경상수지흑자국가들이 외환보유액 등을 재원으로 하는 저축성 펀드의 성격인 비상품펀드로 구분된다. 현재는 자원민족주의의 대두와 자원고갈에 따른 미래세대의 소득보전을 위해 수익성 위주의 자기투자

중심으로 자산을 운용하는 상품펀드가 증가하고 있는 추세이다. 그리고 비상품펀드는 국제수지흑자의 누적에 따라 아시아 신흥국을 중심으로 적극 추진되고 있다.

3.5.4 사모펀드

소수의 투자자로부터 모은 자금을 주식 · 채권 등에 운용하는 펀드로 고수익기업투자펀드라고도 한다. 사모펀드의 운용은 비공개로 투자자들을 모집하여 자산가치가 저평가된 기업에 자본참여를 하게 하여 기업 가치를 높인 다음 기업주식을 되파는 전략을 취한다.

공모펀드와는 달리 운용에 제한이 없는 만큼 자유로운 운용이 가능하다. 공모펀드는 펀드 규모의 10% 이상을 한 주식에 투자할 수 없고, 주식 외 채권 등 유가증권에도 한 종목에 10% 이상 투자할 수 없는 등의 제한이 있다. 그러나 사모펀드는 이러한 제한이 없어 이익이 발생할 만한 어떠한 투자대상에도 투자할 수 있다.

금융감독위원회는 2000년 7월부터 투자신탁회사들에게 주식형 사모펀드의 발행을 허용하였다. 이 주식형 사모펀드는 특정종목에 대한 투자를 펀드 자산의 50%까지 할 수 있고, 발행주식의 편입 제한도 없으므로 특정회사 주식을 100%까지도 매입할 수 있다.

우리나라에서는 사모펀드를 M&A(기업의 인수 · 합병)를 활성화하기 위한 수단으로 도입하였지만, 외국에서는 사모펀드를 M&A의 수단이 아니라 다양한 투자자의 요구를 충족시키기 위한 맞춤 펀드로 활용하고 있다.

3.5.5 변액보험

보험계약자가 납입하는 보험료 가운데 사업비와 위험보험료를 제외한 적립보험료를 따로 분리해 주식 · 공채 · 채권 등 수익성이 높은 유가증권에 투자한 뒤, 운용 실적에 따라 투자 성과를 계약자에게 나누어 주는 실적 배당형 보험 상품이다.

1950년대부터 유럽에서 판매되기 시작한 이래, 1970년대 중반 미국, 1980년대 말 일본을 거쳐 2001년부터는 우리에서도 판매되기 시작하였다. 보장기능 · 저축기능 · 뮤추얼펀드의 형식이 혼합된 구조로, 적립금이 보증되지 않고, 특별계정에서 운용된다. 따라서 연금지급 개시 때 계약자 적립금은 최저로 보증되고, 사망보험금과 적립금은 계약의 투자 성과에 따라 변동한다.

주요 특징은 다음과 같다. 첫째, 투자의 결과에 따라 원금 손실 또는 원금 이상의 보험금이 발생할 수 있다. 둘째, 고객의 투자 성향에 따라 자산운용 형태를 설정할 수 있다. 셋째, 예금자보호법의 보호를 받지 못한다. 넷째, 목표수익률을 사전에 제시하지 못한다. 종류로는 기존의 종신보험과 양로보험을 변형시킨 변액종신보험과 변액양로보험 등이 있으며 운용 형태는 펀드의 100%를 채권이나 기업대출 등으로 운용하는 채권형, 주식에도 30～50%를 투자하는 혼합형과 안전혼합형 등이 있다.

3.5.6 퇴직연금펀드

퇴직연금이란 기존의 퇴직금 제도의 단점(퇴직금 통산 불가, 퇴직금 미지급 가능성 등)을 보완하기 위하여 도입된 제도이다. 과거에는 기업이 종업원에게 근로의 대가로 그 종업원이 퇴직할 때 퇴직금을 지급하여 그간의 근로에 대한 보답을 하였다. 이러한 퇴직금 제도는 근로기준법에서 규정되어 있는 제도였으나, 퇴직연금제도의 도입으로 이제는 기업이 퇴직연금제도의 제공으로 퇴직금을 대신할 수 있게 되었다.

퇴직연금제도는 확정급부형(DB: Defined Benefit), 확정기여형(DC: Defined Contribution), 개인연금형(IRA: Individual Retirement Account) 등의 3가지 형태로 이루어져 있다.

확정급부형은 근로자가 퇴직시 받을 퇴직급여수준이 규약에 의해 근무기간과 평균임금에 연계되어 사전에 확정되어 있는 연금제도이다. 사용자가 부담(적립)

할 금액은 적립금 운용결과에 따라 변동하며 임금상승률, 퇴직률, 운용수익률 등 급여 및 부담금 산정의 기초가 변하는 경우 그 변동위험을 책임지며 적립금 운용실적에 따라 매년 부담금의 증감이 있다.

[표 7-12] 확정급부형(DB: Defined Benefit)제도

	기업 측면	근로자 측면
장 점	• 근로자의 장기근속을 유도하는 효과 • 기대운용 수익률이 예상보다 높은 경우 기업실적 개선 효과	• 퇴직 후 최종급여의 일정비율만큼 보장된 연금이 지급되므로 회사업무에 전념 가능 • 장기 근속자의 경우 퇴직시 급여수준이 높기 때문에 유리
단 점	• 기금운용 수익률, 임금인상률의 급격한 변화로 비적립 연금부채가 발생하면 기업 실적악화 • 관리감독이 복잡하고 운영비용이 많이 소요 • 전문적인 기술이나 영업능력과 같은 근로자간 개인적 경쟁이 필요한 기업에게는 부적절	• 직장 이동시 연금의 이동성이 원활하지 못함. • 인플레이션에 대한 보장장치가 명확하지 않음.

확정기여형은 기업의 부담금 수준이 연간 임금총액의 1/12 이상으로 사전에 결정되어 있으며 근로자가 퇴직할 때 받을 퇴직급여는 근로자가 적립금을 운용한 실적에 따라 달라진다.

기업은 근로자가 올바른 투자를 할 수 있도록 1년 1회 이상 의무적으로 교육을 실시하여야 하며 적립금 운용의 주체는 근로자이다.

[표 7-13] 확정기여형(DC: Defined Contribution) 제도

	기업 측면	근로자 측면
장 점	• 관리가 용이하며 비용처리하기 때문에 퇴직부채에 대한 부담이 없음 • 근로자와의 협약에 따라 이익분배제도, 우리사주제도 등의 다양한 형태로 활용될 수 있음.	• 연금이 개인계정별로 관리되므로 직장이동시 연금의 이동성이 편리함. • 연금의 운용수익률이 높은 경우 연금급여가 많아짐.
단 점	• 연금에 투자한 자산의 수익률이 낮을 경우 근로자들이 불안감을 느낄 수 있어 근로자 사기에 영향을 미칠 수 있음.	• 연금기금 운용실적이 변동 가능함 • 종업원의 책임하에 연금기금을 운용하기 때문에 펀드 및 펀드매니저 선택에 유의해야 함.

개인연금형이란 근로자가 직장을 옮기거나 퇴직을 하더라도 퇴직일시금을 은퇴시점까지 적립하여 노후자금으로 쓸 수 있도록 하는 제도로 근로자는 퇴직일시금만을 자기명의의 개인퇴직계좌에 납입할 수 있으며 추가납입금을 납입할 수 없다. 빈번한 직장이동과 비정규직 근로자 증가, 퇴직금 중간정산 및 연봉제 확산 등으로 퇴직금이 노후자금으로 쓰이지 않는 문제점을 보완하였다.

3.6. RP / WRAP

3.6.1 환매조건부 채권(RP)

환매조건부채권 매매는 채권을 일정기간 후에 일정가격으로 다시 매도하거나 매수한다는 특약으로 장외에서 매매하는 것을 말한다. 즉 당초의 매도자는 일단 환매조건부매도를 했다가 후일에 환매수를 하는 것이고 당초의 매수자는 일단 환매조건부매수를 했다가 후일에 환매도를 하는 것이다.

환매조건부채권 매매는 채권의 매매이므로 그 담보가격을 평가하여 매매하는 것이 아니고 채권의 시장실세를 기준으로 하여 매매를 하게 된다. 또 자금공여자는 소정기간 중에는 단순히 채권의 담보권만을 취득하는 것이 아니고 완전한 소유권을 취득하게 되며 소정기일이 도래하면 양 당사자는 별도의 의사행위 없이 채권의 인도 또는 대금지급 등 재매매를 이행해야 한다.

환매조건부채권 매매업무를 취급할 수 있는 법인은 금융투자업자, 은행, 우체국 등이 있으며, 환매조건부채권매도의 경우에는 거래상대방을 제한할 필요가 없으므로 일반 법인 및 개인까지도 거래상대방이 될 수 있다. 그러나 환매조건부채권매수의 경우에는 그 상대방이 당초의 환매약정을 위반할 위험이 있기 때문에 현실적으로 거래상대방을 국가, 지방자치단체, 특수법인, 금융기관, 공공기금 등으로 한정하고 있다.

조건부채권매매의 대상은 국채, 지방채, 특수채와 상장법인 및 등록법인이 발행한 공모회사채로 하고 있다. 다만 회사채 중 전환권행사 청구기간이 경과하지 않은 전환사채는 그 대상에서 제외하고 있는데, 이는 전환사채가 거래기간 중 주권으로 전환되는 경우 복잡한 문제를 발생시킬 여지가 있기 때문이다.

3.6.2 랩어카운트(WRAP ACCOUNT)

랩어카운트는 금융투자업자가 투자자의 투자성향과 투자목적을 정밀하게 분석하고 진단한 후 고객에게 맞도록 주식, 채권, 수익증권, 뮤추얼펀드 등의 다양한 투자수단을 대상으로 가장 적합한 포트폴리오를 추천하고, 그 포트폴리오를 운용해 수수료(Commission)가 아닌 일정한 보수(Fee)를 받는 종합자산관리계좌이다.

랩어카운트는 1970년대 말 미국에서 개발되었으며 특히 1987년 10월 블랙먼데이 이후 투자자들의 직접투자가 위축되면서 그 대안으로 크게 활성화되었다. 1990년대 이후 투자환경이 점점 복잡해지고 투자자의 수요도 다양화, 고도화되면서 이를 겨냥한 랩어카운트는 미국 증권사들의 주력상품으로 자리 잡게 되었다.

랩어카운트는 자산운용방식, 투자대상, 일임의 정도 등에 따라 다양한 종류가 존재하지만 일반적으로 펀드형랩(Mutual Funds형) 및 컨설턴트랩(Consultant형)으로 구분된다.

펀드형 랩(Mutual Funds Wrap)은 고객이 FP와의 상담을 통해 고객의 성향 및 투자목적 등을 파악하여 고객에게 가장 적합한 우수 펀드로 최적의 포트폴리오를 구성하는 투자전략을 제안하여 준다.

컨설턴트 랩(Consultant Wrap)은 고객의 보다 적극적이고 다양한 투자스타일을 반영하기 위하여 FP와의 상담을 통하여 최적의 포트폴리오 및 개별주식에 대한 투자전략을 제시해준다. 새로운 투자대상이 계속 출시됨에 따라 컨설턴트 랩의 투자대상도 더욱 다양해지고 있다. 최근 ELW에 대한 투자자들의 관심과 인기가 지속되자 ELW에 자산의 일부를 투자하고 나머지 자산은 안정적 수익발생 자산에 투자하여 고수익을 추구하는 ELW랩도 출시되었다.

제8장

증권분석

증권분석은 증권의 수익성 및 위험에 대한 평가와 매매시점을 판단하여 보다 유리한 투자선택을 할 수 있도록 정보를 수집·분석하는 작업을 의미한다. 이 경우 정보는 증권의 투자성과에 영향을 미치는 전반적인 경제 및 산업의 현황과 전망 그리고 발행기업의 상황, 증권의 수요와 공급 등과 관련된 것으로 이들을 수익성과 위험의 관계에서 분석한다.

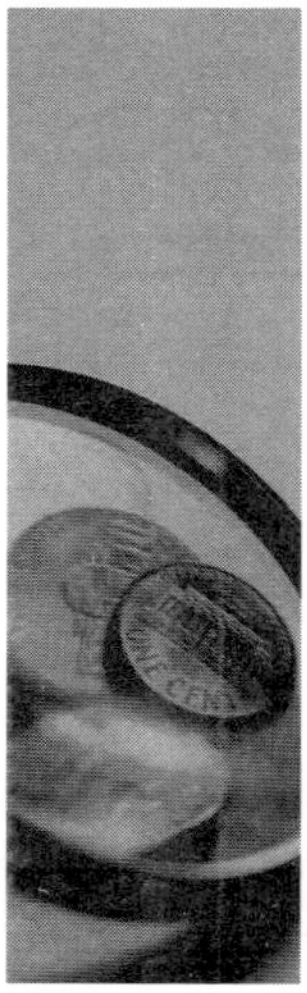

1. 기본적 분석
2. 기술적 분석

증권분석은 증권의 수익성 및 위험에 대한 평가와 매매시점을 판단하여 보다 유리한 투자선택을 할 수 있도록 정보를 수집·분석하는 작업을 의미한다. 이 경우 정보는 증권의 투자성과에 영향을 미치는 전반적인 경제 및 산업의 현황과 전망 그리고 발행기업의 상황, 증권의 수요와 공급 등과 관련된 것으로 이들을 수익성과 위험의 관계에서 분석한다.

증권의 수익성과 위험을 평가하는 방법은 여러 가지가 있을 수 있으나, 일반적으로 기본적 분석과 기술적 분석으로 나눈다. 기본적 분석은 경제, 산업 및 기업의 기초적인 요인을 대상으로 기업의 내재가치를 추정하여 현재의 증권가격과 비교·분석하는 방법이다. 이에 비해 기술적 분석은 과거의 증권가격과 거래량 정보를 이용하여 미래의 시장과 증권가격의 변화를 예측하려는 방법으로 매매시점의 선택에 초점을 둔 방법이다.

[그림 8-1] 증권분석의 체계

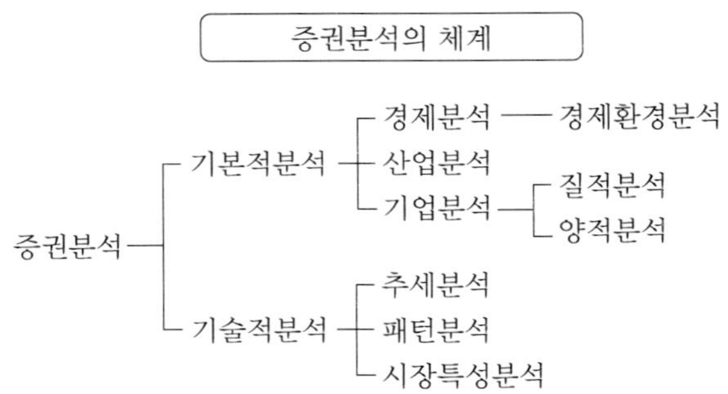

1. 기본적 분석

기본적 분석은 거시경제상황과 산업에 대한 분석과 함께 각 기업의 수익성과 성장성에 대한 분석을 통해 종목을 선정하여 매매시점을 결정하는 분석방법이다.

증권의 가격은 그 증권을 발행한 기업의 내적인 요인과 외적인 요인에 의해 좌우되므로, 미래의 증권가격 예측을 위해서는 이에 영향을 주는 이들 기초적 요인들을 발견하고 예측하는 것이 중요하다. 기본적 분석에서는 이들 요인과 증권가격간의 관계에 따른 증권의 내재가치를 계산하고, 그 가치와 시장가격을 비교하여 투자를 결정하게 된다.

기본적 분석방법의 가정은 기업요인과 경제요인 및 산업요인이 기업의 내재가치를 결정하는데 영향을 미친다고 보는 것이다.

이 내재가치와 실제시장가치와는 차이가 있으며, 그 차이는 시간이 경과함에 따라 시장가치는 내재가치에 접근하게 된다. 그러므로 내적요인과 외적요인을 고려하여 내재가치를 구할 수만 있다면 시장가치와 비교하여 미래 주가예측이 가능해 진다.

1.1. 경제분석

증권가격에는 미래 기업성과에 대한 투자자들의 예상이 반영되어 있다. 기업성과는 국내외의 경제상황과 환경의 변화에 영향을 받지 않을 수 없다. 경제분석의 주된 목적은 기업의 경영성과에 영향을 미치는 기업외적 경제요인과 증권가격과의 관계를 이해하는 데 있다. 경제의 전반적인 움직임은 거시경제변수로 파악되기 때문에 경제분석의 주된 내용은 거시경제변수와 증권가격과의 관계를 파악하는 것이 경제분석의 주요 내용이다.

거시경제변수간의 관계는 유기적이고 복합적이기 때문에 경제변수와 증권가격간의 관계를 단편적으로 정의하는 것은 매우 어려운 일이다. 둘 사이는 경제변수가 증권가격에 영향을 미치는 일방적인 관계가 아니라, 증권가격이 다른 경제변수에도 영향을 미칠 수 있는 쌍방의 인과관계이기 때문이다. 따라서 정확한 경제분석을 위해서는 경제이론에 대한 폭넓은 이해가 선행되어야 한다.

1.1.1 경기변동과 주가

주가는 경기에 선행한다고 한다. 이는 경기가 상승 또는 하강하기에 앞서서 주가가 먼저 상승 또는 하강하는 것을 의미한다. '주가는 주식으로부터 기대되는 미래현금흐름의 현재가치'임을 생각하면, 경기가 좋아질 것이라는 시장의 기대가 형성되면 실물경기는 아직 저점에서 벗어나지 못했더라도 주가는 미리 상승움직임을 탈 수 있고, 경기가 나빠질 것이라는 시장의 기대가 형성되면 실물경기는 아직 정점에서 있더라도 주가는 미리 하락움직임을 탈 수 있음을 쉽게 이해할 수 있을 것이다.

따라서 경기를 관측하고 그에 보조를 맞추어서 주식투자를 한다는 것은 엇박자를 치는 것과 같이 부정확하므로 손해를 볼 수밖에 없다는 말이 된다. 주식투자는 항상 앞선 정확한 예측에 기초하여 행해져야 한다.

계속해서 반복되는 주가와 경기의 순환과정의 한 사이클을 그림으로 나타내면 다음과 같다.

[그림 8-2] 주가와 경기의 순환과정

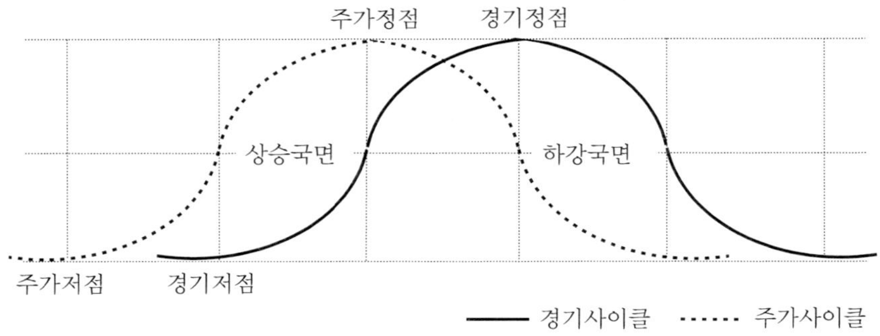

주가와 경기의 순환과정을 기술하면 다음과 같다.

① 경기저점과 주가 상승국면

경기가 저점에서 헤어나지 못하고 있으면 정부에서는 각종 경기부양책을 내놓게 된다. 또한, 시장에서는 저점탈출에 대한 기대가 강하게 형성되며 전문투자가들이 암암리에 저가에 주식매집을 시작한다. 이렇게 되면 아직 경기는 풀리지 않은 상태에서 증시 주변에 자금이 풍부해져서 실물경기는 아직 저점에 머물러 있음에도 불구하고 주가가 상승하는 일이 발생한다. 이때는 주가가 워낙 낮은 상태이기 때문에 주가가 상승하는 폭이 커서 거의 폭등하는 상황이 벌어지곤 한다. 이처럼, 경기가 좋아졌기 때문이 아니라 단지 증시 주변의 자금사정이 좋아져서 주가가 오르는 상황을 '금융장세'라고 하기도 한다.

② 경기상승국면과 주가정점

금융장세에 힘입어 주가가 오르면 주식투자 소득이 증가에 힘입어 소비가 증가하고, 기업은 유리한 조건으로 주식을 발행하여 설비투자를 늘리게 된다. 이렇게 되면 경기가 저점을 탈출하여 상승국면에 접어들고 주가는 금융장세에 이어 계속 상승하여 정점에 이른다. 하지만 이때의 주가상승 폭은 금융장세 때의 폭등에는 미치지 못한다. 경기의 호전에 힘입어 주가가 상승하는 것을 '실적장세'라고도 한다.

③ 경기정점과 주가하강국면

주가가 정점에 이르면 주식투자로 돈을 번 사람들의 사치가 극에 달하고 유흥가는 불야성을 이루며 물가는 오르고 부동산은 불안해진다. 기업도 자금이 풍부해져서 종업원들의 소비지출이 커지고 무모한 투자를 시도하게 된다. 이쯤 되면 정부에서는 경기 조절정책을 펼치게 되며 그로 인해 투자자와 기업이 몸을 사리게 된다. 이에 따라 경기는 아직 정점에 달했음에도 불구하고 증시 주변의 자금사정이 위축되어 주가가 하락하는 상황이 벌어지는데, 이러한 상황을 '역금융장세'라고 한다.

④ 경기하강국면과 주가저점

역금융장세가 지속되면 소비가 위축되고 기업은 투자를 감소시켜 결국 경기하강국면으로 이어진다. 경기가 하강국면을 접어들 때 주가는 이미 저점에 도달하여 침체국면에 빠져든다. 역금융장세의 여파로 경기가 나빠져서 주가가 저점으로 치닫는 현상을 '역실물장세'라고도 한다. 경기가 하강국면에서 저점으로 향하고 주가는 저점에서 헤매고 있으면 정부의 부양책이 시도되고 다시 처음의 사이클이 반복되는 과정이 재연된다.

1.1.2 국민소득과 주가

국민소득의 증가는 투자와 소비를 증가시킴으로써 기업의 이윤을 높인다. 이러한 기업이윤의 증대는 생산 및 고용증대로 연결되어 결국 기업 예상수익과 주가의 상승을 가져온다. 주가가 상승하면 주식투자자의 금융자산 가치가 증대되고 이는 소비를 증가시켜 국민소득의 상승을 유발한다.

우리나라의 경우에는 주가와 국민소득 즉, 실물경기 변화와의 관계에서 주가가 실물경기의 추세를 3-10개월 먼저 반영한다는 것이 실증분석을 통해 발표되고 있다.

1.1.3 통화량, 금리와 주가

일반적으로 통화량의 증대는 화폐시장의 새로운 균형을 야기시켜 이자율을 하락시키고 이로 인해 주가가 상승한다. 즉 통화량 증대로 인한 이자율 하락이 주가에 미치는 영향을 보면 첫째, 이자율 하락이 기업의 금융비용 및 제품원가를 줄여 수익성을 향상시켜 주가의 상승으로 이어진다. 둘째, 통화량 증가에 따른 이자율 하락으로 통화량 증가의 일부가 증권시장에 유입되어 주식에 대한 매입수요의 증가를 상승시키게 된다. 셋째, 주가는 주당 현금흐름의 현재가치이므로 이자율이 하락하면 현금흐름에 대한 할인율이 작아져서 주가를 상승시킨다.

그러나 과도한 통화량 증가는 물가를 상승시켜 인플레이션을 유발할 수 있고 실물자산인 부동산 가격의 상승과 주가의 하락을 동시에 가져올 수 있다.

1.1.4 물가와 주가

물가는 기업수지 및 투자심리에 영향을 주어 주식시장에 영향력을 준다. 완만하고 지속적인 물가상승은 실물경기의 상승을 가져오면서 기업수지의 개선과 기업의 자산가치를 증대시켜 주므로 주가를 상승시키게 된다. 그러나, 급격한 물가상승은 금융저축을 위축시키고 부동산, 귀금속 등의 실물자산을 선호케 하여 주가를 하락시키는 요인으로 작용한다.

일반적으로 물가가 상승하면 기업보유자산의 명목가치가 상승함으로써 자산재평가로 인한 무상증자가 가능해지기 때문에 인플레이션시에도 주식가치가 상승하여 물가상승을 보전할 수 있다고 하는데, 이를 주식투자의 '인플레이션 헤지' 기능이라고 한다. 그러나 현실적으로 우리나라에서는 인플레이션이 높을수록 주식수익률이 낮아지는 경향이 있는데, 이같은 현상은 물가상승률이 높은 경우 은행예금 및 주식 등의 금융자산보다는 부동산과 같은 실물자산에 대한 선호도가 높아지기 때문이다.

1.1.5 환율 및 국제수지와 주가

환율이란 그 나라 화폐와 외국 화폐와의 교환비율로서 직접적으로는 외환시장에서의 수급에 의해 결정되며, 국제수지, 물가, 금리 등의 영향을 받는다.

환율하락, 즉 평가절상은 한 나라의 경제가 안정되고 수출이 수입보다 많아서 국제수지의 흑자폭이 증가할 때 나타나는 것이 일반적이다. 국제수지 흑자의 증가는 해외부문으로부터의 자금유입의 증가로 나타나 시중의 자금유동성이 풍부해져서 주식의 매입수요를 증가시키므로 안정적 환율인하는 결과적으로 주가를 상승시키는 요인으로 작용한다.

그러나 환율이 급격히 인하되는 경우에는 수출비중이 높은 기업의 대외경쟁력이 약화되고 채산성이 악화된다. 이에 따라 기업의 매출이 감소되고 수익성이 악화됨으로써 주가는 하락하게 된다.

이와는 반대로 환율상승, 즉 평가절하는 수출이 부진하여 무역수지가 악화되고 교역상대국에 비하여 경제성장이 둔화될 때 나타난다. 환율인상이 수출비중이 높은 기업에 대해서는 단기적으로 유리하게 작용한다. 하지만 물가상승의 우려 및 경제성장의 둔화 등의 요인 때문에 환율상승이 주가상승을 동반하기는 어렵다.

1.1.6 외국인 투자와 주가

1992년 주식시장 개방 이후 외국자본의 유입으로 외국투자자들이 국내 주식시장에서 차지하는 비중이 크게 높아짐에 따라 외국인의 매매성향이 중요한 투자지표로 등장하게 되었다. 특히 외국 투자자들이 구사하는 다양한 선진투자기법은 투자패턴의 변화를 가져와 내재가치 중심의 주가차별화 현상이 진행되는 등 질적인 변화과정이 급속히 전개되고 있다.

일반적으로 외국인 투자자의 자금이 국내 주식시장에서 주식을 매입하기 위하여 유입되면, 이는 주식의 매입수요를 증대시키기 때문에 주가의 상승요인으로 작용한다. 반대로 외국인 투자자가 국내 증권시장에서 주식을 매도하여 해외로 자금을 인출할 경우 이는 주식 매입수요를 감소시켜 주가를 하락시키는 요인이 된다.

1.2. 산업분석

산업분석은 산업의 특징과 전망에 대한 분석으로, 개별산업 또는 관련산업에 중요한 영향을 미치는 요인들에 대해 광범위하게 연구·분석하여, 이들 요인들이 주가에 미치는 영향을 파악하는 것을 말한다.

1.2.1 매출실적 및 수익성

궁극적으로 증권투자의 성패를 결정짓는 두 요소는 매출액과 이익이다. 과거의 실적 내지 변화 추이가 앞으로도 반복되리라는 보장은 없지만 해당산업의 과거활동을 파악하는 것은 신빙성 있는 산업예측을 위해 반드시 필요하다. 이를 통해 해당산업의 미래 매출 및 이익에 대한 우수한 예측을 시도해야 한다.

1.2.2 경기변동에 대한 저항력

산업의 성격상 불황에 강한 산업인가 약한 산업인가 또는 내수주력산업인가 수출주력산업인가에 따라 경기변동에 민감한 산업이 있다. 일반적으로 경쟁이 적은 독과점 산업, 소비재 산업, 공익성 산업 등은 불황에 비교적 강하고 경영이 안정되어 있으며 철강, 기계 등의 생산재 산업과 자본재 산업은 경기변동에 따라 민감하게 변동한다.

1.2.3 산업의 대체관계

산업의 생산 및 기술의 진보로 새로운 대체산업이 등장함으로 말미암아 기존

산업에 대한 수요가 감소해서 사양화하는 경우가 종종 있는 것을 볼 수 있다. 더구나 오늘날과 같은 급진적인 기술진보시대에 있어서는 산업의 대체가 쉽게 일어날 수 있으며 소득의 증가에 따라 소비자의 취향이 크게 변하므로 이러한 측면에서 산업의 위상을 정확히 파악해야 한다.

1.2.4 정부의 정책

현재, 경제분야에서 정부의 역할은 차츰 증대되어 가고 있다. 정부는 재정적 지원, 경제활동을 규제 또는 촉진하는 법률제도, 관세 및 조세제도 등을 통하여 특정산업을 육성시키거나 기업으로 하여금 대자본을 획득하게 도와줄 경우도 있고, 반대로 기업조성, 소비자보호 및 대외개방정책 등으로 해당산업의 수익성에 큰 타격을 줄 수도 있다.

따라서 증권투자를 위한 산업분석에 있어서는 경제활동에 있어서 정부의 역할 및 특정산업에 대한 법률적 제한이나 자원, 정부의 경제계획 등에 관한 충분한 정보의 수집이 있어야 한다.

1.2.5 인력수급 및 노사관계

산업사회에서 노동조합의 영향력이 확대됨에 따라 노사문제와 그에 따른 인력수급의 분석이 매우 중요하게 되었다.

일반적으로 자본집약적 산업에 있어서는 고정비가 많이 소요되어 노동자의 파업이 일어나면, 생산활동의 전개와 무관하게 발생할 대규모의 고정비 부담으로 인하여 그 기업의 수익은 큰 타격을 입게 된다. 한편 변동비가 상대적으로 큰 노동집약적 산업에서는 파업으로 인하여 조업중단이 되면 이로 인한 기업수지의 악화정도는 자본집약적 산업에 비해 상대적으로 적으나 파업 이후에 따라오는 높은 임금상승은 경영실적에 큰 부담을 주게 된다.

1.2.6 경쟁관계

산업자체의 분석도 중요하지만 산업간의 경쟁관계도 중요한 고려사항이다. 일반적으로 경쟁관계의 유형에는 첫째 경쟁자의 참가를 저지할 수 있는 제품차별화(기술적 독점)의 이점, 둘째 비용우위의 이점, 셋째 집중화의 이점, 넷째 규모의 경제에 의한 이점 등을 들 수 있겠는데, 이러한 경쟁관계의 이점이 어느 정도인지 우선 고려되어야 한다.

제품차별화의 이점은 일반적으로 구매자가 특정기업의 제품을 선호하게 될 때 일어난다. 그러므로 신규참가기업은 실제수준보다 낮은 가격을 책정해야 하고 존립가능한 매출액수준을 유지하기 위해 엄청난 판매촉진 비용을 지출해야 하는 어려움이 있다. 또한 기존기업은 주요 자원에 대한 배타적 소유권 및 특허권·설비·자금·경영기술 등에 있어서 훨씬 유리한 위치에 있으므로 어떤 신규기업보다 저렴한 비용으로 제품을 생산·판매할 수 있고 특정 소비자계층에 대한 절대적인 장악력을 확보할 수도 있으며 또한 대규모 생산에 의하여 더 많은 이윤을 획득할 수 있다. 따라서 이와 같은 관점에서 분석대상 산업의 경쟁관계를 반드시 고려해야 한다.

1.3. 기업분석

기업분석은 경제분석을 통해 국내외 기업의 외적환경을 분석하고, 산업분석을 통해 유망업종을 선택한 후에 발전 가능성이 크고 안정적인 유망기업을 선택하는 과정이다. 많은 기업 중에서 최고의 가치를 가진 기업을 선택하기 위해서는 객관적인 기준에 의한 평가가 필요하다. 재무제표를 이용한 재무비율분석이 기본적으로 이용되는 이유가 여기에 있다.

같은 업종에 속한 기업이라도 기업마다 독특한 특성을 가지고 있기 때문에 계량화된 기준만으로 기업의 가치를 평가할 수는 없다. 기업의 평가에는 창업주와 최고경영자의 경영철학, 기업의 조직문화, 노사관계, 제품의 차별화 정도, 시장에서 소비자의 신뢰도 등 객관적으로 계량화하기 어려운 질적인 요소도 포함되어야 한다. 따라서 효율적인 기업가치분석을 위해서는 계량적, 질적 접근방식이 상호보완적으로 병용되어야 할 것이다.

1.3.1 재무비율분석

재무비율분석은 손익계산서나 재무상태표 상의 항목을 서로 대응하는 항목이나 부분으로 분류, 그 총체적 구성비나 개별항목간의 비율을 산출하고, 이를 적절한 표준비율과 비교하여 전체적인 기업의 재무상태나 경영성과를 분석, 평가하는 것을 말한다.

재무비율은 일반적으로 크게 유동성비율, 레버리지비율, 활동성비율, 수익성비율, 시장가치비율로 나눌 수 있다.

① 유동성비율

유동성비율은 기업의 단기채무에 대한 대응능력을 측정하는 비율이다. 1년 이내에 만기가 도래하는 채무에 대한 기업의 지급능력을 측정하는 것으로 유동비율과 당좌비율로 측정한다.

유동비율은 기업의 유동성을 측정하는데 가장 많이 사용되는 비율이다. 즉,

$$\text{유동비율} = \frac{\text{유동자산}}{\text{유동부채}} \times 100(\%) \tag{8-1}$$

당좌비율은 산성시험비율이라고도 하는데, 이것은 유동자산 중에서 유동성이 가장 떨어지는 재고자산을 차감하여 유동부채로 나눈 비율이다. 이것은 기업의 유동성을 엄격하게 평가하기 위하여 사용된다.

$$\text{당좌비율} = \frac{\text{유동자산} - \text{재고자산}}{\text{유동부채}} \times 100(\%) \tag{8-2}$$

② 레버리지비율

레버리지비율은 기업이 조달한 자본 중에서 타인자본에 의존하고 있는 정도를

나타내는 비율이다. 이와 관련된 비율로는 대표적으로 부채비율과 이자보상비율이 있다.

부채비율은 총자본을 구성하고 있는 자기자본과 타인자본의 비율이다. 즉,

$$부채비율 = \frac{타인자본}{자기자본} \times 100(\%) \quad (8\text{-}3)$$

이자보상비율은 타인자본의 사용으로 발생하는 금융비용인 이자가 기업에 어느 정도 압박을 가져오는가를 나타내는 비율이다. 이것은 기업의 영업이익이 금융비용의 몇 %에 해당되는가로 측정된다. 즉,

$$이자보상비율 = 이자및납세전\frac{이익}{이자비용} \times 100(\%) \quad (8\text{-}4)$$

③ 활동성비율

활동성비율은 기업의 각 자산들이 얼마나 효율적으로 활용되고 있는가를 나타내는 비율로서 '효율성비율'이라고도 한다. 이것은 매출액을 분자로 하여 주요 자산에 대한 회전율로 계산된다. 대표적으로 많이 쓰이는 비율로는 재고자산회전율, 매출채권회전율, 고정자산회전율, 총자산회전율 등이 있다.

재고자산회전율은 매출액을 재고자산으로 나눈 값으로, 재고자산이 일정기간 동안에 몇 번이나 당좌자산으로 전환하였는가를 측정한다. 즉,

$$재고자산회전율 = \frac{매출액}{재고자산}(회) \quad (8\text{-}5)$$

매출채권회전율은 매출액을 외상매출금으로 나눈 비율이다. 즉,

$$매출채권회전율 = \frac{매출액}{외상매출금}(회) \quad (8\text{-}6)$$

고정자산회전율은 매출액을 고정자산으로 나눈 값으로, 고정자산이 얼마나 효율적으로 이용되고 있는가를 측정하는 비율이다.

$$\text{고정자산회전율} = \frac{\text{매출액}}{\text{고정자산}}(\text{회}) \quad (8\text{-}7)$$

총자산회전율은 매출액을 총자산으로 나눈 비율로서 기업이 보유하고 있는 전체 자산의 효율적인 이용도를 측정하는 지표이다.

$$\text{총자산회전율} = \frac{\text{매출액}}{\text{총자산}}(\text{회}) \quad (8\text{-}8)$$

④ 수익성비율

수익성비율은 기업의 이익창출능력을 나타내는 지표로서 기업활동의 결과를 집약한 경영성과를 측정하는 재무비율이다. 여기에는 일반적으로 총자본(총자산) 순이익률, 매출액순이익률, 자기자본순이익률 등이 있다.

총자본(총자산)순이익률은 순이익과 총자본(총자산)의 관계를 나타내는 것으로서 기업의 수익성을 대표하는 비율이다. 이 비율은 투자수익률이라고도 하며, 간단히 ROI로 나타낸다.

$$\text{총자본(총자산)순이익률} = \frac{\text{당기순이익}}{\text{총자본(총자산)}} \times 100(\%) \quad (8\text{-}9)$$

매출액순이익률은 순이익을 매출액으로 나눈 것으로 매출액 1원에 대하여 순이익이 얼마인가를 나타낸다. 보통 매출마진이라는 용어로 쓴다. 이 비율은 기업의 영업활동의 성과를 총괄적으로 보여주는 비율이다.

$$\text{매출액순이익률} = \frac{\text{당기순이익}}{\text{매출액}} \times 100(\%) \quad (8\text{-}10)$$

자기자본순이익률은 순이익을 자기자본으로 나눈 것이다. 기업의 목적이 장기간에 걸쳐 주주의 투자에 대한 이익을 극대화하는데 있으므로, 이 비율은 경영자가 얼마나 이 목적을 달성하였는가를 보여준다.

$$\text{자기자본순이익률} = \frac{\text{당기순이익}}{\text{자기자본}} \times 100(\%) \quad (8\text{-}11)$$

위에서 기술한 총자본(총자산)순이익률, 자기자본순이익률과 매출액순이익률은 다음과 같이 서로 관련되어 있다.

$$\begin{aligned}\text{총자본순이익률} &= \frac{\text{순이익}}{\text{총자본}} = \frac{\text{순이익}}{\text{매출액}} \times \frac{\text{매출액}}{\text{총자본}} \\ &= \text{매출액순이익률} \times \text{총자본회전율}\end{aligned} \tag{8-12}$$

$$\begin{aligned}\text{자기자본순이익률} &= \frac{\text{순이익}}{\text{자기자본}} = \frac{\text{순이익}}{\text{총자본}} \times \frac{\text{총자본}}{\text{자기자본}} \\ &= \frac{\text{순이익}}{\text{총자본}} \times \frac{\text{타인자본} + \text{자기자본}}{\text{자기자본}} \\ &= \text{총자본순이익률} \times (\text{부채비율} + 1)\end{aligned} \tag{8-13}$$

⑤ 시장가치비율

시장가치비율은 이익이나 기업의 미래전망 등을 고려하여 시장에서 기업의 가치가 어느 정도로 평가되고 있는가를 나타내는 비율로서 주로 주가와 관련된 비율을 말한다. 여기에는 주가수익비율, 주가 대 장부가치비율 등이 있다.

주가수익비율은 주가를 주당순이익으로 나눈 것으로, P/E비율 또는 PER이라고도 한다. 이것은 주가가 주당순이익의 몇 배에 해당하는가를 측정하는 비율이다. 즉,

$$\text{주가수익비율} = \frac{\text{주가}}{\text{주당순이익}} (\text{배}) \tag{8-14}$$

주가 대 장부가치비율(P/B비율 또는 PBR)은 시장가치 대 장부가치비율이라고도 한다. 이것은 장부상의 소유주 지분과 증권시장에서 평가되는 가치를 서로 비교한 것이다. 즉,

$$\text{주가 대 장부가치비율} = \frac{\text{주가}}{\text{주당장부가치}} (\text{배}) \tag{8-15}$$

재무비율을 계산한 후에는 이러한 비율을 종합적으로 평가해야 하는데, 이 평가에 사용되는 비율을 표준비율이라고 한다.

일반적으로 표준비율은 다음과 같은 기준으로 산정한다. 첫째, 평가대상 기업

이 속해 있는 산업 평균비율을 표준비율로 하여 평가한다. 둘째, 평가대상 기업이 속한 산업의 우수한 기업의 재무비율을 표준비율로 하여 평가한다. 셋째, 평가대상 기업의 영업실적이 양호했던 해의 과거 비율을 표준비율로 하여 평가한다.

이렇게 표준비율을 계산한 후에는 종합적으로 점수를 계산하여 기업의 상태를 평가하여야 한다.

재무비율분석은 이미 공시된 재무제표상의 자료를 사용하여 기업의 재무상태와 경영성과를 분석할 수 있다는 점에서 분석자료를 수집하는데 노력과 비용을 들이지 않고, 전문적 지식 없이도 기업을 용이하게 분석·평가할 수 있다는 장점을 가지고 있다. 그러나 재무비율분석은 다음과 같은 몇 가지 한계점을 가진다.

첫째, 기업의 이해관계자들은 기업을 평가할 때 주로 기업의 미래가치에 관심을 가지는데, 비율분석은 주로 기업의 과거자료를 이용하므로 분석의 시간적 차이가 존재하게 된다.

둘째, 각 기업마다 회계처리방법이 서로 다를 수 있기 때문에 경영성과 및 재무상태의 분석결과가 회계처리방법에 따라 달라질 수 있다.

셋째, 기준설정에 어려움이 있다. 즉, 비교기준이 되는 표준비율을 어떻게 설정할 것인가가 문제가 된다.

넷째, 기초자료가 되는 재무제표는 기업가치의 변화를 즉시 적절하게 반영하지 못한다. 즉, 대차대조표의 경우 기업의 계절적 변동이나 물가변동에 따른 기업가치의 변화를 반영하지 못한다.

1.3.2 비재무적 분석

기업의 비재무적 분석에서는 계량화할 수 없는 질적 요소를 평가하여 기업의 경쟁력과 종합적 경영능력을 측정하는 것이 목적이며 다음과 같은 요소들이 분석의 대상이다.

① 성장성

산업과 마찬가지로 개별기업도 라이프사이클을 가지고 순환하는 경우가 많다. 개별기업이나 제품도 역시 개척기, 성장기, 성숙기, 침체기의 과정을 거치게 되는데 분석대상 기업이 그 중 어느 단계에 속해 있는가를 검토해 보는 것은 중요하다.

개척기에는 연구개발비가 많이 소요되어 수익성은 낮지만 성장가능성은 매우 높고 성장기에는 매출의 증가와 함께 설비투자가 확대되고 이익이 대폭 증대된다. 성숙기에 들어서면 매출액 신장률이 둔화되면서 이익 수준은 안정되다가 침체기에 접어들면 매출과 이익이 점차 감소하게 된다.

주식투자에 있어서는 성장기에 주가의 신장이 두드러지므로 주식매입에 관심을 기울여야 하고 성숙기를 지나 침체기에 접어든 주식은 매도에 신경을 써야 한다. 그러나 기업에 따라서는 성숙기에서 신제품 개발이나 기술개발 투자 등으로 쇠퇴기에 들지 않고 다시 성장하는 경우가 있으므로 기업의 성장성을 분석할 때 이 점에 유의해야 한다.

② 회사의 연혁

회사가 언제 설립되었고 현재까지 어떻게 발전되고 있는가 즉, 기업의 성장과정은 기업분석의 중요한 고려사항이 되고 있다. 일반적으로 역사가 긴 회사는 많은 경기변동을 겪어 왔으므로 경영이 비교적 안정되어 있고 불황에 대하여 저항력이 강하다.

회사의 규모, 자본금의 증가사항, 사업목적의 변천, 경영진의 변경사항 등을 살펴봄으로써 회사의 발전과정을 살펴볼 수 있다.

우리나라의 경우 회사에 따라 다르지만 대체로 연혁이 오래된 기업일수록 주가의 기복이 적은 편이나 보수성이 강하고 성장성이 적은 경우가 많다.

③ 경영자

기업의 진로를 결정하고 경영활동을 좌우하는 것은 인적자원, 특히 경영자이므로 그의 능력을 검토하는 것은 기업분석상 매우 중요한 요소이다.

그러므로 경영자의 경력, 수완, 능력, 인격, 신용 등을 알아 볼 필요가 있다. 더욱이 기업이 대규모화 되어 가고 불확실성과 각종 위험이 증대되는 현대경영에서는 경영자의 역할이 더욱 중요시되고 있다고 하겠다. 특히, 우리나라의 기업과 같이 역사가 일천할수록 자산이나 설비투자보다는 오히려 경영자가 더욱 중요시되는 경우가 많다. 과거 여러 기업의 도산내용을 보면 그 표면적인 이유는 자기자본 부족, 과대 설비투자 또는 악성 매출채권의 누적 등으로 표현되고 있으나 그 심층적 원인을 분석해 보면 결국은 경영자의 경영능력 빈곤 또는 사회적 책임감 결여 등이 원인이 된 경우가 많다.

한편 경영자 및 경영진을 검토할 때에는 i) 경영자의 기업관, ii) 경영자의 능력, iii) 경영진의 구성(기업지배구조), iv) 후계자 등을 고려하여야 할 것이다.

④ 사업성

투자자 또는 분석가는 장래성이 유망한 산업을 선정하고 그 중에서도 가장 유망한 기업을 선택하게 된다. 그리고 해당기업의 주된 사업내용이 국민경제에서 어떠한 위치를 차지하고 있으며 동업종의 국내외 경제동향이 어떠한가를 검토하고 수익성과 성장성 및 안정성을 파악한다. 현재는 수익성이 높으나 기술진보나 환경의 변화 등으로 전망이 좋지 않다면 이를 고려해야 할 것이며 반대로 현재는 수익성이 비교적 낮다 하더라도 안정성을 가지고 있거나 장래 크게 성장할 가능성이 있다면 이런 기업을 선택하여야 할 것이다. 또한 사업의 성격상 경기변동에 안정적인가 또는 민감한가도 검토해 볼 필요가 있다.

⑤ 업계에서의 지위

기업의 지위는 조업규모의 대소뿐만 아니라 생산량, 시장점유율에 의한 업계에서의 양적 지위를 검토하는 외에 제품의 품질, 거래처 등 주관적인 면도 검토되어야 한다. 이를 위해서는 제품상표의 국내외 인식도, 기업의 규모나 이미지, 시장확보 및 침투력, 수요자의 제품선호도 등을 살펴야 된다. 우리나라의 증시에서는 주요 기업의 주식이 주도주의 역할을 함으로써 유리한 투자대상이 되기도 한다.

⑥ 기업의 입지조건

기업에 있어서 입지조건도 사업에 영향을 미치는 경우가 많다. 즉 원재료를 수입에 의존하는 회사의 공장과 항만과의 거리나 제품 소비자와의 원근, 그리고 전력이나 석탄을 다량으로 사용하는 공장이 발전소나 탄광지에 있는가 없는가 또는 원료를 자기 생산하는 회사와 타사의 공급에 의존하는 기업의 차이도 고려의 대상이 된다.

⑦ 금융기관과의 관계

우리나라와 같이 기업의 부채비율이 높고 또 상대적으로 간접금융의 비중이 높은 기업환경하에서는 분석대상 기업의 금융능력이 중요시된다. 따라서 금융기관 관계가 원활하고 자금 조달비용이 저렴한가를 분석할 필요가 있다.

⑧ 기타

노사관계, 주주구성, 생산형태, 인적자원의 우수성, 정부와의 관계 등 파악해야 할 주관적 분석요소는 매우 많다. 이러한 주관적 요인 분석은 정보의 수집이 용이하지 않고 또한 수집되었다 하더라도 계량화되지 못하는 것이 많아 평가하기에 어려움이 많지만 우수한 기업을 식별하기 위해서는 반드시 필요한 작업이다.

1.4. 증권의 가치평가

증권의 가치평가는 특정 자산의 내재가치를 추정하는 과정을 말하며, 내재가치는 그 자산을 보유함으로써 기대되는 미래현금흐름의 현재가치로 나타난다. 일반적으로 주식을 보유함으로써 기대되는 미래현금흐름의 형태는 보유기간동안에 받게 될 배당과 보유주식의 처분으로부터 발생하는 가격이다. 따라서 주식의 가치평가는 미래배당과 예상처분가격의 현재가치의 합계이다.

따라서 주식의 내재가치를 계산하는 과정은 다음과 같이 요약할 수 있다. ①주식으로부터 기대되는 미래현금흐름을 계산한다. ②현금흐름에 추정된 불확실성이 반영된 요구수익률(할인율)을 계산한다. ③매기간 추정된 현금흐름을 요구수익률로 할인하여 모두 합산한다.

1.4.1 주식의 가치평가

① 배당평가모형

배당평가모형은 주식으로부터 기대되는 미래의 배당액을 현재가치로 환산하여 모두 합한 금액을 주식의 내재가치로 평가하는 모형이다.

만약 주식을 한 기간만 보유한다고 가정할 경우 주식의 가치는 기대되는 배당금과 한 기간 뒤의 예상주식처분가격을 적절한 할인율(요구수익률)로 할인한 값이 될 것이다. 이것을 식으로 표시하면 다음과 같다.

$$P_0 = \frac{D_1}{(1+r)} + \frac{P_1}{(1+r)} \qquad (8\text{-}16)$$

여기서, P_0 : 주식의 현재가치(내재가치)

D_1 : 1년 동안의 예상배당액

P_1 : 1년 후 예상처분가격

r : 할인율(주주의 요구수익률)

[예제 8-1]

(주)코아텍은 1년간 1,100원의 배당을 하며, 1년 뒤 주가가 8,800원이 될 것으로 예상되며, 할인율(주주의 요구수익률)은 10%이다. 이 회사의 주식은 현재가치가 얼마나 될까? 이를 계산하면 9,000원이 된다.

$$P_0 = \frac{1,100}{(1+0.1)} + \frac{8,800}{(1+0.1)} = 1,000 + 8,000 = 9,000$$

주식의 평가 시 기업이 영속적으로 존재하는 것으로 가정하면, 주식가치는 미래의 배당에 미래의 주식예상처분가격을 현재가치로 평가한 금액으로 연속해서 계산되며, 다시 미래의 예상처분가격은 계산시점 이후의 기대배당에 대한 현재가치이므로 결국 현재의 주식가치는 영구히 계속되는 배당흐름의 현재가치로 계산할 수 있다. 이것을 식으로 표현하면 다음과 같다.

$$P_0 = \frac{D_1}{(1+r)} + \frac{D_2}{(1+r)^2} + \cdots + \frac{D_\infty}{(1+r)^\infty} + \frac{P_\infty}{(1+r)^\infty} \tag{8-17}$$

$$= \sum_{t=1}^{\infty} \frac{D_t}{(1+r)^t} + \frac{P_\infty}{(1+r)^\infty} = \sum_{t=1}^{\infty} \frac{D_t}{(1+r)^t}$$

위의 식을 배당자본환원모형이라고도 하며 만일 배당의 성장이 없이 항상 일정한 배당이 지급되고 할인율이 일정한 경우 이것을 제로성장모형이라고도 한다. 제로성장모형의 경우 주가는 미래의 일정한 배당액을 할인율로 현재가치화한 금액이다. 제로성장모형은 다음과 같이 표시된다.

$$P_0 = \frac{D_1}{r} \tag{8-18}$$

[예제 8-2]

(주)코아텍은 기말에 주당 1,100원의 배당을 지급할 것으로 예상되며, 그 후 계속 이러한 배당수준을 유지할 것으로 예상된다. 주주의 요구수익률, 즉 할인율이 10%이고, 이 기업이 영구히 존재한다고 가정할 때 주가는 얼마나 될까?

$$P_0 = \frac{1,100}{0.1} = 11,000(\text{원})$$

② 배당성장모형

주식의 가치평가는 앞에서 살펴본 것처럼 미래배당흐름의 현재가치로 나타낼 수 있다. 그러나 기본적인 배당평가모형은 주식의 가치평가를 위한 개념적인 틀을 제공하지만 실제 적용시에는 어려움이 있다. 왜냐하면 미래 특정 시점에 지급되는 배당의 크기를 장기적으로 예측한다는 것은 대단히 어려운 문제이기 때문이다. 그래서 미래배당이 매기 일정하게 지급되거나 일정한 비율로 성장한다면 평가의 어려움을 줄일 수 있다. 따라서 성장률을 고려한 배당평가모형을 생각할 수 있다.

배당이 일정한 성장률로 증가하는 경우의 주식가격결정을 다룬 것이 고든(Gordon)의 항상성장모형(constant growth model)이다.

첫 번째 연도말의 기대배당액을 D_1이라 하고, 매년 g의 성장률로 증가한다면 매년 기대되는 배당액을 위의 배당평가모형에 대입하여 표시하면 다음의 식과 같게 된다.

$$P_0 = \frac{D_1}{(1+r)} + \frac{D_1(1+g)}{(1+r)^2} + \frac{D_1(1+g)^2}{(1+r)^3} + \ldots \qquad (8\text{-}19)$$
$$= \frac{\frac{D_1}{(1+r)}}{1-\frac{(1+g)}{(1+r)}} = \frac{D_1}{r-g}$$

[예제 8-3]

(주)코아텍의 예상 주당배당이 1,100원이고, 향후 배당금의 연평균 성장률이 5%로 영구적으로 지속될 것으로 예상된다. 주주의 요구수익률이 10%인 경우 이 주식의 내재가치는?

$$P_0 = \frac{1,100}{0.1-0.05} = 22,000(\text{원})$$

③ 이익평가모형

이익평가모형은 주식의 가치를 평가할 때 미래의 예상배당금이 아닌 회계적 주주청구권의 최대치인 주당순이익(EPS)의 현재가치로 평가하는 모형이다.

배당평가모형에서와 마찬가지로 매기간 기대되는 주당순이익을 각각 'EPS_1, EPS_2, EPS_3,…, EPS_n' 이라 하면, 주가는 이 주당순이익을 현재가치로 평가한 금액이 된다는 것이다. 따라서 이익평가모형은 다음의 식과 같이 나타낼 수 있다.

$$P_0 = \frac{EPS_1}{(1+r)} + \frac{EPS_2}{(1+r)^2} + ... + \frac{EPS_n}{(1+r)^n} = \sum_{t=1}^{n} \frac{EPS_t}{(1+r)^t} \quad (8\text{-}20)$$

ⓐ 제로성장모형

어떤 기업이 순이익을 모두 배당한다면, 유보비율은 0이므로 성장률이 0이 된다. 이 기업이 영구적으로 존속한다면 주주들은 매년 일정한 주당배당금(=주당순이익)을 받게 된다. 이와 같은 주식의 가치는 다음의 식과 같이 평가될 수 있다.

$$P_0 = \frac{D_1}{r} = \frac{EPS_1}{r} \quad (8\text{-}21)$$

ⓑ 성장주식의 가치평가

기업이 높은 수익을 얻을 수 있는 투자기회를 가지고 있는 경우, 순이익 중 일부를 유보하여 투자함으로써 성장기회를 확보할 수 있다. 이 경우 주식의 가치는 투자의 순현가, 즉 성장기회의 순현가 만큼 증가하게 된다. 따라서 성장기업의 주식가치는 다음의 식과 같이 나타낼 수 있다.

$$P_0 = \text{성장없는 주식의 현재가치}(EPS_1/r) + \text{성장기회의 순현재가치} \quad (8\text{-}22)$$

1.4.2 채권의 가치평가

채권의 가치는 주식과 마찬가지로, 그 채권을 보유함으로써 획득할 수 있는 미래 현금흐름인 만기까지의 이자금액과 만기에 가서 발생하는 원금상환액의 현재가치로 계산된다. 즉, 채권의 일반적인 평가모형은 다음의 식과 같다.

$$P_0 = \frac{I}{(1+y)} + \frac{I}{(1+y)^2} + \ldots + \frac{I}{(1+y)^n} + \frac{F}{(1+y)^n} \qquad (8\text{-}21)$$

$$= \sum_{t=1}^{n} \frac{I}{(1+y)^t} + \frac{F}{(1+y)^n}$$

여기서, P_0 : 사채의 현재가치 I : 액면이자 = 액면가(F) × 액면이자율

F : 액면가 y : 사채권자의 요구수익률(할인율)

n : 만기

[예제 8-4]

(주)코아텍의 회사채가 액면가 100,000원, 액면이자율 7%, 3년만기로 발행되었다. 채권자의 요구수익률(할인율)이 8%라면 이 사채의 현재가치는 얼마인가?

$$P_0 = \frac{7{,}000}{(1+0.08)} + \frac{7{,}000}{(1+0.08)^2} + \frac{7{,}000}{(1+0.08)^3} + \frac{100{,}000}{(1+0.08)^3}$$

$$= 97{,}423(\text{원})$$

2. 기술적 분석

2.1 기술적 분석의 기초개념

2.1.1 의의

기술적 분석(technical analysis)이란 주가의 움직임을 분석하여 개별 종목의 주가나 시장전체의 방향을 예측하는 기법이다. 기술적 분석은 과거의 주가 움직임과 인간의 심리를 기초로 해서 가능성(possibility)의 측면에서 접근하는 방법이라고 할 수 있다. 따라서 순수한 의미의 기술적 분석은 대상이 되는 주가의 움직임에 관심을 가질 뿐 그것들의 내재가치에는 관심이 없다.

기술적 분석은 증권자료 중에서 주식의 가격이나 지수, 거래량, 투자심리 등을 분석대상으로 하는 여러 가지 기법들을 사용하고 있다. 이러한 기법들은 자본시장의 여건이나 분석수단이 발달함에 따라 변화되어 왔다. 최근에는 컴퓨터에 의한 다양한 분석이 가능해지면서 많은 기법들이 새로이 개발되어 이용되고 있다.

2.1.2 기본전제

이와 같은 기술적 분석은 다음과 같은 기본적인 전제 또는 가정을 가지고 출발한다.

첫째, 주가는 기본적으로 수요와 공급에 의해서 결정되며, 주가에 영향을 주는 어떠한 변화(가령 정치, 경제, 사회적 변화 등)도 즉시 주가에 반영된다. 일반적인 경제원리와 마찬가지로 수요가 공급을 초과하면 주가는 오르고 반대로 공급이 수요를 초과하면 주가는 떨어진다. 그런데 자본시장에서 수요와 공급은 투자자들의 투자행태에 따라서 변화한다. 그리고 투자자들의 투자행태는 정치·경제·사회 또는 심리적 요인의 변화에 의해서 결정된다. 따라서 주가는 투자행태를 결정짓는 외부여건의 변화를 반영하여 움직이게 되는데, 기술적 분석가들은 주가 움직임만을 가지고도 외부 여건의 변화를 알 수 있다고 생각한다.

둘째, 주가는 아주 조그마한 변화나 파동을 무시하고 보면 상당한 기간동안 일정한 추세(trend)를 유지하는 경향이 있다. 주가 움직임이 추세운동을 한다는 전제는 기술적 분석에 있어서 아주 중요한 가정이다. 뉴턴의 "운동의 제 1 법칙(관성의 법칙)"의 원리와 같이 주가의 추세 움직임도 어떤 충격적인 요인이 작용하지 않는 한 그 추세를 계속하려 한다는 것이다. 따라서 주가의 움직임에서 한 번 형성된 추세는 그것이 변하거나 무너졌다는 확실한 신호가 발견되기까지는 그 추세가 계속되는 것으로 본다. 기술적 분석에서의 추세는 가장 기본적이면서도 중요한 개념이다. 왜냐하면 기술적 분석의 출발이 추세 분석에서부터 이루어질 뿐만 아니라, 대부분의 분석기법들이 추세가 계속되느냐 또는 전환될 조짐을 보이느냐에 초점이 맞추어져 있기 때문이다.

셋째, 주가의 움직임은 일정한 패턴(pattern)을 만들면서 반복되는 경향이 있다. 자본시장에서 주가의 움직임은 투자자들의 심리상태에 크게 의존한다. 그런데 투자자들의 심리상태 즉 인간의 심리는 일정한 사이클을 가지고 반복된다. 사람들의 희로애락이나 공포와 열광과 같은 감정적 변화는 집단적인 상태에서는 보통의 상식으로는 생각하기 힘들 정도의 과격한 양상으로 나타난다. 보통 사람들이 모여서 만들어진 집단이 의식적으로 같은 방향으로 행동을 하려고 해서가 아니고, 개개인의 감정적인 행동이 서로에게 영향을 미치면서 결국은 집단적인 행태로 나타나게 되기 때문이다. 주가의 움직임도 개개인의 투자행태가 집단적으로 나타난 결과라고 할 수 있으므로 결국은 일정한 패턴을 만들게 된다.

2.1.3 유용성

기술적 분석의 유용성은 다음과 같다. 첫째, 기본적 분석은 기술적 분석에 대해서 전혀 고려를 하지 않지만 기술적 분석은 기본적 요인의 변화에 대해서 관심이 많다. 기술적 분석가들이 흔히 '펀더멘탈이 변했기 때문에 ...'라고 말하는 것은 이를 반영하는 것이다. 그 이유는 기술적 분석에서는 알려진 기본적인 요인들은 모두 주가에 반영이 됐다고 생각하기 때문에 앞으로 일어날 기본적 요인의 변화가 주가에 미칠 영향을 찾는데 관심을 갖는다. 그러므로 기술적 분석은 기본적 요인의 변화를 찾는 지름길이 될 수 있다. 둘째, 기술적 분석은 매매시점을 찾는데 효과적으로 이용할 수 있다. 우리는 투자결정을 할 때 시장분석과 매매시기 선택의 두 가지 단계를 거치게 된다. 이 때 시장분석은 기본적 분석이나 기술적 분석의 어느 방법을 선택해서 하더라도 매매시기의 선택은 기술적 분석에 의존할 수 밖에 없다. 왜냐하면 매매시점의 선택은 전적으로 기술적인 것이기 때문이다. 셋째, 기술적 분석은 그 대상이나 시간에 있어서 제약이 없다. 먼저 기술적 분석은 주식시장에서 뿐만이 아니라 선물시장, 외환시장, 상품시장 등 그 원리가 적용되지 않는 분야가 없다. 인간의 행태를 연구하는 분야에서는 기술적 분석이 폭 넓게 적용될 수 있다. 또한 이러한 폭넓은 응용은 시간의 측면에서도 마찬가지이다. 분석대상의 기간이 길던 짧던 기술적 분석의 이용은 제한을 받지 않는다. 넷째, 기술적 분석가들은 여러 가지 지표를 개발해서 이용하고 있는데 이러한 지표들은 그 나름대로 증권시장을 파악하는 좋은 수단이 된다. 여러 지표들이 증권시장의 흐름을 간략하게 표현해주기 때문에 현상을 파악하는데 도움이 될 수 있는 것이다. 또한 기술적 분석에 대하여 신뢰를 하지 않더라도 기술적 분석에 의한 주가예측이 증권시장의 움직임에 큰 영향을 미치는 경우가 많기 때문에 기술적 분석가들이 어떻게 생각하는 가도 중요한 분석대상이 될 수 있다.

2.1.4 한계점

기술적 분석의 한계점으로는 첫째, 과거의 행태가 반복된다는 가정에 대한 비판이 있다. 과거에 있었던 경제상황이나 투자자들의 심리가 앞으로도 똑같이 반복된다고 기대하는 것은 현실성이 없다는 지적이다. 둘째, 똑같은 현상을 놓고도 분석자의 주관(subjectivity)에 따라 해석에 차이가 있다. 가령 주가의 패턴이나 거래량을 해석할 때 분석하는 사람에 따라 다른 해석이 가능하며, 따라서 객관적으로 일치된 결과를 얻기가 힘들다는 것이다. 셋째, 시장의 변화에 의존하는 분석방법이기 때문에 시장의 변화를 가져오는 근본적인 원인은 고려하지 못한다는 점이다. 즉 시장의 변화를 설명하는 근본적인 요인을 고려하지 않음으로서 중요한 분석대상을 놓쳐버리기 쉽다는 것이다. 넷째, 기술적 분석은 투자자들이 자기보다 약간 뒤늦게 가격변동의 신호를 알고 그에 따라 행동을 취해야 한다는 가정에 기초하고 있다. 그러나 시장이 효율적이고 투자자들이 이성적으로 행동한다면 이러한 가정은 비현실적이다.

2.2. 기술적 분석의 종류

2.2.1 추세분석

추세분석은 주가가 일정 기간 일정한 추세를 보이며 움직이는 성질을 이용한 기법이다. 주가란 제멋대로 움직이는 것처럼 보이지만 주가 움직임을 도표화하면 상승이나 하락 또는 수평 중에서 어느 하나의 추세선을 따라 움직인다는 것을 알 수 있다.

추세선이란 한번 형성되면 상당 기간 지속되는 것이 일반적이다. 하지만 한 방향으로만 지속되는 것이 아니라 상승에서 하락으로 , 또는 보합으로 계속해서 움직이며 새로운 추세선을 형성한다. 추세분석은 이와 같이 변화하는 주가의 움직임으로부터 추출되는 추세선을 관찰하여 주식의 매매시점을 포착하고자 하는 기법이다.

2.2.2 패턴분석

패턴분석은 추세선이 변화될 때에 나타나는 여러 가지의 주가변동모형을 미리 정형화해 놓고 실제로 나타나는 주가 움직임을 주가변동모형에 맞추어 봄으로써 앞으로의 주가 추이를 미리 예측하고자 하는 기법이다.

추세분석은 주가 움직임을 동적으로 관찰하여 주가흐름의 방향을 예측하지만, 패턴분석은 주식시장의 정적인 관찰에 역점을 둠으로써 주가의 전환시점을 포착하는데 관심이 있다고 할 수 있다.

2.2.3 장세분석

현재의 시장수급 상태가 과열권인지 또는 침체권인지를 파악해 매매시점을 판단하고자 하는 분석 방법이다. 장세분석에서는 현재 주가 수준이 과다매도 상태인지 또는 과다매수 상태인지를 판단해 매수, 매도 시점을 파악할 수 있도록 보조지표들을 이용한다. 장세분석에 필요한 지표들로는 투자심리선, 주가와 거래량 상관곡선, 삼선전환도, Point & Figure 차트, Stochastic, RSI, Sonar, MACD, Envelope, MA-Oscillator 등이 있다.

2.2.4 시장구조이론

이는 오랜 기간 동안 시장의 움직임을 분석, 연구해 시장의 변동 논리를 해석하는 방법으로 엘리어트 파동이론, 태양 흑점 이론, 엘니뇨 현상이론 등이 있다. 예를 들어 엘니뇨 현상이 발생하게 되면 지구상의 온도가 높아지고 농산물 생산에 막대한 영향을 주게 되어 농산물 가격에 커다란 변화가 나타나게 된다. 이것은 물론 선물시장 및 주식시장에도 많은 영향을 미치게 된다. 따라서 이러한 현상들을 미리 예측하여 주가 및 선물 가격의 움직임을 파악하고자 하는 분석 방법이다.

이외에도 주초 효과, 주말 효과, 휴일 효과, 연초 효과, 연말 효과, 각 계절별 랠리현상, 여성들의 치마 길이에 따른 주가 예측 등이 모두 구조적 이론에 속한다.

2.2.5 심리적 분석법

이는 시장 참여자들의 심리를 읽고자 하는 방법으로 반대의견기법 등이 있다. 예를 들어 투자자들을 대상으로 설문 조사해 본 결과 70~80% 이상이 주식시장에 참여해 주식 매수를 원하면 매도시점으로 판단하는 분석 방법이다. 반대로 70~80% 이상이 주식시장을 떠나기 위해 주식 매도를 원하면 매수시점으로 판단하는 분석 방법이다.

2.3. 기술적 분석의 일반이론

2.3.1 다우이론

다우이론은 기술적 분석의 창시자이며 미국의 월스트리트 저널을 창간한 찰스 다우가 제창한 이론이다. 찰스 다우는 19세기말부터 20세기에 걸쳐 주식시장을 분석한 결과 주식시장은 제멋대로 움직이는 것이 아니라 주식시장 전체의 흐름이 다음과 같은 세 가지 종류의 주기적인 추세에 의해 영향을 받는다는 가설을 정립하였다.

[표 8-1] 다우이론의 세 가지 추세

추세의 종류	내 용
장기추세	1년에서 수년간에 걸쳐 형성된 증권 시장의 흐름을 말한다.
중기추세 (2차 동향)	수주일에서 수개월에 걸친 주가 추세이며, 장기 추세를 예측하고 추세가 전환되는 시점을 포착하는 데 주목적이 있다.
단기 변동 (일일 변동)	일별 주가 움직임을 말하며, 단기적이고 불규칙적인 주가 변동으로 분석가치는 없다.

다우이론은 중, 장기추세를 이용하여 다음과 같이 미래상황을 예측한다.

- 새로운 중기추세의 최고점이 장기추세의 최고점을 상향 돌파하지 못하면 장기추세는 하락국면에 있다.
- 새로운 중기추세의 저점이 그 이전의 저점보다 높으면 장기추세는 상승국면으로 들어가고 있음을 의미한다.

[표 8-2] 다우이론에서 각 시장의 3국면

강세시장			약세시장		
제1국면	제2국면	제3국면	제1국면	제2국면	제3국면
매집국면	상승국면	과열국면	분산국면	공황국면	침체국면

① 강세시장의 3국면

ⓐ 제1국면(매집국면)

강세시장의 초기단계에서는 경제, 산업, 기업환경, 주식시장 등 모든 여건이 회복되지 못하고 장래에 대한 어두운 전망만 예상된다. 불안감을 느낀 대다수 일반투자자들은 장기간 지속된 약세시장에 지쳐서 보유 주식을 매도해 버리고자 하지만, 경기호전을 미리 예측한 전문투자자들은 매도 물량을 매집하기 시작해 점차 거래량이 증가하게 된다. 이러한 시장 내부의 변화 과정을 매집 국면이라 한다.

ⓑ 제2국면(상승국면)

강세시장의 제2국면에서는 전반적인 경제 여건 및 기업의 영업수익이 점차 호전됨으로써 일반투자자들의 관심이 고조되어 주가가 상승하고 거래량도 증가하게 되는데, 이러한 국면을 상승국면mark- up-phase이라고 한다. 이 국면에서는 기술적 분석을 이용하여 주식투자를 하는 사람들이 가장 많은 수익을 올릴 수 있다.

ⓒ 제3국면(과열국면)

강세시장의 제3국면에서는 경제전반에 걸쳐 각종 통계 자료가 호조를 보이면서 투자가치가 미세한 종목에까지 인기가 확산되기 시작한다. 또한 신문이나 매스컴에서 주식시장에 관한 내용이 톱뉴스로 부상할 만큼 과열 기미를 보이게 된다. 따라서 이 국면을 과열국면이라고 한다. 이때가 되면 일반투자자나 주식 투자에 경험이 없는 사람들까지도 뒤늦게 확신을 가지고 적극 매입에 나서기 때문에 장세는 과열이지만, 이 국면에서 매수자는 흔히 손해를 보기 때문에 조심해야 한다.

② 약세시장의 3국면

ⓐ 제1국면(분산국면)

약세시장의 제1국면에서는 주식시장이 지나치게 과열된 것을 감지한 전문투자자들이 투자수익을 취한 후 빠져나가는 단계로서, 이 단계에서는 주가가 조금만 하락해도 거래량이 크게 증가하므로 이를 분산국면이라고 한다.

ⓑ 제2국면(공황국면)

경제전반에 관한 각종 통계자료가 악화됨에 따라 주식을 매도하려는 일반투자자들의 마음이 조급해지면서 매수세력이 상대적으로 크게 위축된다. 주가는 거의 수직하락을 하게 되며 거래량도 급격히 감소하는데, 이러한 상태를 공황국면 panic phase이라고 한다. 이후에는 상당히 긴 회복국면이나 보합상태가 이어진다.

ⓒ 제3국면(침체국면)

공황국면에서 미처 처분하지 못한 일반투자자들의 실망매물이 출회됨으로써 투매양상이 나타난다. 투매현상이 나타남에 따라 주가는 계속 하락하지만 시간이 경과할수록 주가의 낙폭은 작아진다. 주식시장의 침체와 기업의 수익성 악화 등 좋지 못한 정보가 주식시장 전체에 널리 퍼져 있기 때문에 이를 침체국면이라 한다. 약세시장은 발생가능한 모든 악재가 전부 시세에 반영될 때 끝이 난다고 보는데, 보통 이런 악재가 전부 소멸되기 전에 주식시장은 반전된다.

2.3.2 사께다전법

사께다전법은 일본 도꾸가와시대 사께다 항구에서 활동하였던 유명한 거래인 혼마가 창출한 이론을 구체화하여 실전에 적용시킨 전통적 투자기법으로, 주가의 기본적인 패턴을 분석하는데 필수적인 과정이 되고 있다. 사께다전법은 3산, 3천, 3공, 3병, 3법으로 구성되어 있다.

① 삼산형

삼산형은 대표적인 반전패턴으로서 지속적인 주가상승 이후 주식을 사고자 하는 매수세력은 계속 유입되지만 더 이상 상승하지를 못하는 경우에 종종 발생한다. 삼산형이 형성되기 위해서는 1개월에서 3개월 이상의 기간이 소요되며 기간이 오래될수록 신뢰도는 높아진다. 그래프상에서 흔히 볼 수 있는 삼산형은 그래프 분석의 기본패턴으로 널리 알려져 있다.

[그림 8-3] 삼산형

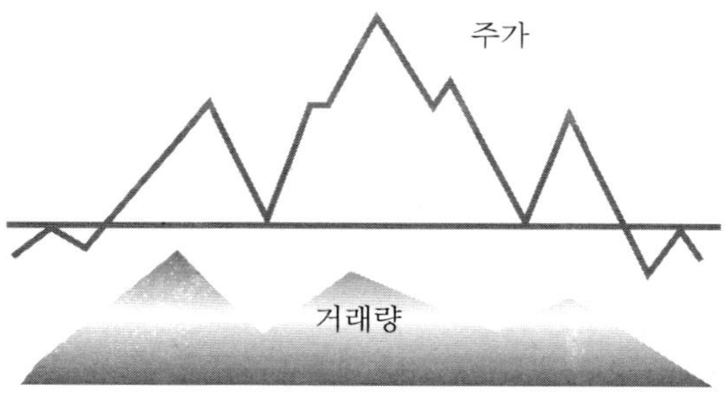

삼산형 중에서 가운데 봉우리가 다른 봉우리보다 높은 경우를 삼봉형이라고 부르는데, 가장 자주 나타나는 반전 패턴 중의 하나이다. 삼산형은 헤드 앤 쇼울더형과 유사하며, 왼쪽 어깨, 머리, 오른쪽 어깨로 가면서 점점 거래량이 줄어드는 현상을 보인다. 일반적으로 삼산형이 나타나면 향후 주가가 상승에서 하향 추세로 전환이 예상되기 때문에 기준선(넥 라인)을 하향 돌파하는 시점을 매도시점으로 판단해야 한다.

② 삼천형

삼천형은 삼산형을 그대로 뒤집어 놓은 모양으로 하향추세에서 상승추세로 전환할 때 종종 발생한다. 삼천형은 세 개의 바닥을 형성하는데 역 헤드 앤 쇼울더형과 같이 가운데 바닥이 가장 낮은 경우도 종종 발생한다. 이 때 거래량은 왼쪽 어깨, 머리, 오른쪽 어깨로 갈수록 점점 거래량의 증가 현상이 나타나는 특징이 있다. 삼천형은 주가가 수개월 이상 하락한 후에 나타나는 패턴으로, 이 패턴에서는 저항선인 기준선(넥 라인)을 상향 돌파할 때가 매수시점이 된다. 이때는 분할매수에 의해 주식의 보유비중을 늘려가는 것이 바람직한 투자전략이다.

[그림 8-4] 삼천형

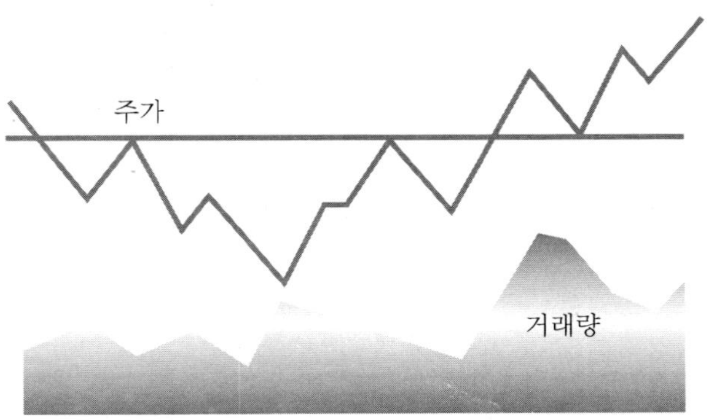

③ 삼공형

삼공형은 미국식 차트에서 말하는 갭을 의미한다. 삼공형은 주가가 하루 사이에 갑자기 폭등하거나 폭락함으로써 어제의 주가와 오늘의 주가 사이에 빈 공간이 나타나는데, 이 빈 공간이 3회 연속 발생하는 경우를 삼공이라 부른다. 이때 거래량은 1공에서부터 증가하기 시작해서 2공에 이르러 더욱 증가한 후 3공에 이르러서는 큰 폭으로 증가하여 대량거래를 이루게 된다. 주가가 큰 폭으로 상승한 후에 천장권에서 삼공이 발생하면 주가는 추가적인 상승을 하지 못하고 하락 및 조정 국면에 접어들게 된다. 따라서 보유주식을 축소하면서 현금 비중을 늘려야 하며, 이후에는 약세장을 예상하고 투자 전략을 세우는 것이 바람직하다.

④ 삼병형

삼병형은 주가 흐름의 대세 반전을 암시해 주는 패턴으로 적삼병과 흑삼병으로 구분이 된다. 적삼병은 주가 하락이 멈추고 상승 반전되어 앞으로 상승추세가 지속될 것을 예고해 주며, 이와 반대로 흑삼병은 주가 상승이 멈추고 하락 반전되어 앞으로 하락 추세가 지속될 것으로 예고해 준다. 따라서 삼병형이 출현하게 되면 대세 반전의 전환 시점을 예상해 볼 수 있으며 동시에 향후 주가 추이를 예상해 볼 수도 있다.

⑤ 삼법형

삼법이란 매賣, 매買, 휴休를 말하는 것으로, 여기서는 특히 휴를 강조한 것이다. 삼법형은 '쉬는 것도 곧 투자다'라는 주식에 관한 격언처럼 매수, 매도가 불확실한 상황에서 주가가 움직이는 방향을 기다리며 일정 기간 휴식이 필요하다는 것을 말해 준다.

2.3.3 엘리엇 파동이론

① 엘리엇 파동 개념

20세기 초 엘리엇Eliot은 장기간의 주가흐름을 차트로 나타내어 분석한 결과 주가의 변동은 일정한 법칙 하에 반복적으로 움직인다는 사실을 발견했다. 엘리엇이 발견한 가격변동의 법칙은 시장의 가격이 일정한 리듬으로 반복되는데 이러한 리듬은 상승 국면의 5개 파동과 하락 국면의 3개 파동으로 구성된다는 것이다. 큰 사이클인 주순환파를 완성하기까지는 보통 3년 정도가 소요된다.

[그림 8-5] 엘리어트 파동

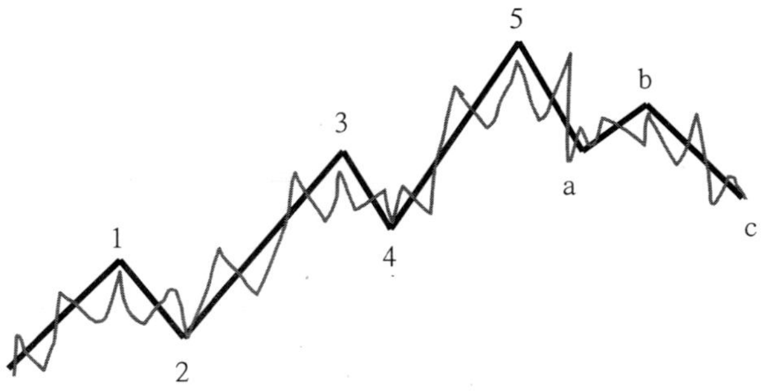

ⓐ 상승 5파

1번, 3번, 5번은 상승파동으로서 충격파동이며 2번, 4번은 하락파동으로서 조정파동이다. 충격파동이라 부르는 이유는 1번, 3번, 5번 파동이 주가의 진행 방향과 반대 방향으로 움직이기 때문이다.

ⓑ 하락 3파

1번에서 5번까지의 상승국면이 끝나면 하락국면이 시작되는데, 하락국면은 다시 3개 파동으로 나뉘어진다. 이 파동들은 각각 a번, b번, c번 파동으로 불리어진다.

② 각 파동의 특징

ⓐ 상승 5파

• 1번 파동 - 추세가 전환되는 시점으로 이제까지의 추세가 끝나고 새로운 추세가 시작되는 시점이며 5개의 파동 중 가장 짧다. 1번 파동은 충격 파동이므로 반드시 5개의 파동으로 구성된다.

• 2번 파동 - 2번 파동은 조정파동으로 1번 파동과는 반대 방향으로 형성된다. 2번 파동은 1번 파동의 38.2% 또는 61.8% 비율만큼 되돌리는 경향이 높다. 만일 2번 파동이라 예상되는 파동이 1번 파동을 100%이상 되돌려 형성되면,

이제까지 1번 및 2번이라 예상하던 파동이 결코 1번 및 2번 파동이 아니라는 것이다. 또한 2번 파동은 성격상 조정파동이므로 반드시 3개의 파동으로 구성되어야 한다. 1번과 2번 파동은 이중바닥형의 두 번째 바닥이나 역 헤드 앤 쇼울더 패턴의 오른쪽 어깨를 형성하는 것이 일반적이다.

- 3번 파동 – 3번 파동은 5개의 파동 중에서 가장 강력하고 가격 변동도 활발하게 일어나는 파동으로, 이 파동은 다섯 개의 파동 중에서 가장 긴 것이 일반적이다. 다른 파동의 길이가 3번 파동보다 길 수는 있어도 3번 파동이 가장 짧은 파동일 수는 없다. 반드시 3번 파동은 1번 파동에 비해 길이가 길어야 하는데, 일반적으로 3번 파동은 1번 파동의 1.618배의 길이가 된다. 그리고 3번 파동은 충격 파동이므로 5개의 작은 파동을 구성되어야 하며 다른 형태로 연장되는 수도 있다.
- 4번 파동 – 4번 파동은 3번 파동을 38.2% 되돌리는 경우가 많으며, 3번 파동을 다섯 개의 작은 파동으로 나누었을 때 그 중에서 네 번째 파동만큼 되돌아가는 경우가 많다. 엘리어트 파동이론에서 4번 파동은 결코 1번 파동과 겹치지 않는 불가침 법칙이 있다. 따라서 4번 파동의 최저점은 반드시 1번 파동의 최고점보다 높아야 한다.
- 5번 파동 – 5번 파동은 이제까지 진행되어온 추세가 막바지에 이르는 국면으로서, 3번 파동에 비해 가격 움직임이 그리 활발하지 못하며 거래량도 3번 파동에 비하여 적게 형성된다. 5번 파동 역시 충격 파동이므로 5개의 작은 파동으로 세분된다. 5번 파동은 일반적으로 1번 파동과 똑같은 길이로 형성되거나 1번에서 3번 파동까지 길이의 61.8% 만큼 형성되는 경향이 높다.

ⓑ 하락3파

- a파동 – a파동으로부터 이제까지의 추세와는 반대 방향의 새로운 추세가 시작된다. a파동으로 생각되는 파동은 새로운 추세가 시작되는 충격 파동이므로 반드시 5개 파동으로 구성되어야 한다. 따라서 a파동이라고 생각되었던

파동이 3개 파동만 구성하고 기존의 움직임이 재개된다면, 이는 a파동이 아니고 5번 파동이 지속되고 있는 것으로 보아야 한다.

- b파동 – b파동은 하락 추세의 시작인 a파동에 반대하는 매입 세력으로 인해 상승 추세가 잠시 이어지는 조정 파동이며 3개의 작은 파동으로 구성된다. b파동은 1번 파동의 상승추세가 다시 시작되는 것으로 믿기 쉬우나 이제까지의 보유 주식을 매도할 마지막 기회로 이 시기를 놓치면 매도기회를 찾기가 어렵다.
- c파동 – c파동은 하락 파동의 마지막 파동으로 거래는 활발하고 가격의 변동폭도 크게 나타난다. 가격의 하락 추세가 지속될 것이라는 두려움이 투자자들의 마음을 지배하는 시기이다. 보통 c파동은 a파동의 최저점을 돌파하여 진행되는데, 패턴 분석의 관점에서 보면 5번 파동과 a파동으로 구성되는 머리를 중심으로 헤드 앤 쇼울더 패턴의 오른쪽 어깨가 형성되는 것으로 나타난다. 이 파동은 충격파동이므로 5개의 작은 파동으로 구성된다.

③ 엘리엇 이론의 법칙

엘리엇 파동이론의 적용시 누구나가 느끼는 어려움은 파동의 정확한 계산이다. 엘리엇 파동이론에는 수많은 예외가 존재하고 있다. 하지만 다행히도 엘리어트 파동이론을 신뢰하게 하고, 61.8%이니 38.2%이니 하는 비율을 적용할 수 있는 3대 불변의 법칙이 있어 파동 계산에 결정적 도움을 주고 있다. 따라서 이 3대 법칙은 반드시 알아두어야 한다.

ⓐ 절대불변의 법칙

- 법칙1 : 2번 파동이 1번 파동을 절대로 100% 이상 되돌리는 경우는 없으며, 대개의 경우 2번 파동은 1번 파동의 38.2% 혹은 61.8% 되돌리는 경향이 있다.
- 법칙2 : 1번, 3번, 5번의 충격 파동중 3번 파동이 가장 짧은 파동일 수는 없다. 보통 3번 파동은 가장 강력한 파동이어서 파동의 길이가 가장 길고 거래량도 활발한 경우가 많다.

• 법칙3 : 4번 파동은 결코 1번 파동과 겹치지 않는다. 즉 4번 파동의 최저점이 1번 파동의 최고점보다 높아야 한다.

ⓑ 절대 불변의 법칙에 있어서의 단 한 가지 예외

조정파동에서만 나타나는 삼각형의 파동이 변형되어 충격파동인 5번 파동에서 나타나는 경우가 있는데, 이것이 바로 삼각쐐기형태라는 것이다. 이것은 지지선과 저항선이 모두 상향으로 형성되는 경우이다. 이 삼각쐐기형은 모두 5개의 작은 파동으로 구성되는데, 이 중 4번 파동이 1번 파동과 겹치는 형태로 나타나므로 절대불변의 법칙 3의 유일한 예외가 된다.

④ 엘리엇 파동이론의 한계

첫째, 엘리엇 파동이론은 예외를 많이 인정한다는 점이 한계이다. 모든 법칙이 예외를 인정하지 않을 수는 없지만, 예외적인 파동이 많기 때문에 분석가마다 동일한 파동을 가지고 해석을 달리할 수 있는 소지가 많다.

둘째, 엘리엇 파동이론은 한 파동이 어디서 끝나고 어디서 시작하는지에 대한 언급이 없다는 한계가 있다. 즉, 파동의 정점과 바닥 혹은 정점과 정점 사이의 시간적 예측에 대한 어떠한 지표도 없기 때문에 파동이 오기는 오지만 언제 올지는 전혀 예측할 수 없다는 것이다.

2.4. 캔들차트분석

2.4.1 봉차트

봉차트에는 미국식과 일본식이 있는데, 우리나라는 현재 일본식을 쓰고 있다. 일본식의 경우는 음양법을 이용하여 종가가 시가보다 높은 경우에는 양봉이라고 하며, 적색 또는 백색으로 표시하고 종가가 시가보다 낮은 경우에는 음봉이라 하며 청색 또는 흑색으로 표시한다. 시가와 종가의 주가를 몸이라고 하고 고가와 저가를 수염이라 칭하는데 수염이 몸 위에 있으면 윗수염, 몸 아래 있으면 아랫수염이라 부른다.

ⓐ 양봉(적색 또는 백색): 종가 〉 시가

- 양봉1: 매입과 매도세력이 균형된 상태이며 시세전환시 주로 나타남
- 양봉2: 매입세력이 강하며 저가권에서 긴 사각형으로 나타날 경우 강력한 상승신호탄
- 양봉3: 매입세력이 강하나 매도세력에 의해 추가 상승이 저지된 모습(고가권에서는 반락 가능성)
- 양봉4: 매입세력이 매도세력을 누르고 가격상승을 주도하는 모습(저가권에서는 상승 가능성)

* 3, 4선의 경우 위아래선(일명 수염)이 길수록 추세전환의 가능성이 높음

[그림 8-6] 양봉

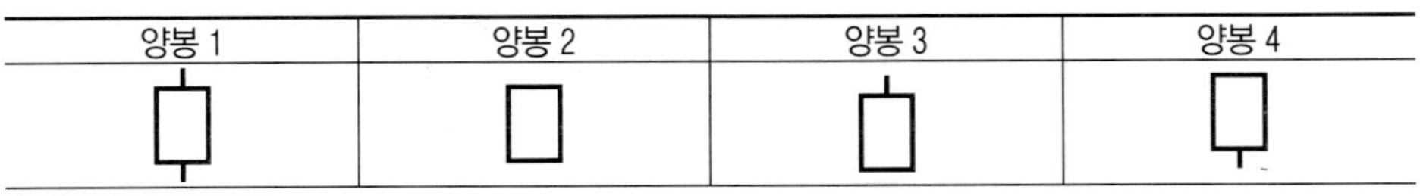

ⓑ 음봉(흑색 또는 청색): 종가 〈 시가

- 음봉1 : 매입과 매도세력이 균형된 상태이며 시세전환시 주로 나타남
- 음봉2 : 매도세력이 강하며 고가권에서는 긴 사각형으로 나타날 경우 하락 전환가능성
- 음봉3 : 매입세력이 강하나 매수세력에 의해 추가 하락이 저지된 모습(반등 가능성)
- 음봉4 : 매도세력이 강해 상승할려는 매수세력을 누름(고가권에서 반락 가능성)

* 3, 4선의 경우 위아래선(수염)이 길수록 역시 추세전환의 가능성이 높음.

[그림 8-7] 음봉

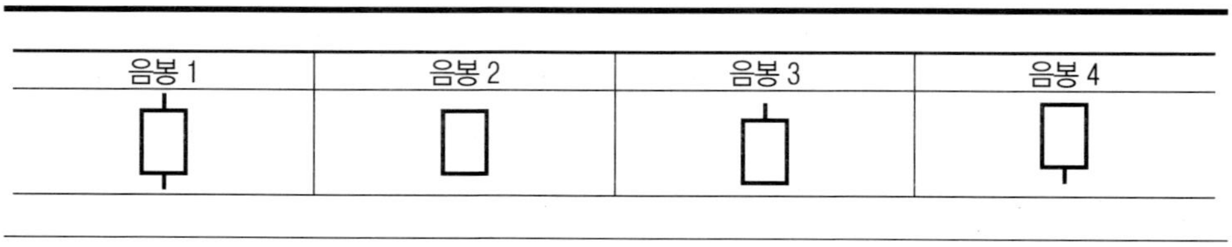

ⓒ 십자형

• 십자형 : 매입과 매도세력이 매우 균형된 상태이며 시세전환시 주로 나타남.

▷ 십자형2 : 전환기, 고가권에서는 하락 암시, 저가권에서는 상승전환 가능성.

▷ 십자형3 : 휴식기, 고가권에서 나타나면 상승 중지.

▷ 십자형4 : 매매가 활발치 못할 경우 주로 나타나며 추세의 전환암시.

[그림 8-8] 십자형 패턴의 유형

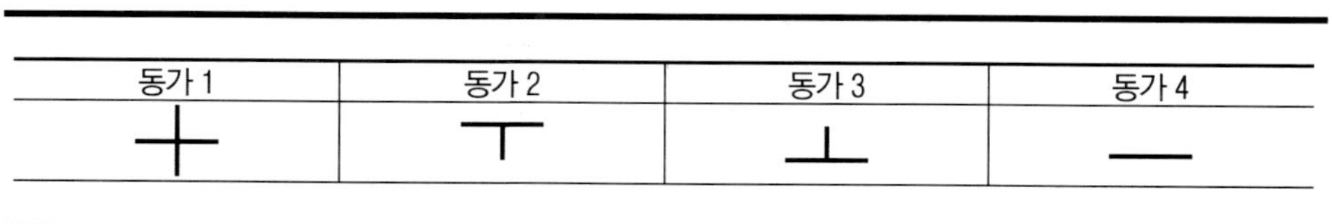

2.4.2 캔들차트의 종류

ⓐ 장대봉

장대봉이란 장중 시가와 종가의 등락폭을 뜻하는 표현으로 캔들차트의 몸통 길이가 길다는 것이다. 즉 장대봉은 장중 큰 폭의 주가 등락으로 시가와 종가 사이에 많은 차이가 있음을 뜻한다. 얼마나 시가와 종가 사이에 차이가 생겨야 장대봉이라 부를 수 있을까 하는 문제는 가장 최근에 생긴 차트를 보고 비교하여 결정할 수가 있을 것이다.

ⓑ 단봉

단봉은 장대봉과 같은 개념인데, 장중 시가와 종가의 등락폭을 뜻하는 표현으로 캔들차트의 몸통길이가 짧다는 것이다. 즉 단봉은 장중 등락폭이 작아 시가와 종가 사이에 차이가 별로 없음을 뜻한다.

ⓒ 음봉 marubozu

음봉 marubozu는 수염이 어느 한쪽에도 없는 긴 음봉을 뜻하며 매우 취약한 하락장세를 반영한다. 음봉 marubozu는 종종 하락지속형으로 또는 하락추세가 진행되는 도중 출현하여 상승반전형으로 작용하기도 한다. 음봉인 음봉 marubozu는 이제까지 지속되어 온 하락 추세가 약해지고 있음을 보여준다. 긴 음봉은 하락 추세의 마지막 투매로 판단할 수 있다. 즉 음봉 marubozu가 종종 상승반전형의 첫 번째 날 출현하는 이유가 될 수 있다.

ⓓ 양봉 marubozu

양봉 marubozu는 수염이 어느 한쪽에도 없는 긴 양봉을 뜻하며 매우 강한 상승장세를 반영한다. 양봉 marubozu의 경우는 음봉 marubozu와는 반대로 종종 상승지속형 패턴으로 또는 상승 추세가 진행되는 도중 출현하여 하락 반전형 패턴으로 작용하기도 한다.

ⓔ 종가 marubozu

종가 marubozu는 몸통의 종가쪽에 수염이 전혀 없는 경우로 음봉이나 양봉과는 관계가 없다. 만일 양봉이라면 종가 위에 윗수염이 없는 경우이고, 만일 음봉이라면 종가 밑에 아래 수염이 없는 경우이다. 음봉 종가 marubozu는 약세 시장을 반영하고 양봉 종가 marubozu는 강세 시장을 반영하고 있다.

ⓕ 시가 marubozu

시가 marubozu는 몸통의 시가쪽에 수염이 전혀 없는 경우로 음봉이나 양봉과는 관계가 없다. 만일 양봉이라면 시가 밑에 아래 수염이 없는 경우이고, 음봉이라면 시가 위에 윗 수염이 없는 경우이다. 음봉 종가 marubozu는 약세 시장을,

양봉 종가 marubozu는 강세시장을 반영하고 있지만 시가 marubozu는 종가 marubozu 만큼 강하게 작용하지는 않는다.

2.5. 추세분석

추세분석은 '일단 한번 형성된 추세는 반전되기보다는 지속될 가능성이 높다.' 라는 것으로 뉴턴의 운동 제1법칙(관성의 법칙)을 원용한 것으로 여겨진다.

2.5.1 지지선과 저항선

① 지지와 지지선

지지(support)란 주가하락을 정지시키는 데 필요한 실제적 혹은 잠재적 매입세력이 형성되는 것을 말한다. 지지선이란 주가가 그 이하로 하락되는 것을 저지시키는 최저의 주가 수준을 의미한다.

② 저항과 저항선

저항(resistance)이란 지지의 반대개념으로서 주가상승을 억제시키는 실제적 또는 잠재적 매도세력의 형성을 말한다. 저항선이란 주가가 그 이상 상승하는 것을 저지시키는 최고의 주가수준을 말한다.

③ 돌파(새로운 지지선과 저항선의 형성)

일정한 지지수준과 저항수준이 끝없이 지속되지는 않는다. 시장상황이 변하면 주가는 언제든지 이 두 수준을 돌파할 수 있기 때문이다. 어느 시점에서 주가가 저항선을 돌파하여 그 이상으로 상승하면 그때가지 저항선으로 작용하던 주가수준이 새롭게 지지수준으로 되는 것이 일반적이다.

④ 해석

- 저항선 돌파는 등락을 거듭하다가 매수세가 매도세를 꺾으면 상승의 신호탄

이다.

- 지지선 돌파는 등락을 거듭하다가 매도세가 매수세를 꺾으면 하락의 신호탄이다.
- 저항선 전환은 저항선이 한 번 돌파되고 난 후 당분간 그 저항선이 지지선으로 전환된다.
- 지지선 전환은 지지선이 한 번 돌파되고 난 후 당분간 그 지지선이 저항선으로 전환된다.

[그림 8-9] 지지선과 저항선

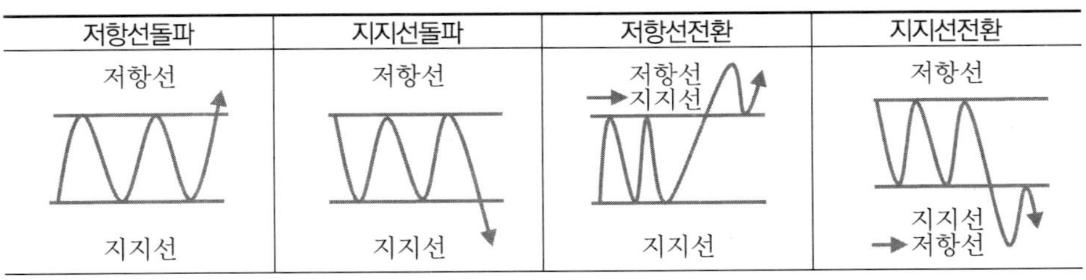

2.5.2 이동평균선

이동평균선이란 단기변동에서 나타나는 불규칙성을 제거하기 위하여 일정기간 내의 변동치를 순차적으로 산술 평균한 다음 그 값을 해당기간의 일수로 나누어 줌으로써 추세변동을 파악하는 방법이다. 이동평균선에는 주가이동평균선과 거래량이동평균선이 있다. 이동평균선은 단기변동에서 나타나는 불규칙성(비정상적인 변동)을 제거하고 장기적인 변형추세를 파악하기 위한 것으로 자의적인 조작이 가능한 비정상적인 변동을 줄여서 전체적인 주가흐름을 객관적으로 관찰하고자 하는 것이다.

① 주가이동평균선

주가이동평균선은 일정기간 동안에 조작 가능한 일일변동치를 최대한 줄이고 주가흐름을 평균화하여 이를 도표상에 옮겨 놓은 연장선이다. 주가이동평균선은 주가평균치의 진행방향을 확인하고 당일의 주가가 이 진행방향과 어떤 관계에 있는가를 분석함으로써 향후 주가를 예측하는 지표이다. 주가의 이동평균은 일정기간동안 매일의 종가를 단순평균한 것으로서, 매일매일 가장 최근의 날짜의 주가가 추가되고, 첫 번째 날짜의 주가가 제외되는 방식으로 계산된다. 이동평균선은 기간에 따라 일반적으로 5일, 20일, 60일, 120일 이동평균선이 이용된다.

주가이동평균선을 이용한 장세판단방법으로는 첫째, 이동평균선 자체의 방향을 분석하는 방법과 둘째, 이동평균선과 현재 주가와의 이격도를 분석하는 방법의 두 가지가 있다.

주가와 이동평균선간의 관계를 이용한 투자전략, 즉 주가와 이동평균선의 기본적 관계는 다음과 같다.

- 강세시장에서는 주가가 이동평균선 위에서 파동운동을 거듭하며 상승한다.
- 약세시장에서는 주가가 이동평균선 아래에서 파동운동을 거듭하며 하락한다.
- 방향이 불분명한 주가는 이동평균선과 밀착하여 파동운동을 거듭하다가 방향을 결정하여 이동평균선을 이탈한다.
- 주가가 상승 이동평균선을 하향 돌파할 때는 조만간 반전·하락할 가능성이 크다.
- 주가가 하락 이동평균선을 상향 돌파할 때는 조만간 반전·상승할 가능성이 크다.
- 이동평균의 기준기간이 길수록 이동평균선은 더욱 유연해진다.
- 주가가 이동평균선으로부터 지나치게 벌어지면 회귀변화가 일어난다.
- 주가가 이동평균선을 돌파할 때는 매입 또는 매도신호이다.
- 주가가 장기이동평균선을 돌파할 때는 대세의 반전을 기대할 수 있다.

[그림 8-10] 이동평균선 분석

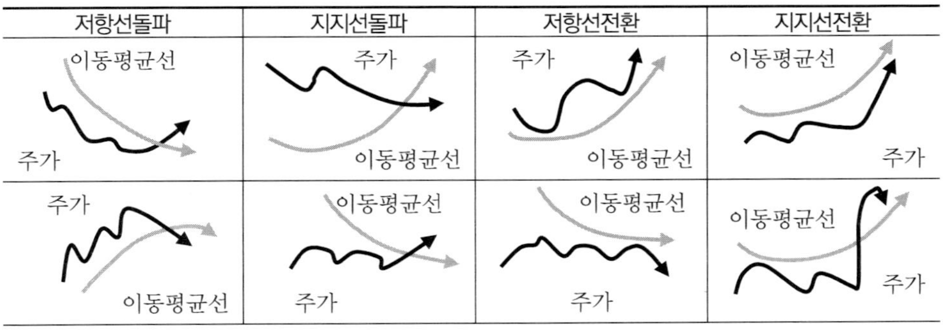

미국의 그랜빌은 여러 가지 이동평균선 가운데 200일 장기이동평균선이 가장 신뢰할 수 있다고 설명하면서, 주가와 이동평균선의 관계를 분석한 매매전략을 매입신호 4가지, 매도신호 4가지로 분류하여 제시하고 있다.

- 매입1 - 평균선 하락후 보합이나 상승국면으로 진입시 주가가 평균선을 뚫고 올라가는 경우
- 매입2 - 평균선이 상승시 주가가 평균선을 뚫고 하락하는 경우
- 매입3 - 주가가 평균선을 향해 하락하다가 하향 돌파하지 않고 다시 상승하는 경우
- 매입4 - 주가가 평균선 밑에서 하락 내지 횡보하다가 평균선으로 근접하는 경우

- 매도1 - 평균선이 상승후 횡보 또는 하락하는 시점에서 주가가 평균선을 하향 돌파하는 경우
- 매도2 - 이동평균선이 하락을 계속하고 있을때 주가가 평균선을 상향 돌파하는 경우

- 매도3 - 주가가 평균선을 향해 상승하다가 돌파하지 못하고 다시 하락하는 경우
- 매도4 - 주가가 평균선을 넘어 급등한 후 평균선 쪽으로 회귀할 조짐을 보일 경우

② 이격도

이격도는 주가와 이동평균선과의 괴리정도를 말하는 지표로 당일의 주가를 이동평균치로서 나눈 백분율이다. 이것은 보다 단기적인 투자시점을 포착하기 위한 지표로 이동평균선의 결점을 보완한다. 일반적으로 이격도는 일일주가가 평균적인 주가수준에 비해 너무 높지 않은가 또는 시장악재에 의해 너무 밑으로 움직이고 있지는 않는가를 체크하는 지표로 활용된다.

$$\text{이격도} = \frac{\text{주가}}{\text{이동평균치}} \times 100(\%) \qquad (8\text{-}24)$$

이격도가 100%이상이라는 것은 주가가 이동평균선 위에 있는 상태이고, 반대로 100%이하라는 것은 주가가 이동평균선 아래에 있는 상태를 말한다.

이동평균치와 주가와의 괴리가 클 경우 매입 또는 매도시점이 된다는 그랜빌의 투자법칙을 현실화한 것으로 구체적인 매매전략은 다음과 같다.

[표 8-3] 이격도를 이용한 매매전략

구분	이격도 상태	매입시점	매도시점
상승국면의 경우	* 20일 이동평균선과의 이격도	98%	106%
	* 60일 이동평균선과의 이격도	98%	110%
하락국면의 경우	* 25일 이동평균선과의 이격도	92%	102%
	* 60일 이동평균선과의 이격도	88%	104%

③ 거래량 이동평균선

일반적으로 주식의 매입수요가 상대적으로 증가할 때, 주가가 상승하고 거래량도 늘어나며, 반대로 주식의 매입수요가 감소할 때는 주가가 하락하여 거래량

도 줄어드는 경향이 있다. 거래량 이동평균선은 이러한 원리를 이용하여 주식의 매매시점을 포착하는 방법이다.

[그림 8-11] KOSPI지수의 이격도

이동평균선을 이용하여 매매시점을 포착하는 방법은 첫째, 단기 이동평균선이 장기 이동평균선을 상향돌파(골든 크로스)하면 매수시점이 되고 하향돌파(데드 크로스)하면 매도시점이 된다. 둘째, 단기가 중기를 돌파하는 것보다 중기가 장기를 돌파하는 것이 더욱 강력한 매매시점이 된다.

[그림 8-12] 거래량 이동평균선 분석

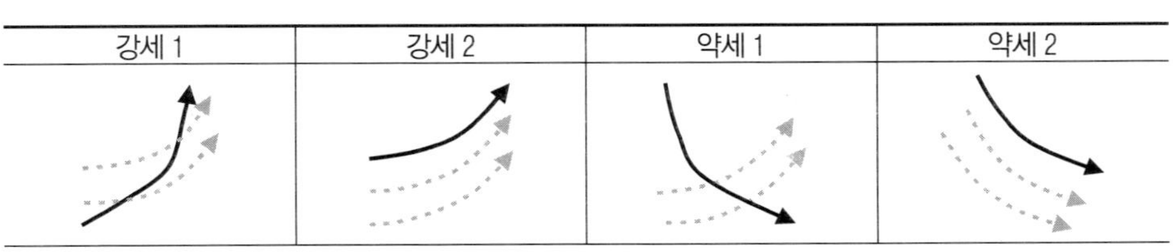

2.6. 패턴분석

패턴분석이란 패턴을 미리 정형화해 놓고 실제로 나타나는 주가의 움직임을 거기에 맞춰봄으로써 주가흐름의 전환시점을 포착하여 적절한 매매시기를 파악하려는 방법이다. 패턴의 유형에는 전환형과 지속형 패턴이 있다. 전환형 패턴에는 삼봉형, 원형모형, V자모형이 있고, 계속형 패턴에는 삼각형, 깃발형, 패넌트형, 쐐기형, 박스형, 다이아몬드형이 있다.

2.6.1 전환형 패턴

전환형 패턴이란 기존의 주가 움직임과는 반대의 방향으로 움직일 것을 알려주는 패턴이다. 전환형 패턴은 크게 ①헤드앤 쇼울더형(삼봉형) ②이중천장형과 이중바닥형 ③원형 천장형과 원형 바닥형 ④V자형의 4가지 유형으로 나누어 볼 수 있다.

① **삼봉형**(head & shoulder)

ⓐ 삼봉 천장형

이것은 세 개의 봉우리가 나타나기 때문에 붙여진 이름이다. 하락과 상승이 3번씩 나타나며 2번째 봉우리가 다른 좌우의 봉우리보다 높은 것이 일반적인 형태이다.

주가가 상승을 지속하다가 왼쪽 봉우리(왼쪽어깨)에 이르면 매도세력이 증가하여 상승세가 꺽인다. 주가가 어느 정도 하락하면(왼쪽어깨에서 하락하면서 기준선(넥라인)에 닿는 시점) 그 동안의 관망세력이 매수를 증가하기 시작하고 이에 일반투자가까지 확신을 가지고 매입에 가세하여 주가에 가속도가 붙는다. 이에 따라 주가는 최고점에 도달하게 된다. 주가는 최고치를 나타낸 후 하락세로 반전한다. 그러나 최고점에 이른 후 점점 하락하여 다시 기준선(넥 라인)까지 이르면 일단 하락세가 멈춘다. 그 점을 지지선으로 하여 주가가 다시 상승하나 최고점까지는 못가고 오른쪽 봉우리(오른 쪽 어깨)까지 상승하다가 그 점 이후에는 완전한 하락세로 돌아서게 된다.

[그림 8-13] 삼봉 천장형

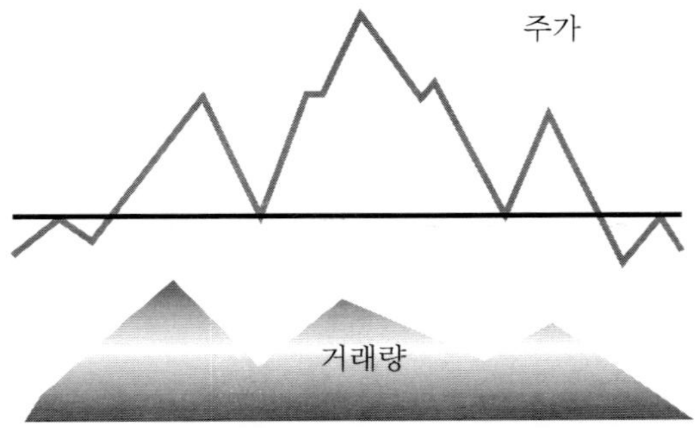

완전히 하락추세로 전환된 후 지지선 밑으로 하락한 후 잠시 기준선(넥 라인)까지 돌아오는 경우가 많은데 이를 되돌림 현상이라고 부른다. 기준선(넥 라인)까지 되돌림 현상이 나타날 것인지는 그 당시의 시장여건에 크게 좌우되나 기준선(넥 라인)이 갖는 기술적 의미는 중요하다.

헤드 앤 쇼울더형의 패턴 완성은 주가가 이 기준선(넥 라인)을 완전히 하향돌파하여야 이루어진다. 이 기준선(넥 라인)을 하향돌파하지 않으면 헤드 앤 쇼울더형이라고 단정할 수 없다.

헤드 앤 쇼울더형이 완성된 경우 주가의 방향은 기존 추세의 전환을 예고한다고 한다. 상승패턴에서 하락패턴으로 전환된 경우 그 하락폭은 최고가격에서 기준선(넥 라인)까지의 폭만큼이 된다. 이 하락목표치는 최소한의 하락예측에 불과하다. 시장상황에 따라 그 하락폭은 더욱 커질 수 있다.

각 상황별 특징을 요약하면 다음과 같다. 첫째, 왼쪽 어깨는 대량의 거래량을 수반하고, 둘째, 머리는 주가가 최고점이 되나 거래량은 왼쪽 어깨에 비하여 상대적으로 적다. 셋째, 오른쪽어깨는 결정적으로 적은 거래량을 수반한다. 넷째, 되돌림은 주가가 기준선 이하로 하락한 후 다시 기준선 수준까지 상승하는 현상이다.

ⓑ 삼봉 바닥형

삼봉 바닥형은 삼봉 천장형을 뒤집어 놓은 것과 같다. 삼봉 천장형이 상승 추세에서 하락추세로 전환하는 경우에 나타나는 패턴인 반면 삼봉바닥형은 하락추세에서 상승추세로 전환하는 경우에 나타난다.

예컨대, 삼봉 바닥형의 완성시점은 기준선(넥 라인)을 상향돌파해야만 추세전환이 이루어진다. 기준선(넥 라인) 돌파시 목표가격은 최소한 최저점에서 기준선(넥 라인)까지의 가격폭만큼 상승할 것으로 예측된다.

[그림 8-14] 삼봉 바닥형

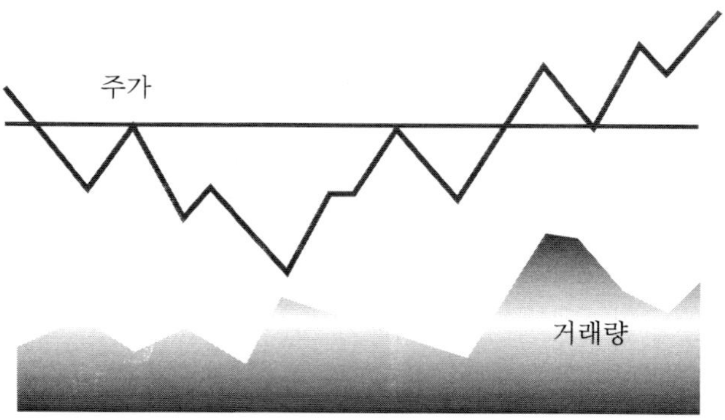

ⓒ 다중 삼봉형

다중 삼봉형은 삼봉 천장형 및 삼봉 바닥형에 비해 셋 이상의 요소 즉, 여러 개의 어깨와 머리로 구성되어 나타나는 형태로서 모형의 의미나 해석방법은 단순 삼봉형과 비슷하다.

[그림 8-15] 다중 삼봉형

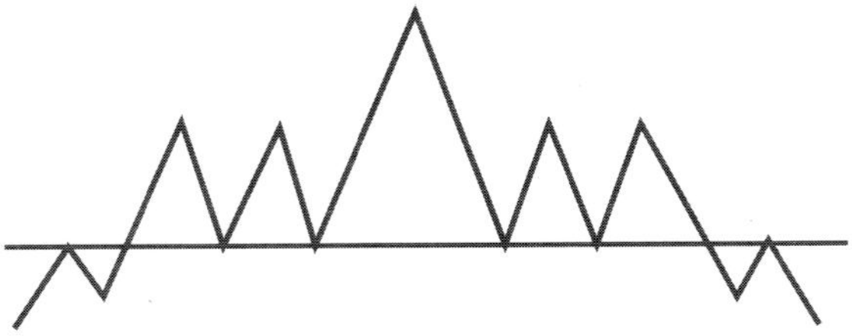

② 이중 천장형(쌍봉형)과 이중 바닥형

ⓐ 이중 천장형

이중 천장형은 차트패턴에서 자주 나타나는 패턴 중의 하나로서 대표적인 전환패턴의 하나이다. 이중 천장형이 M자와 비슷하다 하여 M자형이라고도 한다. 이것의 특징으로는 첫째, 상승추세에서 하락추세로 추세전환을 의미하고, 둘째, 거래량 동향에 있어서 두 번째 봉우리에서 거래량이 급증하는 경우가 많으며, 셋째는 두 번째 나타나는 천장이 더 뾰족하게 나타난다는 것이다. 이중 천장형의 형성은 기존의 거래량 형태와는 달리 큰 폭의 거래량을 동반하며 첫 번째 봉우리까지 상승하고 거래량 감소와 함께 하락을 한다. 이 때 하락 폭은 통상 첫 번째 봉우리의 상승폭의 40~60%정도 하락하며, 이전에 형성된 지지선 또는 가장 가까운 이동평균선에서 지지되는 경우가 많다. 그 후 재차 거래량 증가와 함께 두 번째 봉우리까지 상승을 시도하나 첫 번째 봉우리의 강한 저항으로 재차 되밀리는 현상이 나타나는데 일반적으로 첫 번째 봉우리를 상회하지 못하고 하락한다. 하락하기 시작한 주가가 첫 번째 봉우리 이후의 하락점을 하회할 때 급격한 거래량 감소와 함께 이중 천장형이 완성 된다. 이 때 주가가 첫 번째 상승 이후 하락점보다 하락하지 않는다면 M자형의 박스권이 형성되거나 삼중 천장형이 될 가능성이 높아진다.

ⓑ 이중 바닥형

이중 바닥형은 주가상승을 예고하는 추세전환모형으로서 이중 천장형과 몇 가지 점에서 차이가 있다. 첫째, 이중 천장형에서는 두 번째 천장이 첫 번째 천장보다 높을 수는 있으나 이중 바닥형에서는 두 번째 바닥이 첫 번째 바닥보다 반드시 높다. 둘째, 이중 바닥형에서 두 번째 바닥의 주가움직임은 일반적으로 이중 천장형에서의 경우보다 완만하다. 셋째, 이중 천장형에서는 주가가 첫 번째 바닥을 벗어나 상승할 때 거래량 증가가 수반되지 않으나 이중 바닥형에서는 첫 번째 천장을 뚫고 상승할 때 거래량이 크게 증가한다.

이것의 특징으로는 먼저 첫 번째 바닥이 두 번째 바닥보다는 더 깊이 하락하는 것이 일반적이라는 것이고, 둘째, 두 번째 바닥이 첫 번째 바닥보다 더 완만하게 나타나는 경향이 있다는 것이다.

[그림 8-16] 이중 천장형

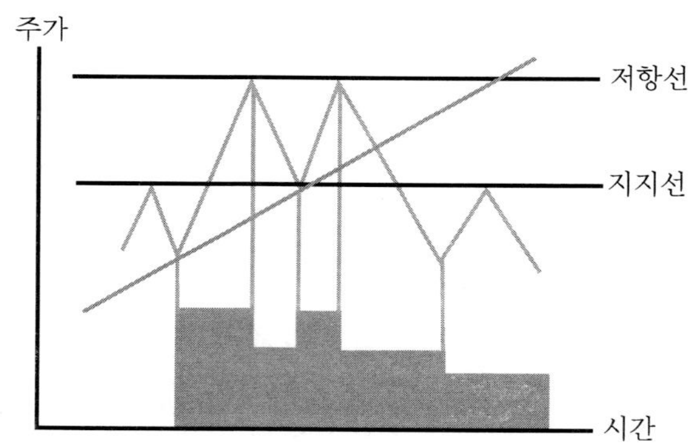

③ 원형 바닥형과 원형 천장형

원형모형이란 앞에서 설명한 헤드 앤 쇼울더 모형 중 다중 삼봉형이 발전되어 나타나는 모형이다.

[그림 8-17] 이중 바닥형

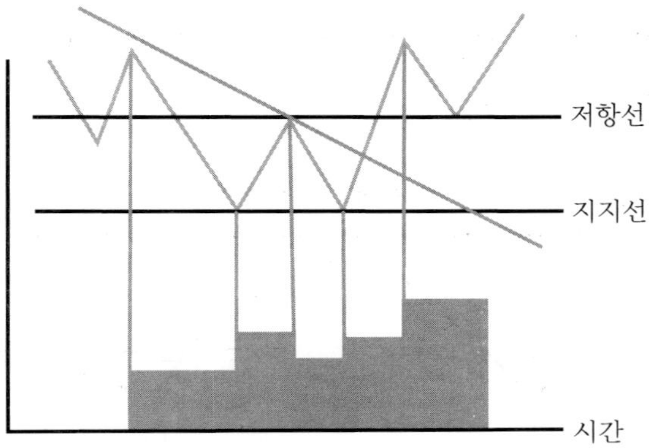

ⓐ 원형 천장형

원형 천장형의 경우 매매세력간의 치열한 공방전이 벌어지면서 매도 세력이 매수 세력을 누리면서 하향세로 서서히 반전되면서 나타나는 형태로 시간이 지남에 따라 거래량도 줄어드는 모습을 나타낸다.

ⓑ 원형 바닥형

원형 바닥형의 경우는 이와는 반대로 매수세력의 힘이 점차 증가하면서 매도세력을 눌러 상승세로 추세전환을 하는 패턴이다. 이 때 거래량은 급격히 증가하는 것이 일반적인 모습이다.

④ V자 모형

주가전환모형 가운데 매수세에서 매도세로, 매도세에서 매수세로 갑자기 돌변하는 패턴으로 비교적 단기간에 형성되며 상승추세선과 하락추세선의 기울기의 절대값이 동일하다. 한 각도로 형성되기 때문에 방향설정에 따른 각도예측으로 삼봉형 등의 움직임과 구별되며, 우리나라와 같이 외부환경에 의존하는 경우 자주 발생하는 패턴이다.

천장 V자 모형은 주가가 정점에 이르기까지 급상승하는 과열양상을 보이며 정점 이후 급등락하고, 정점을 전후로 평균거래량은 감소한다.

바닥 V자 모형은 주가하락이 매우 급격한 것이 일반적인 현상으로 저점을 중심으로 평균거래량은 증가한다

[그림 8-18] 원형 천장형

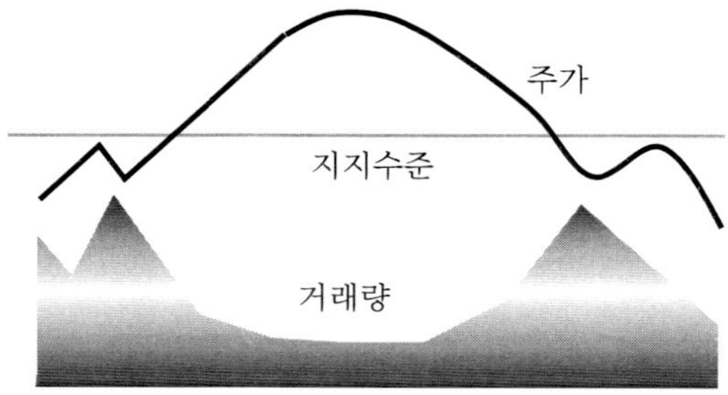

[그림 8-19] 원형 바닥형

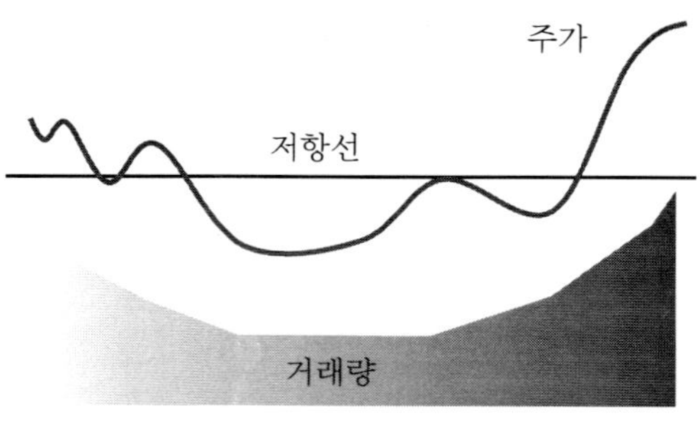

⑤ 확대형

발산하는 추세선이 두 개인 모형으로 고점이 계속 상승하고, 저점은 계속 하락하는 형태로 바닥권에서는 나타나지 않으며 천장권에서 형성되는 경향이 있다.

세 개의 고점과 두 개의 저점으로 형성되고 세 번째 고점이 아래 추세선 돌파시

완성되며 거래량이 증가하는 경향이 있다.

보통 활황의 정점에서 발생하여 주가를 하락으로 이끄는 반전 패턴으로 작용하는데, 시황이 매우 혼란하고 미래에 대한 예측이 불가능한 상태이거나 투자자의 심리가 극히 민감하고 극도로 불안정한 상태에 있음을 의미한다.

2.6.2 계속형 패턴

주가의 움직임이 기존의 방향에서 반대의 방향으로 움직일 것을 알려주는 전환형 패턴과는 달리 계속형 패턴은 기존의 주가 움직임이 잠시 조정을 거치다가 다시 기존의 방향으로 움직이는 형태이다.

전환형 패턴과 계속형 패턴과의 가장 큰 차이는 패턴의 형성에 걸리는 시간이다. 전환형 패턴은 기존 추세가 전환되어 반대의 방향으로 새로운 추세가 형성되기 때문에 패턴이 형성되는데 시간이 많이 걸린다. 반면 계속형 패턴은 기존 추세가 계속되기 때문에 패턴의 형성기간이 짧고 시간 소요가 길지 않은 특성을 가지고 있다.

계속형 패턴에는 삼각형, 깃발형, 패넌트형, 쐐기형, 다이아몬드형, 박스형의 6가지 유형이 있다.

① 삼각형

삼각형 모형은 주가변동폭이 점차 축소되어 한 점에 수렴하려는 일련의 주가변화에 의해서 형성된다. 삼각형 모형에는 대칭삼각형 모형과 직각삼각형 모형이 있다.

ⓐ 대칭삼각형 모형

대칭삼각형 모형은 삼각형의 가장 일반적인 형태로 가격변화에 있어 먼저 발생한 가격변화보다는 나중에 발생한 가격변화의 변동폭이 감소하는 형태이다. 이는 매입세력과 매도세력이 확신을 가지지 못하여 주가는 일정가격대에서 힘의 균형을 유지하게 된다. 우측 꼭지점에 이르면 적은 매매세력만으로도 힘의 균형이 무너지고 급격한 반등 또는 반락이 나타난다.

[그림 8-20] 대칭삼각형

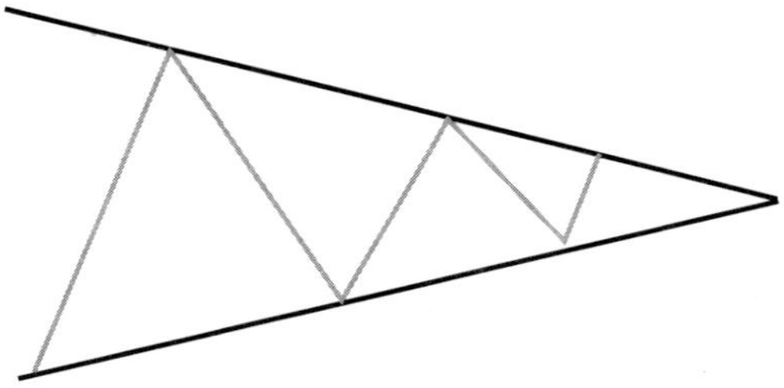

ⓑ 직각삼각형모형

직각삼각형 모형은 상향직각삼각형과 하향직각삼각형으로 구분된다.

[그림 8-21] 상향직각삼각형(위)와 하향직각삼각형(아래)

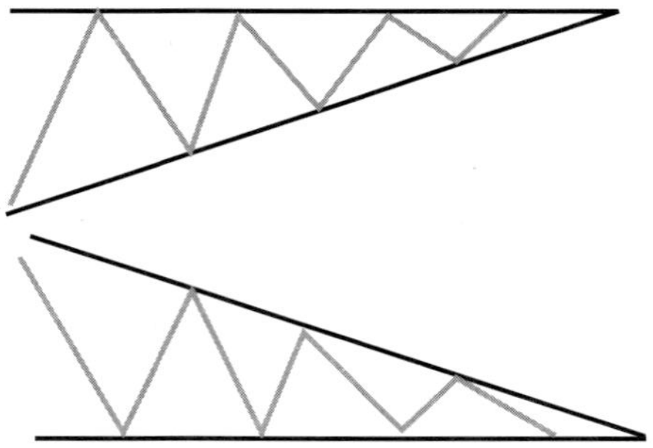

상향직각삼각형 모형은 고점이 수평을 이루는 대신 저점은 점차 높아지면서 삼각형을 나타내는 패턴을 말한다. 저점이 점차 높아진다는 것은 상승을 예상하고 매입하는 세력이 점차 강해진다는 것을 의미한다. 반면 매도세력은 일정시점까지 상승해야만 매도에 나서기 때문에 고점의 수준은 거의 수평선을 이루게 된다. 패턴형성기간에는 거래량이 비교적 적으나 저항선을 돌파하면 증가하고 본격적인 가격상승에 돌입한다.

반면 하향직각삼각형 모형은 상승삼각형 패턴과는 반대로 저점은 수평을 이루나 고점은 점차 낮아지는 삼각형 패턴을 말한다. 이 패턴은 하락과정에서 잠시 휴식을 취하는 과정으로 패턴이 완성되면 하락추세가 지속될 것으로 보아야 한다. 따라서 매도세력은 꾸준히 매도를 지속하여 저항선이 점차 낮아지는 반면에 매입세력은 일정한 수준이 아니면 적극적인 매입에 나서지 않기 때문에 지지선은 수평을 이루게 된다. 하락 삼각형은 지지선이 하향돌파하는 시점에 완성된다.

② 깃발형

이 모형은 주가가 거의 수직에 가까울 정도의 기울기 추세를 따라 매우 빠르고 급격한 상승 또는 하락을 보인 후에 형성되는 경우가 많다. 깃발형은 약 45도 각도의 방향으로 경사진 평형사각형이 보편적이며 상승기형과 하락기형으로 구분된다.

[그림 8-22] 깃발형

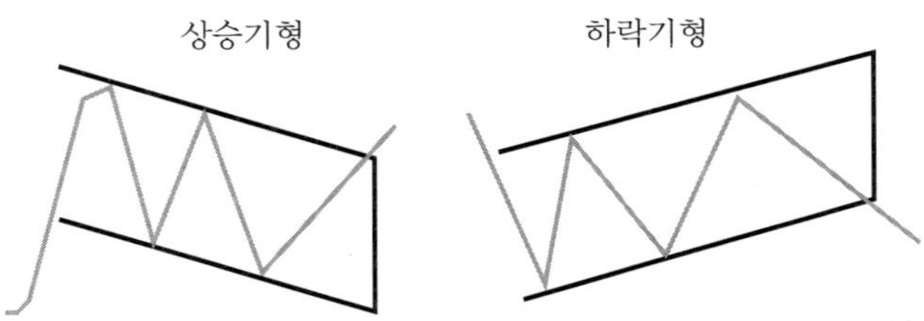

ⓐ 상승기형

상승기형은 주가가 수직에 가깝게 대폭적으로 상승한 후 나타나는 경우가 많다. 주가가 수직급등한 후 차익매물을 소화하는 과정을 거치고 나서 최초의 상승폭만큼 다시 상승세를 나타낸다.

ⓑ 하락기형

하락기형은 주가가 크게 하락한 후 일시적으로 나타난다. 상승기형과는 달리 주가의 수직급락 이후 조정국면을 거치고 나서 다시 하락세를 나타낸다.

③ 패넌트형

이것은 깃발형과 비슷한 유형이다. 깃발형과 패넌트형은 주가가 수직등급한 후 잠시동안 단기 조정국면이 나타날 때 생기는 패턴이다. 깃발형과 패넌트형의 차이는 추세선이 서로 평행을 이루고 있으면 깃발형이라 하고 평행선을 그리지 않고 한 점으로 수렴하면 패넌트형이라고 부른다. 주가가 깃발형처럼 수직급등 후 일정기간 조정기간을 거치고 나서 최초의 상승폭만큼 추가적 상승세는 나타내고 있다. 깃발형과의 차이는 삼각형 형태를 띠고 있다는 점이다.

④ 쐐기형

쐐기형은 주가의 패턴이 마치 쐐기형태를 나타내고 있다고 하여 붙여진 이름이다. 이 패턴은 고점을 연결하는 추세선과 저점을 연결하는 추세선을 연결해 보면, 두 추세선이 서로 평행선을 이루지 않고 한 방향으로 모여진다. 고점추세선과 저점추세선의 각도에 따라 상승쐐기형과 하락쐐기형으로 나눌 수 있다. 고점추세선보다 저점추세선의 각도가 크고 상향의 기울기를 가지고 있으면 상승쐐기형이라고 부르고, 이와는 반대로 저점의 추세선보다 고점의 추세선의 기울기가 크고 하향의 기울기를 가지고 있으면 하락쐐기형이라고 한다. 상승쐐기형은 주가의 하락반전 가능성을, 하락쐐기형은 주가의 상승반전 가능성을 의미한다.

⑤ 박스형

박스형은 주가가 소폭의 등락을 거치면서 위, 아래 두 개의 추세선이 수평을 이루면서 주가가 옆으로 움직이는 형태이다. 이 패턴에서 위의 추세선은 저항선이며 아래 추세선은 지지선이 된다. 이 패턴의 형성기간에는 매도세력과 매입세력이 힘의 균형을 이루고 있기 때문에 거래는 활발하지 못한 것이 특징이다. 그러나 이 추세선이 돌파되면 이제는 저항선이 새로운 지지선으로 작용하게 된다. 이 패턴의 완성은 추세선 돌파시점에서 완성되며 거래도 증가한다.

⑥ 다이아몬드형

이것은 박스형과 비슷한 유형이다. 다이아몬드형도 주가가 크게 움직이고 나서 잠시 휴식하는 패턴이라는 점에서 박스형과 같다. 박스형과의 차이는 위, 아래 추세선이 모두 평행선을 그리는 반면에 다이아몬드형은 위, 아래의 추세선이 모두 각이 진 형태를 띠고 있다는 것이다.

2.6.3 갭과 되돌림

① 주가갭

어떤 주식이 특정한 전일의 고가보다 높이 시작하여 그대로 계속 상승하거나 반대로 전일의 저가보다 낮은 가격으로 떨어진 후 계속 하락하는 경우를 뜻하는데, 보통 단기적 혹은 2차 변동에 의해서 메워지는 것이 일반적이다.

ⓐ 보통갭

추세가 강화되는 시점에서 빈번히 나타나는 갭으로 모형의 형성과정에서 나타나기 때문에 기술적 의미가 모호하다.

ⓑ 돌파갭

주가가 모형에서 완전히 벗어나서 결정적인 돌파를 할 때 나타나는 주가갭을 뜻하며, 보통갭은 모형의 진행과정에서 나타나지만 돌파갭은 모형을 완전히 벗어날 때 나타난다는 점에서 차이가 있다.

ⓒ 계속갭

주가가 반전모형이나 강화모형에서 완전히 벗어나서 예상했던 방향으로 급격한 변화를 보이는 과정에서 나타나는 경향이 있기 때문에 주가변화의 예상폭을 측정하는 데 유용하게 이용된다. 계속갭이 나타나면 주가는 돌파갭이 형성되기 직전의 주가상승률에 해당하는 만큼 추가로 상승하는 것이 일반적이다

ⓓ 소멸갭

소멸갭은 추세반전이 이루지기 직전에 나타나는 경향이 있으며 주가의 단기변동을 예고하는 기술적 의미를 가진다. 거래량이 과거의 평균수준 이상으로 급격하게 증가할 때 나타나며, 주가가 추세선을 돌파하여 최초에 나타나는 주가갭은 계속갭으로 발전하는 경우가 많고, 이와 같은 계속갭이 두 번이나 세 번 이상에 걸쳐 나타난 다음에 형성되는 주가갭은 소멸갭으로 발전하는 경우가 많다.

ⓔ 섬꼴반전

주가의 추세가 급격히 반전될 때 나타나는 형태로 소멸갭에 이어 돌파갭이 나타나면서 차트상에 섬과 같은 모습이 연출되는 반전패턴이다.

특히 비정상적일 정도로 많은 거래량이 수반될 때는 추세의 대반전일 가능성이 크며 이와 같은 모형이 형성되는 것은 어느 경우에라도 지금까지의 추세가 적어도 얼마 동안은 멈춘다는 신호다.

② 되돌림

추세의 움직임은 항상 작용과 반작용에 의하여 결정되는데 추세의 주된 움직임을 작용이라고 부른다면, 반작용으로 간주되는 것을 바로 되돌림 현상이라고 부른다.

즉, 시장가격의 추세가 전개되는 과정에서 추세가 일단 움직임을 멈추고 주된 추세의 움직임과는 반대로 나타나는 시장가격의 움직임을 되돌림이라고 한다.

되돌림 비율은 분석가에 따라서 조금씩 다른데 50% 되돌림을 일반적으로 사용하고 33%, 66% 등도 중요한 비율로 인식되고 있다.

주된 추세의 움직임이 끝나고 되돌림 움직임이 시작되는 것이 확인되면, 각각의 비율 부근에서 강력한 지지선이나 저항선이 형성될 것임을 미리 예측할 수 있으므로 효과적인 거래를 수행할 수가 있다.

2.7. 지표분석

기술적 지표는 기술적 분석의 장세 분석에 해당되는 분야이다. 기술적 지표는 현재 시장의 수급 상태, 즉 매입 효과 또는 매도 효과 상태 등을 파악하기 위하여 사용된다.

2.7.1 거래량 지표

① OBV

OBV(On Balance Volume)는 그랜빌에 의해 개발된 지표로서, 주식의 매집활동과 분산활동에 관한 정보를 분석하는데 사용된다. OBV지표는 주가 상승일의 거래량에서 주가 하락일의 거래량을 차감하여 이를 매일 누적집계, 도표화한 것이다. OBV지표는 특히, 주가가 정체되어 있을 때, 거래량 움직임으로 향후 주가의 향방을 예측하는 기술적 지표의 하나이다.

OBV 작성방법은 첫째, 주가가 전일에 비하여 상승한 날의 거래량은 전일의 OBV에 가산한다. 둘째, 주가가 전일에 비하여 하락한 날의 거래량은 전일의 OBV에서 차감한다. 셋째, 변동이 없는 날의 거래량은 무시한다.

분석방법은 첫째, 강세시장에서는 OBV선의 고점이 이전의 고점보다 높게 형성되고(U마크), 약세시장에서는 OBV선의 저점이 이전의 저점보다 낮게 형성된다(D마크). 둘째, OBV선의 상승은 매수세력의 집중을, 하락은 분산을 의미한다. 셋째, OBV선의 장기적 상향추세선이 진행되는 가운데 저항선을 상향돌파하는 경우 강세장을, 장기적 하향추세선을 하회하면 약세장을 예고한다. 넷째, OBV선이 상승함에도 불구하고 주가가 하락하면 조만간 주가상승이 예상되고 OBV선이 하락함에도 불구하고 주가가 상승하면 조만간 주가하락이 예상된다.

[그림 8-23] KOSPI의 OBV

② VR

VR(Volume Ratio)은 단순누적차수로서 계산하는 OBV의 결점을 보완하기 위하여 개발된 거래량지표이다. VR은 통상 최근 20여일간의 주가 상승일의 거래량 합계를 주가 하락일의 거래량 합계로 나눈 것이다. 주가 변동이 없는 날의 거래량은 상승일과 하락일에 반씩 나누어 분배한다. 따라서 VR이 200%라면 대체로 주가 상승시의 거래량이 주가 하락시 거래량의 2배라는 것을 나타낸다.

$$VR = \frac{\text{주가상승일의 거래량합계} + (\text{주가변동이없는날의거래량합계} \times 0.5)}{\text{주가하락일의 거래량합계} + (\text{주가변동이없는날의거래량합계} \times 0.5)} \times 100(\%) \quad (8\text{-}25)$$

VR은 150%이면 보통수준이며, 450%를 초과하면 단기과열로 보고 매도신호로 간주되고 70%를 밑돌면 침체권으로 판단하고 매수시점으로 간주한다. VR은 과열권 신호보다는 바닥권 신호에 보다 신뢰성이 높은 것으로 검증되고 있다.

[그림 8-24] KOSPI의 VR

③ 클라이맥스 지표

클라이맥스 지표(CLX)는 OBV지표를 분석하는 데 보조적으로 이용되며 단기적인 주가예측시 사용되는 지표 중의 하나이다.

작성방법은 첫째, 매일 종합주가지수에 채용된 전종목의 종목별 OBV를 산출한다. 둘째, 채용된 전 종목의 OBV 중에서 상승신호를 나타내주는 종목수와 하락신호를 나타내주는 종목수를 구한 뒤 상승신호의 숫자와 하락신호의 숫자의 차이를 구한다. 셋째, 매일의 결과를 이동평균으로 계산하여 도표화한다.

분석방법은 종합주가 상승시 CLX 또한 상승하면 시장의 강세가 유지되고 있다는 것으로 해석하며 CLX가 하락하면 조만간 시장이 약세로 반전될 것으로 해석한다. 반면에 종합주가 하락시 CLX가 상승하면 시장의 약세가 유지되고 있다는 것을 말하며 CLX가 동시에 하락하면 조만간 시장이 약세로 반전될 것으로 받아들여진다. 따라서 클라이맥스 지표가 상승에서 하락으로 전환되면 천장권에서 매도신호라 할 수 있고 하락에서 상승으로 전환하면 바닥권 신호로 매수전략을 세워야 한다.

④ 번한지표

번한지표는 주식시장이 활황 장세인가 또는 침체 장세인가를 거래의 양과 질로 파악하는 방법이다. 번한지표는 다음과 같이 거래량 회전율과 거래 성립률의 두 가지 비율을 곱하여 계산된다.

$$\text{번한지표} = \text{거래량 회전율} \times \text{거래 성립률} \tag{8-26}$$
$$= \frac{\text{당일거래량} \times \text{연간거래일수}}{\text{전체상장주식수}} \times \frac{\text{거래형성종목수}}{\text{전체상장종목수}} \times 100(\%)$$

거래 회전율은 거래의 양을, 거래 성립률은 거래의 질을 나타낸다. 여기서 거래량은 5일 이동평균을, 거래일 수는 1년을 300일로 하여 계산한다.

번한지표가 5% 이하에서 주가는 바닥권을 의미하므로 투자자는 매수를, 30% 이상에서는 천장권을 형성하는 경우가 많으므로 매도를 고려해야 한다.

2.7.2 질적 지표

① 등락주선

등락주선(ADL: Advance Decline Line)은 그랜빌에 의해 창출된 기법으로서, 일정 기준일 이후 상승종목수와 하락종목수의 차수를 누계한 등락지수를 선으로 연결한 것이다. ADL은 주가가 전체적으로 보아 상승 추세에 있는지 아니면 하락추세에 있는지를 대국적인 견지에서 판단하는 지표로 사용된다.

등락주선 작성방법으로는 먼저 어느 특정일을 기준일로 정하고(보통 바다권을 기준을로 함), 기준일의 상승 종목수와 하락 종목수의 차수를 누계한 등락지수를 선으로 연결한다. 그리고 기준일 이후 상승 종목수와 하락 종목수의 차수를 전일

ADL에 가산한 후 매일의 ADL을 선으로 연결하여 도표화한다.

분석방법으로는 첫째, ADL선이 상승하는데도 종합주가지수가 하락할 경우에는 장세가 상승과정에 있으며 ADL선이 하락하는데도 종합주가지수가 상승하는 경우에는 장세가 하락과정에 있다고 볼 수 있다. 둘째, 종합주가지수가 이전 최고치에 접근하여 있을 때 ADL선이 그 이전 최고치보다 낮을 경우에 장세는 약세국면에 있고, 이와 반대로 종합주가지수가 바닥권에 접근하고 있을 때 ADL선이 그 이전의 바닥권보다 상당 수준 상회하고 있을 때는 장세는 강세국면에 있다고 할 수 있다. 셋째, 종합주가지수 및 ADL선이 모두 하락할 경우, 장세는 붕괴할 가능성이 높으며 종합주가지수 및 ADL선이 모두 상승할 경우, 장세는 대폭 상승할 가능성이 높다.

[그림 8-25] KOSPI의 ADL

② 등락비율

등락비율(ADR: Advance Decline Ratio)은 ADL이 시세상승 국면에서는 투자대상을 집중화시키는 경향이 있고 또한 권리락, 배당락 등이 수정되지 않는 결점이 있기 때문에, 이를 보완하기 위해 상승 종목수와 하락종목수의 등락비율로써 시장을 분석하고자 하는 기법이다. 게다가 ADL은 약세시장 말기에서 판단착오를 보이는데, 이를 보완해 주는 것이 ADR이다.

ADR은 매일의 상승종목수를 하락종목수로 나누어 백분비로 구한다. 우리 나라의 경우는 20일 이동평균치를 사용하고 있다.

$$등락비율 = \frac{분석대상기간\ 동안의\ 상승\ 종목수}{분석대상기간\ 동안의\ 하락\ 종목수} \times 100(\%) \qquad (8\text{-}27)$$

등락비율이 120~125%에 속할 때 과열양상, 경계지대, 매도신호로 간주하며, 70~75% 범위 내에서는 바닥권 이하, 안전지대, 매수신호로 파악되고 있다.

③ 투자심리선

매매시점 포착보다는 시장의 단기과열이나 침체상태를 파악할 수 있는 지표이다. 투자심리선은 10일(2주간)동안의 주가의 상승일수 비율인데, 재료에 대한 시장 인기정도를 가능해 볼 수 있다.

작성방법은 최근 10일간 중 전일대비 상승일수를 누계하여 10으로 나누어 백분비로 나타낸다.

$$투자심리선 = \frac{10일\ 동안\ 주가상승일수}{10} \times 100(\%) \qquad (8\text{-}28)$$

투자심리선의 지수가 50%를 중심으로 75% 이상이면 과열상태로 경계지대이며, 25% 이하이면 침체상태로 안전지대에 속하고, 25%~75% 사이는 중립지대이다. 따라서 이 선에 따라 투자전략을 세운다면 75% 이상일 때 팔고, 25% 이하일 때 주식을 매수하는 전략이 바람직하다고 할 수 있다.

[그림 8-26] KOSPI의 투자심리선

2.7.3 주가지표

① 삼선전환도

삼선전환도는 주가의 추세가 전환하는 시점을 포착하는 데 널리 활용하는 기법이다. 삼선전환도는 주가상승이 이전의 하락선 3개를 전환, 돌파하는 경우에 비로소 상승선을 그리고, 주가하락이 이전의 상승선 3개를 전환, 돌파하는 경우에 하락선을 그려 이를 각각 상승과 하락의 신호로 본다.

상승선이 그려질 때를 상승전환 또는 양전환이라 하여 매입신호로 보고, 하락선이 그려질 때를 하락전환 또는 음전환이라 하여 이를 매도신호로 본다.

② P&F 차트

P&F차트(point & figure chart)는 시간의 개념을 배제하고 사소한 주가변동을 차트에서 제외시킴으로써 주가의 주추세를 파악하고 매매시점을 포착하고자 하는 분석기법이다. P&F차트가 강조하는 것은 주가 움직임의 방향이다. P&F차트는 보합국면의 이탈에 따른 패턴분석을 제일 중요시한다.

[그림 8-27] KOSPI의 삼선전환도

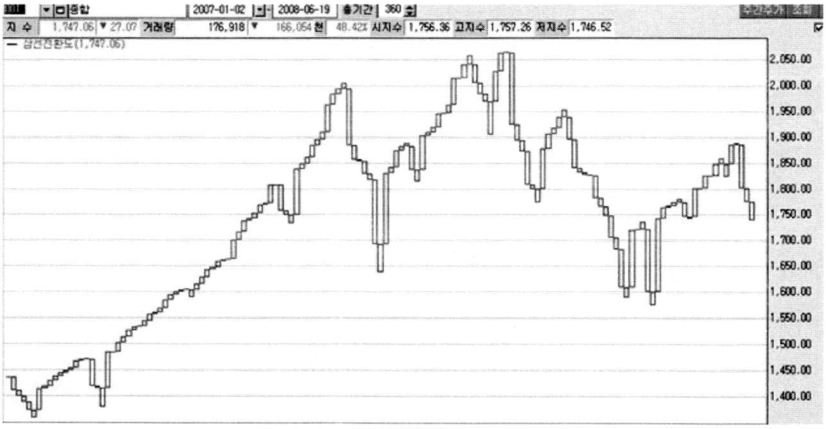

작성방법으로는, 첫째, 주가 상승시에는 ×표로, 하락시는 O표로 표시하고, 주가가 계속 상승할 때는 ×표만을 계속, 하락할 때는 O표만을 Y축에 표시한다. 둘째, 주가가 상승에서 하락으로 반전할 때는 줄을 바꾸어 ×표에서 O로 표시하되 한 칸 아래에 표시한다. 반대로 하락에서 상승으로 반전할 때는 O에서 ×표로 표시하는데 이때에도 줄을 바꾸되 한 칸 위로 표시한다. 셋째, 한 칸의 가격 폭을 결정한다. Y축의 각 칸의 가격 폭은 주가 수준에 따라 달라지는데, 고가주일 경우에는 1칸의 가격 폭을 크게 하고 저가주일 경우에는 작게 한다. 대개 적당한 가격 폭은 주가나 주가 지수의 2%에서 3% 정도가 적당하다. 넷째, Y축상의 1칸(1점도의 경우에는 1칸, 2점도는 2칸, 3점도는 3칸)의 범위를 이탈하였을 때만 새로운 ×표나 O표가 계속될 경우 이전의 고점보다 상승하면서 1칸의 범위를 초과하여야만 ×가 표시되며, 주가가 계속 하락할 때는 이전의 저점보다 하락하면서 1칸의 범위를 초과하여야만 O표가 표시된다. 다섯째, 상승에서 하락으로, 하락에서 상승으로 전환될 때는 사전에 정해진 가격 폭의 변화가 있어야 한다. 즉 1칸을 100원으로 잡았을 경우에 이전의 고점 또는 저점보다 1점도는 100원, 2점도는 200원, 3점도는 300원의 가격 변화가 있어야 줄을 바꾸어 O표 또는 ×표를 할 수 있다.

[그림 8-28] KOSPI의 P&F 차트

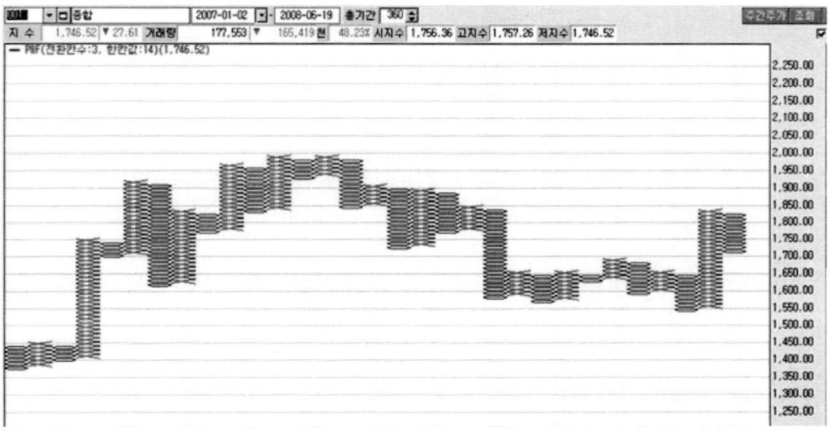

P&F차트의 목적은 적절한 매매시점을 포착하는데 있는데, 매매시점을 포착하려면, P&F차트상에 나타나는 패턴을 분석해야만 한다. P&F의 패턴은 강세패턴(매수신호)과 약세패턴(매도신호)으로 나누어진다.

ⓐ 강세신호형(매수신호)

강세신호형의 저항선은 수평방향으로, 지지선은 오른쪽 위로 상승하여 주가가 한 점을 향하여 모이는 패턴이다. 이것은 바닥패턴 가운데 가장 강력한 것으로서 주가가 상한 지지선을 뚫고 상승할 때, 즉 ×표가 이전 고점을 한 칸 상회하는 시점이 매수신호이다.

ⓑ 삼중천장형(매수신호)

삼중천장형은 이전의 고점 2개를 세 번째 나타난 고가가 상향돌파하는 패턴을 말하는데 매수시점은 ×표가 이전의 고점을 상회하는 시점이다.

ⓒ 상승삼각형(매수신호)

이 패턴은 주가의 변동폭이 점차 작아지면서 나타나는 패턴으로서 강세신호와 약세신호가 불완전하게 혼합되어 나타나는 형태인데 매수시점은 ×표가 직전 고점을 상향돌파하는 시점이 된다.

ⓓ 상승반전형(매수신호)

저항선뿐만 아니라 지지선도 나란히 하락하고 있지만 매수세가 일시에 매수활동을 함으로써 강한 반등을 하는 형태로서 단기간에 커다란 차익을 얻을 수 있으며 매수시점은 역시 ×표가 직전의 고점을 상향 돌파하는 시점이다.

ⓔ 약세신호형(매도신호)

약세신호형은 강세신호형과 반대로 약세저항선이 오른쪽 밑으로 내려가는 형태로 매도시점은 이전의 저점을 하회하는 점이다.

ⓕ 삼중바닥형(매도신호)

삼중바닥형은 추세가 상향에서 하향으로 반전되는 것으로 세 번째 나타나는 저점이 두 번째까지의 저점 밑으로 내려가는 형태로서, 매도시점은 두 번째 저점의 바로 아래의 지점이 된다.

ⓖ 하락삼각형(매도신호)

저가는 상승하고 고가는 하락하는, 즉 약세저항선은 오른쪽 밑으로 향하고 강세 지지선은 오른쪽 위로 향하는 혼합형으로서 매도시점은 두 번째 나타난 저점을 하회하는 점이다.

ⓗ 하락반전형(매도신호)

강세저항선과 강세지지선이 나란히 오른쪽 위로 향하는 전형적인 강세패턴이 나타나다가 하락세로 반전되는 형태로서, 매도신호는 강세패턴이 붕괴되면서 직전의 저점을 하회하는 점이다.

③ 역시계곡선

역시계곡선은 주가와 거래량간의 상관곡선으로서 주가와 거래량간의 상관관계가 매우 크다는 점과 거래량이 주가에 선행하는 경향이 있다는 두 가지 이론적 관점하에서 작성된 것으로 중기에 있어서의 주가예측에 매우 유용하게 활용되고 있다.

일반적으로 주가의 20일 이동평균치를 종축에, 거래량의 20일 이동평균치를 횡축에 나타내어 매일 매일의 교점을 연결하여 보면 시계반대방향으로 움직이는 좌회전 곡선이 되는 경우가 많기 때문에 이 지표를 역시계곡선이라고 한다.

[그림 8-29] 역시계곡선

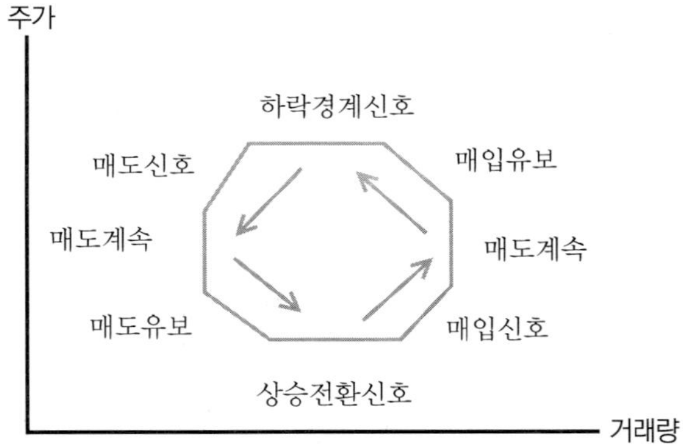

역시계곡선에서는 주가와 거래량의 흐름을 다음과 같이 여덟 국면으로 일반화하고 있다. 첫째는 거래량이 증가하고 주가가 바닥수준일 때는 하향에서 상승으로의 전환신호국면이다. 둘째는 거래량이 더욱 증가하고 주가도 오름세를 나타날 때는 매입신호이다. 셋째는 거래량은 더 이상 증가하지 않으나 주가는 계속 올라가고 있을 때는 계속 매입해도 좋다는 신호이다. 넷째는 거래량이 감소하기 시작하고 주가만 올라갈 때는 신규매입을 보류해야 하는 신호이다. 다섯째는 거래량이 더욱 감소하나 주가는 더 이상 오르지 않을 때는 상승에서 하락으로 전환될 것이 예상되는 신호이다. 여섯째는 거래량도 줄어들고 주가도 하락하면 매도신호가 된다. 일곱째는 거래량은 전과 같으나 주가가 계속 하락할 때는 계속 매도해도 좋다는 신호이다. 여덟째는 주가는 계속 하락하나 거래량이 점차 증가하기 시작하면 매도는 일단 보류하고 주가의 추이를 지켜보는 것이 좋다.

2.7.4 기타 기술적 지표

① 볼린저 밴드

볼린저 밴드(Bollinger Band)는 존 볼린저가 만든 지표로서 시간에 따른 가격 변화의 정도 즉, 기복성을 반영한 지표이다. 볼린저 밴드는 일정기간 동안의 이동평균을 계산하여 그 값으로부터 이동평균 편차의 적정 배수만큼 더한 값을 상한선으로, 빼준 값을 하한선으로 정한다.

주가는 상·하한선을 경계로 등락을 거듭하는 경향이 있다는 것이 볼린저 밴드의 기본적인 해석 방법이다. 그러나 볼린저 밴드는 이동평균선의 Envelope과는 달리 주가의 변동폭에 따라 상·하한선간의 폭이 변화하며 다음과 같은 특성을 갖는다.

- 상·하한선간의 폭이 좁아지면 가격의 변화가 일어나기 쉽다. 즉, 일정 기간 동안 주가의 움직임이 별다른 변화없이 지속되면 밴드의 폭이 좁아지며, 그만큼 가격의 상승 혹은 하락이 임박했다는 신호로 해석할 수 있다.
- 주가가 밴드의 밖으로 움직이는 경우는 현 추세의 지속을 의미한다.
- 밴드 안에서 형성된 정점과 저점은 밴드의 밖에서 형성된 정점과 저점으로 이어지는데 이는 곧 추세의 전환을 의미한다.
- 상한선이나 하한선 중 어느 한 쪽으로 주가가 움직인 이후에는 항상 다른 한 쪽을 향해 주가가 움직이려는 경향을 띤다. 즉, 밴드의 등락 폭이 좁아질수록 주가의 변화 가능성은 높아지며, 또한 좁은 등락 폭 안에서 장기간 머물수록 주가의 변화 가능성은 더욱 높아진다.

[그림 8-30] KOSPI의 볼린저 밴드

② CCI

CCI(Commodity Channel Index)는 주가 평균과 현재 주가 사이의 편차를 측정하는 지표이다. 이것은 해당기간의 고가, 저가, 종가를 합하여 3으로 나누어 값을 구하고 해당기간의 단순이동평균을 계산하여 값을 구하며 전자에서 후자를 차감한 절대값의 이동평균값에 0.015를 곱하여 구한다.

CCI값이 높게 나오면 현재 주가 수준이 주가 평균과 비교하여 현저하게 높다는 것을 의미하며, CCI값이 낮으면 현재 주가 수준이 주가 평균과 비교하여 현저하게 낮다는 것을 의미한다.

CCI는 일반적으로 ±100사이에서 진동을 한다. CCI를 이용하여 과다매수 또는 과다매도상태를 파악하는 방법으로는 CCI가 +100 이상인 경우에는 과다매수상태로 보며, CCI가 -100 이하인 경우에는 과다매도상태로 볼 수 있다.

0선을 기준으로 CCI가 상향 돌파하면 강세 신호로 인식하고 매수 시점으로 판단하여 반대의 경우도 성립한다.

[그림 8-31] KOSPI의 CCI

③ Envelope

이것은 이동평균선이 지지선이나 저항선의 구실도 한다는 점에 착안하여 추세의 움직임이 어떻게 될 것인지를 예측하는 기법이다.

Envelope를 구할 때 이동평균선을 중심으로 지지선과 저항선의 역할을 하는 아래·위의 퍼센트 비율은 경험에 의한 최적상태로 보이는 Envelope를 만들어야 한다.

Envelope분석을 이용하는 방법은, 첫째, 지지선 부근에서 매입하고, 저항선 부근에서 매도한다. 둘째, 가운데의 이동평균선 바로 위에서 매입하거나 이동평균선의 바로 아래쪽에서 매도한다. 그러나 일단 이동평균선이 돌파되면, 즉시 손절매를 수행한다. 셋째, 시장가격의 움직임이 Envelope를 벗어나면, 거래에 최대한 주의를 기울여야 한다. 넷째, 일단 Envelope를 벗어난 시장가격이 다시 Envelope에 접근할 때가 단기적 거래에서 최적의 거래시점이 된다.

[그림 8-32] KOSPI의 Envelope

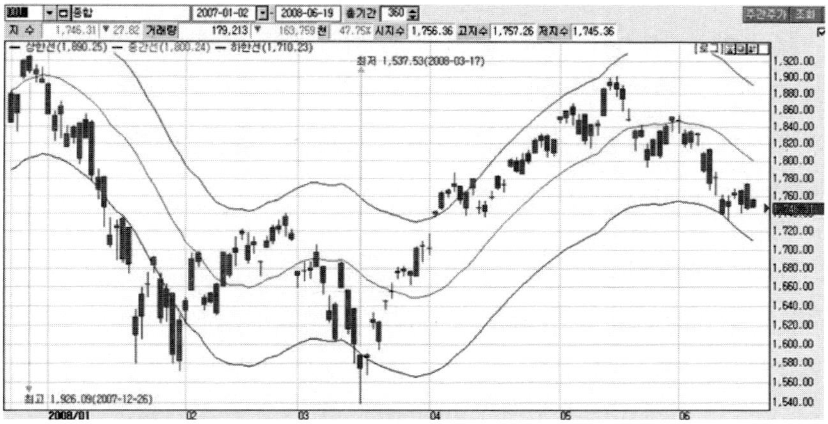

④ 이퀴볼륨차트

이퀴볼륨차트(Equi-volume Chart)는 종전의 일반적인 주가차트에서 주가와 거래량이 분리되어서 나타나는 시각적인 단점을 없애고 가격과 거래량을 하나의 봉 형태로 나타냄으로써 차트를 단순화시켜 복합적인 분석을 하는데 유용하게 쓰인다.

이것은 주가변화를 거래량과 주가에 초점을 맞추어 향후 장세를 예측하는 기술적 분석기법으로, 주가와 거래량의 크기를 측정하는 일정한 상자모양으로 나타낸다. 즉, 이퀴볼륨차트는 고가, 저가, 거래량을 하나의 모형(직사각형)으로 나타내어 이를 연결한 것으로 세로축은 고가와 저가를 표시하여 당일 주가 변동폭을 표시하고, 가로축은 그 날 거래수준을 평균화시킬 수 있는 임의의 기본단위를 설정하여 나눈 값으로 표시한다.

이퀴볼륨차트의 봉모양은 해당 거래기간동안 주식의 수요와 공급을 나타내는데 짧고 넓은 박스(작은 주가움직임에 대해 대량의 거래가 생긴 상태)는 고점, 저점에서 전환점으로 작용하는 경향이 있고 길고 좁은 박스(작은 거래량에 대해 큰 폭의 주가변화가 생긴 상태)는 기존 추세를 장기적으로 전환시킬 확률이 높다. 특히 이 같은 중요한 박스형태는 지지와 저항수준에서 추세이탈시 발생하는 형태인데, 이를 'Power Box'라고 한다. 일반적으로 Power Box 중 하나는 상승시 높이와 넓이가 대체로 증가하며 상승추세돌파의 확신을 주기에 충분하다. 또 좁고 긴 박스는 추세의 하향 이탈의 확신을 가져야 한다.

⑤ 이동평균오실레이터

이것은 이동평균선의 골든 크로스나 데드 크로스를 눈으로 쉽게 확인하기 위해 단기 이동평균에서 장기 이동평균을 뺀 값을 차트상에서 별도의 구획을 만들어 선이나 막대 그래프를 표시하는 방법으로 이 그래프는 시계추처럼 운동한다고 해서 진동자라고 하는데 영어 표현 그대로 오실레이터라고 부르는 것이 일반적이다.

이동평균오실레이터(MAO : Moving Average Oscillator)는 대표적인 후행지표인 이동평균에서 파생된 것이지만 시장의 과열 또는 침체를 나타내는 선행 지표로 주로 사용되고 있다. 이동평균오실레이터가 시장움직임을 일정범위로 한정해 과열과 침체를 구분하는 특성을 갖기 때문이다.

$$\text{이동평균오실레이터} = \text{단기이동평균} - \text{장기이동평균} \qquad (8\text{-}29)$$

이동평균오실레이터의 분석방법으로는 첫째, 이렇게 만들어진 이동평균오실레이터가 0을 상향 돌파하면 매입시점, 하향 돌파하면 매도시점이 된다. 이는 이동평균선의 교차를 달리 표현한 데 지나지 않는다. 그러나 이동평균 오실레이터로 만들어 사용하면 이동평균선의 교차를 눈으로 쉽게 확인할 수 있다. 둘째, 이동평균오실레이터가 양의 값을 가지면 상승국면으로, 음의 값을 가지면 하락국면으로 해석할 수 있다. 셋째, 이동평균오실레이터의 변곡점을 찾는 방법으로 좀 더 빠른 매매타이밍을 포착할 수 있다. 변곡점이란 이동평균오실레이터가 정점과 골을 형성하는 시점을 말하며 오실레이터의 특성상 완만하게 형성되기 때문에 가격의 정점과 골에 비해 형성된 후 곧바로 확인하기가 비교적 쉽다는 장점을 지니고 있다.

⑥ NCO

NCO(Net Change Oscillator)는 단기적인 추세의 반전을 알려주는 중요한 지표의 하나로 현재의 시장가격과 과거 일정시점 이전의 시장가격을 서로 비교하여 산출된다.

$$NCO = C - C_X \qquad (8\text{-}30)$$

여기서, C : 최근일 종가 C_X : X일 이전의 종가

최근과 X일 사이의 기간이 길면 장기추세를 파악할 수 있고, 기간이 짧으면 단기추세를 파악할 수 있는데 NCO는 단기간의 값이 유용하여 예측능력도 뛰어나다.

분석방법으로는 첫째, NCO의 움직임이 0선 위쪽에서 나타나면 시장 가격은 상승추세를 보이고, 반대로 NCO가 0의 아래쪽에서 나타나면 시장가격은 하락추세를 나타낸다. 둘째, NCO의 움직임이 0선에 접근할수록 시장가격의 변동폭은 작아지며, 반대로 NCO가 0선에서 멀어질수록 시장가격의 변동폭은 커진다. 셋째, NCO가 0선을 돌파할 때 시장가격의 추세는 반전된다.

⑦ 상대강도지수

상대강도지수(Relative Strength Index : RSI)는 시장가격 변동폭 중에서, 상대적으로 시장가격의 상승폭이 어느 정도인지를 지수로 나타낸 것이다.

$$RSI = \frac{\text{14일간의상승폭합계}}{\text{14일간의 상승폭합계} + \text{14일간의 하락폭 합계}} \times 100(\%) \qquad (8\text{-}31)$$

RSI가 75%(70~80%)수준이면 경계신호로 상한선을 나타내며, 강세장세가 유지되어 이 선을 돌파할 때는 매도전략을 세워야 한다. 반면 25%(20~30%)수준이면

하한선을 나타내는 경계신호로 약세장이 지속되어 하향돌파할 때는 매수행동을 하여야 한다.

[그림 8-33] KOSPI의 RSI

⑧ 스토캐스틱기법

스토캐스틱기법(Stochastics)은 일정기간 동안의 주가 변동폭 중 금일 종가의 위치를 백분율로 나타내는 것으로 조지 레인에 의해 개발되었으며 주가가 움직이는 특성을 가장 잘 반영하는 지표 중 하나이다. 상승중일 때는 금일 종가가 주가 변동폭의 최고가 부근에, 하락중일 때에는 금일 종가가 주가 변동폭의 최저가 부근에서 형성한다.

$$\%K = \frac{\text{금일 종가} - \text{최근 } n\text{일 중 최저가}}{\text{최근 } n\text{일 중 최고가} - \text{최근 } n\text{일 중 최저가}} \times 100 \qquad (8\text{-}32)$$

$$\%D = \%K\text{의 이동평균} \qquad (8\text{-}33)$$

여기서, 최근 n일은 $\%K$를 구하고자 하는 기간이다.

Stochastics은 %K와 %D 두 지표로 나타낸다. 주요선은 %K이며 %K의 이동평균선을 %D라 부른다. Stochastic을 이용하여 분석하는 방법은 다음과 같이 적용된다.

첫째, Stochastics가 침체권인 일정 수준(30%) 이하로 내려갔다가 다시 재상승하게 되는 경우에는 매수 신호이다. Stochastics가 과열권인 일정 수준(70%) 이상으로 올라갔다가 다시 재하락하게 되는 경우에는 매도 신호이다. 둘째, %K선이 %D선을 상향 돌파하여 상승하게 되면 매수 신호이고, %K선이 %D선을 하향 돌파하여 하락하게 되면 매도 신호이다.

[그림 8-34] KOSPI의 Stochastic

⑧ MACD 오실레이터

MACD(Moving Average Convergence & Divergence)는 장기,단기 두 이동평균 사이의 관계를 보여 주는 운동량 지표로서 장기지수 이동평균과 단기지수 이동평균의 차이를 MACD라 하며, 이 MACD의 지수 이동평균을 시그널signal이라 부르는데, 이 두 곡선의 교차점과 주가와의 divergence를 이용하여 매매시점을 포착한다.

MACD = 단기 지수 이동평균 - 장기 지수 이동평균

시그널= n일 MACD 지수 이동평균

MACD의 원리는 장기와 단기 두 이동평균선이 서로 멀어지게 되면(diverge) 언젠가는 다시 가까워져(converge) 어느 시점에서 서로 교차하게 된다는 성질을 이용하여 두 개의 이동평균선이 멀어지게 되는 가장 큰 시점을 찾고자 하는 것이다. MACD를 이용하여 분석하는 방법은 다음과 같다.

첫째, MACD가 시그널을 아래에서 위로 상향 돌파할 때를 매수시점으로, MACD가 시그널을 위에서 아래로 하향 이탈할 때를 매도시점으로 인식하고 매매한다. 둘째, MACD-OSC의 값은 주가 움직임을 미리 선도하는 경향이 크므로 전일의 MACD-OSC의 움직임과 반대 방향으로 움직이면 매매 신호로 인식한다. 셋째, 주가 움직임과 MACD-OSC 사이에서 divergence가 발견되면 추세 반전이 강력히 예견된다. 넷째, MACD-OSC의 값이 0선을 돌파할 때도 추세 전환이 임

[그림 8-35] KOSPI의 MACD 오실레이터

박했다는 중요한 신호로 인식한다. 음(-)에서 0선을 상향 돌파하여 양(+)으로 변하면 상승추세로의 전환, 즉 매수시점으로 판단하고, 반대로 양(+)에서 0선을 돌파하여 음(-)으로 변하면 하락 추세로의 전환, 즉 매도시점으로 판단한다.

⑨ 일목균형표

일목균형표는 지금의 주가 추세가 어느 시점에 가서 변동될 것인가를 알아봄으로써 미래의 주가를 예측하는 분석기법이다. 주가 추세는 일정한 시간 간격으로 변한다는 점에서 착안한 분석기법으로서 대부분의 보조지표는 주가와 거래량, 이동평균선을 적용해 만들었지만 일목균형표는 주가의 움직임을 전환선, 기준선, 후행스팬, 선행스팬, 구름층의 시간개념을 적용하여 만든 것이 가장 큰 특징이다.

ⓐ 일목균형표의 구성

5개의 선(전환선, 기준선, 후행스팬, 선행스팬1, 선행스팬2)과 구름층(양운, 음운)으로 이루어져 있다.

- 전환선: 최근 9일간의 최고점과 최저점의 중간 값을 연결하여 만든 선으로 단기간의 중간 값을 연결하여 만든 만큼 시세의 빠른 전환을 나타낸다
- 기준선: 최근 26일간의 최고점과 최저점의 중간 값을 연결하여 만든 선이다.
- 후행스팬: 당일의 종가를 기준으로 26일 후행하여 연결한 선이다.
- 선행스팬 1: 전환선과 기준선의 중간 값을 26일 앞선 위치에 그린 선이다.
- 선행스팬 2: 과거 52일간의 최고점과 최저점의 중간 값을 계산하여 26일 앞선 위치에 그린 선이다.
- 구름층: 선행스팬 1이 선행스팬 2 위에 있을 때는 양운이라 하여 붉은색으로 표시하고 선행스팬 1이 선행스팬 2 아래에 있을 때는 음운이라 하고 파란색으로 표시한다.

ⓑ 일목균형표의 활용

- 기준선을 이용한 매매방법

기준선은 주가 추세의 기준이 되는 선으로 상방향으로 계단식 상승의 경우 강세 국면이라고 보고 매도는 자제하고 매수 및 홀딩 관점을 유지하는 반면 기준선이 아래로 계단식 하락을 할 경우 약세국면으로 보고 매도포지션을 취한다.

또한 기준선이 상승추세를 지속하고 있다면 주가나 전환선이 일시 하락하더라도 매도를 보류하고, 기준선이 하락추세를 지속하고 있다면 주가나 전환선이 일시 상승하더라도 매수를 보류한다.

- 주가, 전환선, 기준선의 배열을 이용한 매매

  전환선(9일)은 단기 이동평균선, 기준선(26일)은 중기 이동평균선과 유사한 개념이다. 따라서 위로부터 주가 〉 전환선 〉 기준선으로 배치되어 있다면 상승국면으로 보고, 아래로부터 기준선 〈 전환선 〈 주가로 배치되어 있다면 하락국면으로 본다.

- 주가와 전환선의 크로스를 활용한 매매

  주가가 전환선을 상향 돌파하거나 전환선이 기준선을 상향 돌파하면 골든크로스: 매수

  주가가 전환선을 하향 돌파하거나 전환선이 기준선을 하향 돌파하면 데드크로스: 매도

- 구름층을 활용한 매매

  색상이 양운일 경우 주가는 강세국면이고, 음운일 경우는 약세국면에 있음을 나타낸다. 구름층이 주가 아래에 있으면 지지선, 주가 위에 있으면 저항선의 역할을 하는데, 따라서 주가가 구름층을 뚫고 내려가면 지지선이 무너진 것이므로 추가 하락을 예상하고 주가가 구름층을 뚫고 올라가면 저항선이 깨진 것이므로 추가 상승을 예상할 수 있다.

[그림 8-36] KOSPI의 일목균형표

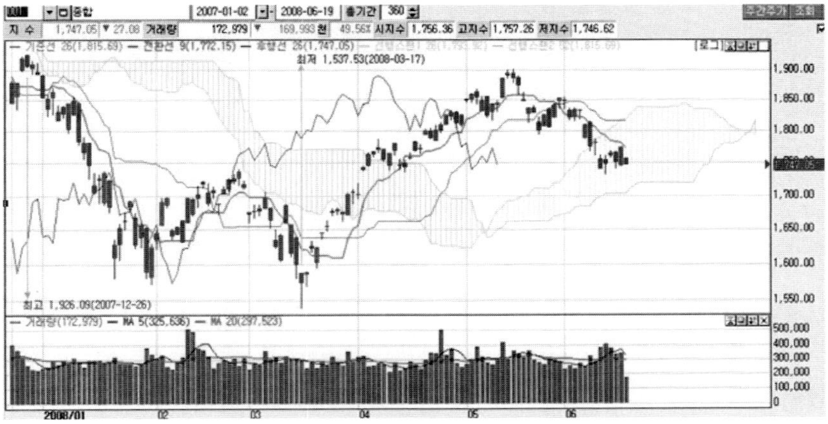

찾아보기

ㅈ